神祕的古國，不朽的傳說

關於埃及諸神、巨獸與凡人的經典故事

THE MYTH OF EGYPT

埃及神話故事

更新版

作者序

古埃及是一個神祕而遙遠，充滿魅力的民族。古代的埃及先民，作爲最先步入文明殿堂的人類，他們的神話故事世代相傳，充滿了神奇的魔力。儘管他們後來曾被一些強大的外族，如波斯、馬其頓、羅馬、阿拉伯、鄂圖曼土耳其等帝國統治，但古老的神話故事卻不改初顏，反而因此融入了多元化的色彩，顯得更加斑爛絢麗。古埃及人崇敬神，認爲神無所不在；人們生活在一個虔誠的時代裡，到處可以聞聽到來自四面八方的神明的呼喚。在這個寧靜優美的神話世界裡，沒有世界末日大戰，也無神界末日，人類不和眾神打仗，也不反對神明，人們將他們的讚頌、憧憬、畏懼、哀怨寄寓於他們所膜拜之神，神永遠與人同在，在天界、冥間、人世間交織成許許多多繪聲繪色、動人心弦的故事。

本書以「神」作爲貫穿各篇章的綱要，先安排創世傳說、創世神拉神家族的故事，再敘述古埃及人心靈裡面「最偉大的故事」——冥王奧塞里斯的故事，在這個看似尋常的愛情故事裡，述說了伊希斯對她所愛的人深度忠誠和她對他死亡的悲哀；但在更深層的意義上，這個故事代表的是勤勞勇敢的埃及人與大自然英勇搏鬥的生動寫照。

古埃及人敬畏尼羅河，因爲尼羅河是大自然對埃及人民的惠贈。奔流不息的尼羅河哺育了埃及人民、哺育了埃及農業，並賦予埃及人民戰勝自然界種種險惡的希望和力量。於是便有了伊希斯避居於尼羅河畔、何露斯之育成於尼羅河草澤之中，以及奧塞里斯的遺體之依存於尼羅河的傳說。

尼羅河兩岸水草豐美，阡陌縱橫；然而，近在咫尺，則是黃沙漫天，瀚海無垠。因此便有了險惡自然勢力象徵的塞特，他是如此狡詐凶頑，戰勝邪惡的歷程又是如此艱難，所以奧塞里斯和塞特抗爭的故事，亦是先民與大自然鬥爭的故事。

古埃及的文化悠遠流長，柏拉圖就認爲埃及是最古老的國家，與神最接近。事實上，埃及將近有一萬三千年的歷史，古埃及國度，前後接續整整將近一萬年，最少也有八千年。儘管在幾千年的歲月裡，風雨變幻，王朝更迭，古埃及獨特的精神卻一直像金字塔一樣永恆地存在。因此在〈神的遺跡〉中，我們將古埃及這一經歷豐富的滄桑變遷和歷史風雲的民族的歷史回憶，完整地編寫成篇，讓神話不止是神話，還能飽含知識性與資料性。

最後，在〈古老的傳奇故事〉篇中，講述有關拉神之子——法老的故事；再敘述涉及神怪那令人撲朔迷離、驚心動魄的傳說；接著一章則是民間智謀故事和智慧文學。在這些古老的故事中，我們可以看到先民追求美好生活的無限想望，同時也爲現代人開啓了一扇觀察和認識別個國家民族心靈、文化和精神的窗口，透過這扇窗口，生活在地球村的我們可以擴大文化視野。

對於現代人而言，神是不存在的、虛無縹緲的，但是神話卻是可與人類歷史相始終的，這其中，經常有人類的靈魂向我們訴說著生動的故事。當我們神遊於這個豐盈廣袤的神話世界的時候，不妨探索一下過去先人的心靈面貌，也燭照未來的方向。

◎古埃及年代表

中國歷史年代	古埃及年代	
新石器時代 西元前8000年——前21世紀	第1和第2王朝 西元前3100年——前2700年	早王朝時期
	第3王朝 西元前2700年——前2650年 第4王朝 西元前2650年——前2500年 第5王朝 西元前2500年——前2350年 第6王朝 西元前2350年——前2200年	古王國時期
	第7—8王朝 西元前2200年——前2155年 第9—10王朝 西元前2155年——前2060年	第一中間期
夏朝 西元前21世紀——前17世紀	第11王朝 西元前2060年——前2000年 第12王朝 西元前2000年——前1780年	中王國時期
商朝 西元前17世紀——前11世紀	第13—14王朝 西元前1780年——前1650年 第15—16王朝（三角洲） 西元前1650年——前1550年 第17王朝（底比斯） 西元前1640年——前1570年	第二中間期

◎古埃及年代表（接續上頁）

	第18王朝 西元前1570年——前1292年 第19王朝 西元前1292年——前1186年 第20王朝 西元前1186年——前1070年	新王國時期
春秋戰國時期 西元前770年——前221年	第21王朝 西元前1070年——前945年 第22王朝 西元前 945年——前712年 第23王朝 西元前 756年——前714年 第24王朝 西元前 740年——前712年 第25王朝 西元前 746年——前672年	第三中間期
	第26王朝 西元前672年——前525年 第27王朝 西元前525年——前404年 第28王朝 西元前404年——前399年 第29王朝 西元前399年——前380年 第30王朝 西元前380年——前343年 第31王朝 西元前343年——前332年	後王朝時期
秦朝 西元前221年——前206年 漢朝 西元前206年——西元220年	托勒密時期 西元前305年——前30年 羅馬時期 西元前30年——西元395年	希臘羅馬時期

註：年代尚存爭議（誤差50年內），僅供參考。

目錄

Contents

第三篇 神的遺跡

第四篇 古老的傳奇故事

二、神怪傳奇

三、智慧文學

第一篇｜創世神話

據說，宇宙開始為一片幽暗，沒有任何生氣。大地是無邊無際的瀛水，即「努恩」……

創世神話

古埃及人世世代代棲身於尼羅河流域，飽嚐尼羅河的凶暴和恩惠。每逢氾濫便一片汪洋，洪水退去則田地肥沃、生機勃發。原始瀛水中的第一塊土地，自然成爲一切的始基。

原始瀛水中，造物主以太陽和光明爲形，赫然而現。造物主爲自生，然後造其他神和世界。赫利奥波利斯的造物主爲拉；孟斐斯——卜塔；底比斯——阿蒙；赫爾摩波利斯——八聯神（奧格多阿達）；埃斯奈——赫努姆及奈特。其中又以孟斐斯系統、赫利奧波利斯系統以及赫爾摩波利斯系統最廣爲人知。

◆赫利奧波利斯的創世說

據說，宇宙開始爲一片幽暗，沒有任何生氣。大地是無邊無際的瀛水，即「努恩」。水中出現了一座丘阜，於是有了陸地。一朵荷花赫然而現，綻開的花中出現一個嬰兒，這便是太陽——拉。初升的太陽驅散黑暗，照亮寰宇，世間逐漸有了生命。

另有一說，據《死者之書》所述，太陽神拉是生於一巨卵，此卵爲巨鳥「大戈戈通」生於混沌中隆起的丘阜上。

拉神出生後，沒有天、沒有地、沒有動物，只有水淵「努恩」，幽暗籠罩於其上。拉神以水淵之土造天和地，天和地空空蕩蕩，沒有眾人也沒有群神，拉神便按照自己的模樣思於心，於是諸神相繼出世：拉神首先從口中吐出兩神，即空氣──舒和水氣──泰芙內特；空氣和水氣結合，生了天──努特和地──蓋布。接著，拉神的眼淚落在地上，人遂生於其淚水。

◆孟斐斯的創世說

卜塔是孟斐斯的工匠之神，也是世界的創造之神，他先天地之生而生，在世界還沒有誕生之前就已經存在了。

卜塔透過「心」和「言」獲得力量，他以「心中思之，口中道出」的方法生出創世八神。然後與這八位神祇創造視力、聽力、呼吸，以使心有所知；而舌頭，它重覆心所構思的事，於是卜塔宣讀所有東西的名字，地和天、人、動物、植物相繼誕生。

緊接著，卜塔再以言創造「卡」（靈魂）。善者予以生，罪者予以死；任何勞作，任何技藝，手之動作、腳之行走，一切器官的運作，無不據心之所思和言之所述而產生。

卜塔創造一切事物和諸神之後，心滿意足，於是他又造城鎮，創立「諾姆」（古埃及的行政單位，相當於州）；爲了讓人類確立對神的崇拜，他創造了人的知能，命人類祭祀，建立神廟。從此，諸神及「卡」均聚集在他的周圍。

◆赫爾摩波利斯的創世說

在最早的時候，世界是一片混沌不明，而後有四對男女神祇出現，他們分別是地——蓋布，天——努特，空氣——舒，太陽——阿圖姆、拉，黑暗——庫克和烏特克，無垠——胡赫和哈烏赫特庫克。這八位代表「黑暗、深邃、不可知、無邊」的自然神，融合在水淵——努恩裡，共同創造了世界。

穹蒼女神努特拱著天，地神蓋布頂著她，兩夫妻構成了天地。

第二篇｜埃及的眾神

若干千年以前的古埃及人，面對蒼天、大地、世界萬物、獨特的自然條件及川流不息的尼羅河，勢必有所思。

第一章 太陽神家族的故事

太陽神被視爲創世之神，和宇宙、塵世以至將來的王權緊密相連，他是世界的主宰，也是黑暗和惡水的宿敵。

關於太陽神和黑暗、惡水之爭，季節之交替、太陽神之女及其一目之說，流傳有種種神話。

◆太陽神——拉（Ra）

天地初創之前，有一亙古即存的始初瀛水，它是最早的大神努恩的化身。

一天，始初的宇宙——「混沌」（即努恩）中生出一顆發光的蛋，浮在茫茫無邊的水面上，他是亙古第一神——「拉」。拉的名字在清晨叫卡佩拉，中午時叫拉，傍晚時叫阿圖姆。拉神逐漸長大，這位太陽神分出了天和地，創造了人類和世間萬物，成爲神通廣大的創世主和統治者。

這位光明之子比他的父親努恩要強大，他一發願望，就可以生出神來。拉神生了八個兒女，四個是兒子，另四個是女兒。他們居住在太陽城赫利奧波利斯裡面。這個城內主要有拉神和他的兒女等九個神，稱爲「太陽城九神會」。
太陽神拉首先生出的兩個神是兒子風神（大氣神）舒和女兒水氣神泰芙內特，後來他們結爲夫妻。泰芙內特是一位獅首女神，她送雨下到世間，因此又被稱爲雨神。後來這兩位神祇變成天上的兩顆星，閃閃發亮，被稱爲「雙子座」。
接著，太陽神拉又生下地神蓋布和蒼穹之神努特。地神蓋布和努特女神也結成一對夫妻，成爲太陽城的九神會成員。
不久，太陽神拉又生下奧塞里斯這個兒子和伊希斯這個女兒，他們也結成夫妻。太陽神拉分別賦予他們奇特的神力和法力（有時，他們又被說成是地神蓋布和蒼穹之神努特的兒女），奧塞里斯成了冥間之王，而伊希斯則具有神奇的法力，她精通魔法和咒語。
塞特和他的妻子奈芙蒂斯是太陽神拉的最後一對子女，拉神生出他們的時候，年紀已經稍大，被驕寵的塞特變得心眼很壞，總是處心積慮地想害死哥哥奧塞里斯，後來他果然用木箱子壓死了奧塞里斯，奧塞里斯遂成爲冥間之王。而後奧塞里斯與伊希斯的兒子何露斯爲父報仇，殺死了萬惡的塞特，塞特在陰間受到哥哥奧塞里斯的懲罰，落了個可悲的下場。
拉神生了八個兒女之後，讓天和地從大海中升起，風神舒把蒼穹之神努特舉起來，放到天上。女神努特造成了蒼穹，籠罩著地神蓋布。蓋布躺在努特下面，而努特在東邊地平線踮著腳尖站著，在西邊地平線處彎下身去，伸出手臂，用指尖支撐著身體。

後來，太陽神拉叫女兒努特馱著他，努特變成神牛，背著碩大的拉神在天空巡遊。努特累得疲憊不堪，氣喘吁吁地請求父親讓自己輕鬆一下。拉神開口說：「妳可以把身子靠在舒的身上，這樣就舒服多了！」努特聽從拉神的吩咐，讓舒頂著她的身體。於是，努特變成神牛的脊背舒展開，猶如碩大的圓屋頂，她的腹部也慢慢地舒展，變成了宇宙的蔚藍天空。天上的一切，包括無數的星辰，都是努特所生。

拉神把黑暗中發光的那千千萬萬的東西交給風和空氣之神舒掌管著。風神舉起雙臂來，把「天牛」和千千萬萬的星星高舉在他的頭上。

有一天，太陽神拉覺得蛇太可惡了，就對地神蓋布說：「許多可怕的爬蟲住在你那裡。我要牠們怕我，就像我怕牠們一樣。你知道牠們十分仇恨我們。你去告訴我的父親努恩，叫他找出海裡和陸地上所有的爬蟲來，告知牠們，我的光將照到牠們身上。牠們只能用咒語來制服。我會把制服爬蟲的咒語告訴你，同時我要奧塞里斯特別關照魔術師，因為他們保護人類，使人類免受爬蟲的傷害。」

然後拉神用自己的眼睛創造出何露斯的神力，他叫何露斯過

變化成神牛形體的努特。

來，對他說：「我準備在大海的深處爲你造一座輝煌的宮殿。你要記錄人類的罪惡，以及那些敵視我的人的名字；你把這些人綁縛在陰曹地府之中，現在你可以暫時住在我這裡，你將成爲我晚間的替身！」於是，拉神創造出朱鷺、鶴和猿猴來，讓牠們成爲何露斯的使者。

拉神又開口說：「何露斯呀，你將在晚上顯現你的美，你將把黑夜和白天連接起來。」

就這樣，月神何露斯升到天上，人們把月亮叫做何露斯。拉神說：「一切的生物都要頌揚你，讚美你爲智慧的天神。」

太陽神和他的祕密名字

太陽神拉逐漸壯大，他繼承了父親努恩的王位，成了眾神之王。拉是位富有智慧和威權的神，只要他隨心所欲地說出心中的願望，他所想要的東西立刻成形；他向太空中凝視時，他所想要看到的東西立刻就成形——

「我創造了天和地。你看，地球是我創造出來的，那些山是我親手做成的；我造了海，我使尼羅河灌溉了埃及的土地。我是眾神之父，我給他們生命。我創造了一切在陸地上和海裡行走的動物。我睜開眼睛，世界就有了光明；我閉上眼睛，世界就一片黑暗。」

拉神具有無邊的法力，掌握著創造並統治萬物的祕密。這種法力到底從哪裡來的呢？

原來，太陽神力量的源泉來自一個祕密名字，這個名字是他的父親爲他取的，任何神和任何人都不知道。太陽神正是靠著這個祕密名字，成了天父，同時也成了地上第一位國王。因此拉神一直不肯輕易洩露他的祕密名字，以免削弱他的統治權。

有一天，拉神突然覺得世界天地連在一起太單調了，他唸出名字，發出命令讓天和地之間分開來。於是，原來覆蓋海水的龐大凝固物變化了，「天」從茫茫的海水裡升了起來，成了充滿空氣的天；「地」留了下來。拉神又制止了水的氾濫，沒水的地方變成了陸地，而有水的地方成了海洋。

拉神分開了天地之後，他看看地上，覺得陸地空空曠曠，十分單調，就唸了名字創造出人來。然後又根據人的願望，創造了其他形形色色的東西。於是，天空有了白雲、星辰、月亮；陸地上有了森林草地、飛禽走獸；海洋裡有魚蝦悠游。

創造了人類以及那麼多動物和植物，拉神覺得非常高興。他常常興致大發，變成人的模樣漫遊在人群中；也叫其他神祇變成人的模樣到人間遊玩，誰也認不出他們是天神。拉神是眾神之主，現在創造了人類，他也統治了人類，變成了地球上第一位國王，只要大家有什麼困難，拉神就會出現在人們面前，幫助人們排憂解難。

拉神統治天神和人間許多年，年紀漸漸大起來，但所有天神和人類都不知道拉神的祕密名字。拉神有個女兒叫伊希斯，在拉神創造了人類之後，她變成了一個女人在人間生活；在厭倦了世俗生活後，便想回到天神中去。伊希斯是一位睿智的女神，有著很厲害的魔法。但是，與其他神不同，她有著野心，想在天上和地上具有同拉神一樣大的權力，可是她沒有拉神那個祕密名字的法力，所以怎麼樣也超越不過拉神。

有一次，她無意間弄清自己法力有限是因爲沒有拉神那個祕密名字的緣故，從此以後，她無時無刻不渴望得到任何神、人都不知道的天父的祕密名字，於是每天在人間尋找如何得到大神之名。貪得無厭的她，爲了在法力上超過拉神，將不惜任何代價。終於她想出了一個狠毒的計策，立即從人間趕回天界。

伊希斯裝出十分恭敬的樣子，整天跟在拉神後面。拉神坐在寶座上發號施令，因爲年邁體衰，說話時口水不斷地從嘴裡滴落到地上。伊希斯等大家散開之後，偷偷把地上沾著拉神唾液的塵土撿起來，趁著沒人在場，把塵土裝在衣袋裡帶回家來。

回到家以後，伊希斯點起火爐，將撿回來的塵土烤乾，做成一根鋒利的矛。然後，伊希斯施了魔法，這根矛就變成一條凶惡的毒蛇。伊希斯把蛇舉起，一手拋了出去，扔在拉神經常來往的路上，接著唸起咒語，使毒蛇隱沒蹤影，任何天神與凡人都無法看見潛伏在路上的這條蛇。

再說拉神，他對這一切陰謀毫無察覺。過

伊希斯是埃及神話中重要的女性角色，她所帶有的母性和妻子的特質，成為近東神話天后的原型。

了不久，年邁的拉神由侍從扶持著從這條路經過。伊希斯潛藏在暗處唸起咒語，隱伏在路邊草叢裡的毒蛇等拉神走到近旁，突然竄了出來，在拉神身上猛咬一口。拉神痛得驚叫，被毒蛇咬過的傷口立刻腫大起來，侍從們一下子慌了神，手忙腳亂地上前救助。拉神疼痛得呻吟起來，同時感到身子發燒，頭暈腦脹，毒液開始在身體裡散開了。

躲在暗處的伊希斯目光陰毒地注視著這一幕，她想在關鍵時刻聽到拉神說出那個祕密名字，只要她知道了那個名字，就能夠取代拉神，成爲眾神之主。

拉神身體搖搖晃晃，全身顫抖，毒液已流遍他的全身，他臉色黑紫，連說話的力氣都沒有，卻仍極力使自己保持鎭定，咬緊牙關頂著刀割般的劇痛，不輕易在他人面前開口。雖然拉神說出那個祕密名字便可轉危爲安，但他知道一旦在別人面前洩露了祕密名字，自己的至尊地位就會喪失，因此他寧願忍受劇痛也要保住這個獨特的法力，以維持天神之主至高無上的權威。他以堅強的毅力抵住毒液的侵襲，始終沒有說出那個祕密名字。伊希斯只好眼巴巴地看著拉神被侍從抬進宮中，急得直跺腳。

拉神的子孫們聽說他遭了毒蛇咬，紛紛趕過來探望，大家都焦急萬分。

伊希斯也趕緊跟進來，夾在人群中片刻也不肯走開。她假意裝出關切的樣子，臉上露出悲傷的神情，說道：「怎麼啦？我的神聖之父。莫非是哪一個你所創造者對你爲非作歹？告訴我，我將爲你復仇。」

拉神痛苦地說道：「我行經埃及，一時疏忽被蛇咬傷。這蛇莫非是火，莫非是水？爲什麼我覺得比水冷，比火熱，我汗如火燒，我渾身發抖，我看不見天宇，這一切猶如地獄呀！」

這時，伊希斯趁機說道：「噢，將你的祕密名字告訴我，神聖的父親！因爲你說出這名字才能生存。」

但拉神強忍著劇痛，搖頭說：「我是天和地的創造者，我創造了山巒，我創造山中的一切；我是水的創造者，我創造了愛之柔情；我是天宇和兩地平線的創造者，我使諸神之靈妥爲安置，我睜開自己之目，我創造光明；我閉上自己之目，我創造黑暗；我是時刻和日夜的創造者；我是清晨的卡佩拉，中午之拉和黃昏的阿圖姆。我創造了一切，諸神不知我之名，我不能說出啊，那會使尼羅河漲水！」

拉神奄奄一息，幾乎不省人事，但是始終不肯說出那個祕密名字。伊希斯卻是越來越著急，要是拉神沒有說出祕密名字而死去，她豈不是落得一場空嗎？爲了不致前功盡棄，她把心一横，改唸一種陰毒的咒語，這種咒語能夠使身體疼痛的人不再疼痛，也能夠使死去的人復活再生。這樣一來，可憐的拉神疼痛稍微減退了一些。當然，伊希斯不會讓拉神完全轉危爲安，因爲只有在拉神神智清楚而又難以忍受疼痛的時候，她才可能獲得拉神的那個祕密名字。於是，伊希斯反覆地唸咒，讓拉神幾度在疼痛和舒緩間掙扎，咒語唸得她的唇都腫脹了起來。

拉神備受煎熬，毒如火燒，其熱難忍，勝過火燄。最後拉神瀕臨崩潰，向伊希斯求救道：「伊希斯，救我，我把我的祕密名字傳給妳；我要它離開我的心，進入妳之心！」

伊希斯得意地笑了，她睥睨著垂死的拉神，唸動咒語，將拉神體內的劇毒排出，拉神緩緩甦醒，但他的祕密名字已非他所獨霸，他的法力也無法像以往一樣至高無上了。

伊希斯在獲得拉神的祕密名字之後，法力大大加強，從此，她不再聽從拉神發號施令，因為她已和拉神並駕齊驅，成為諸神的女主宰！

太陽神的「祕密名字」到底是什麼？有人說那就是太陽神心中智慧的總稱；智慧本身是不死的東西，但如果不及時學習和接納過來，它也會隨著歲月而消失。太陽神並不願承認自己的衰老，也不願拱手送出自己的權力和掌握權力的祕訣。伊希斯用自己的智慧迫使太陽神承認了這一切，自己成為太陽神的繼承者。

毀滅世人

太陽神拉是人類的創造者，拉神給了人類生命，又從人的鼻孔創造了空氣。人類是拉神創造出來的，理應歸他統治，他也成為統治人類的王。但拉神越來越老邁，漸漸不如以前那樣威力無比、法力無邊了。人類起先服從著太陽神的統治，後來繁衍得越來越多，人類的邪惡也越來越蔓延。由於拉神逐漸年邁，人們就開始蔑視他的權威，不再那麼服從他的命令了。

起初，拉神不是那麼在意，後來，竟有人公開違抗他的命令，想推翻他的統治，陰謀叛亂一觸即發。拉神被激怒了，於是他召集眾神，對眾神說：「我心裡在想著把我所創造的東西全部毀滅。我想放出洪水，使整個世界化為一片茫茫大海，像開始一樣。」

拉神宣布要對人類進行毀滅性的懲罰，立即得到眾神的響應。因為這時的人類全然是罪惡的，他們忘了神祇給予的恩惠，處處都是強權得勢者，守約、良善的人卻得不到好報應。眾神有志一同，決定不再姑息養奸。

拉神要懲罰那些膽敢蔑視他權威的人，更要粉碎人類的陰謀叛亂，就開口問道：「你們誰願意去懲罰這些心懷叵測的人類呢？」眾神聞言，紛紛自告奮勇，爭取出任這項任務，最後誰也爭不過哈陶爾。

哈陶爾是拉神的眼睛，是一位獅首女神，她大聲說：「我這個眼睛天神到了人世間，沒有一個人的眼睛敢對著我看，我憑著這個法力懲罰人類必然成功。你們誰的本事比得上我呢？」眾神啞口無言，拉神便將懲罰人類的重任委派給哈陶爾，她高興地離開了太陽殿。

於是，拉之眼哈陶爾披掛一新，帶上一把劍立即出發，飛降至人間。哈陶爾在大地上飛跑著，她先到沙漠中殺死陰謀反叛拉神的人們。她的眼睛威力無比，看她一眼的人馬上倒地氣絕身亡；她的神劍一揮，成千上萬的人腦袋馬上搬家。想反叛拉神的人全部命歸黃泉，無一倖免。

嗜血的女神一殺起人來就一發不可收拾，她覺得殺人實在過癮，手起刀落十分痛快；於是，她決定殲滅所有的人，好回去向拉神邀功請賞。哈陶爾如一陣風暴般席捲過人間，殺死了不計其數的人，她的眼睛一刻不停地睜著，神劍也不停地揮舞著，人們成堆地死去。剎那間，大地堆滿了如麻的屍體，地球上的每一條河流即刻染成殷紅，人們在哈陶爾的腳下呻吟哀號，但她毫不在乎，反而精神抖擻地踏著人類的血泊前進，搜尋著四處逃竄的人們。

拉神在天界看到了這一切，地球上的人們漸漸稀少，許多無辜的人慘遭殺戮。看到忠於神祇的人也逃不過哈陶爾那雙沾滿血腥的雙手，拉神漸漸於心不忍起來。他起先只是想懲罰罪惡的人和陰謀反叛的人，沒想到哈陶爾如此凶殘，現在他對人類的怒火已熄，他決定營救和保護人類。

可是，殺氣騰騰的哈陶爾是召喚不回來的，為了制止她毀滅人類，拉神派神行使者到一個叫做愛利芬坦的地方去，在那裡採摘「美德之草」。果然跑得比狂風迅速的神行使者，很快地採回「美德之草」，向拉神覆命。拉神讓天神將這些草搗碎，和赭石、大麥一起浸在人血中，釀造了一種像人血一樣的酒，這些酒裝了七千多個罈子。

天剛破曉，女神哈陶爾就一躍而起，猶

哈陶爾的屠殺

如一頭暴躁的餓虎，沿著大江追殺殘餘的人類，她揮動著神劍左右砍殺，人們狂亂地四處奔逃，大地上震響著人們的哀號和垂死的叫喊。這時，拉神急忙命使者將那七千個酒罈子搬到哈陶爾的休息處，將酒倒出來灑向大地，血腥般的酒液迅速地在地面漫流，散發出誘人的酒香。嗜血的哈陶爾停下了腳步，不能抵抗腥酒的誘惑，她開始大口大口地喝起酒來。

這種滲了「美德之草」的酒含有催眠劑，不久，哈陶爾喝醉了，催眠劑發揮作用，她深沉地睡去，把屠殺人類的事丟到九霄雲外去了。拉神終於制止了哈陶爾毀滅人類，一部分的人類倖存下來。由於拉神保護了他們，人們從此虔誠尊敬拉神，並且反思自己以前的惡行，改邪歸正以求得拉神的庇護。

拉神十分高興，他誇獎這些忠實的人們，並且饒恕了人類以前所犯的一切過錯。人類經過毀滅，接受了這一次觸及靈魂的教訓，再也不敢胡作非爲。人類就此安定了下來，逐漸繁衍，不久人們的身影就遍佈大地。同時，拉神也決定不再做地球的王了，他把統治人類的權力交給兒子舒，自己永遠地住在天界，在天界做眾神之王。

太陽神巡遊人間

拉神回到天界之後，想輕輕鬆鬆地過安寧的日子，畢竟衰老的侵襲越見強烈。但人類又慢慢蔑視起拉神的權威。有一天，有人扛著弓箭，把鋒利無比的箭射向空中，狂妄地想挑戰年邁的拉神。

拉神大爲光火，但不願再次懲罰人類，他只要人們將罪犯交出就可以得到寬恕。殷鑑不遠，人們趕緊緝捕罪犯以免拉神發怒，這樣就維護了拉神的威望。仁慈的拉神並沒有嚴懲那些罪犯，反而用公牛和禽鳥代替罪犯受罰。公牛和禽鳥們是祭牲，祭司唸起咒語，祭牲代替了罪犯；罪犯們感恩戴德，從此洗心革面不敢背叛偉大的太陽神。

經過此次事件後，拉神不再信任人類，爲了預防不測，拉神決定每天乘坐太陽船巡遊人間，不時地注視大地的動向。爲了巡遊方便，他命努特女神變成一頭神牛，自己坐在牛的脊背上，開始了人間的巡視。

每天，曙色剛在天空出現，拉神就換上那件金燦燦的衣裳，在眾神的簇擁下乘上停在天河盡頭的太陽船。拉神帶著浩浩蕩蕩的龐大隊伍出發了，努特神牛馱著太陽船開始奔馳，從天河盡頭向銀河駛來。當光彩炫目的太陽船出現在天空時，地上的人類歡呼起來，大家齊聲唱起頌歌，讚美創世主拉神。新的一天在東方開始，到傍晚日落後這一天才結束。

生活在世間的人，每天早晨都向光明的主宰者拉神頂禮膜拜。白天拉神巡視人間，天一拂曉即登上太陽船，到了晚上，拉神的隊伍就隱沒在地平線以下，大地被一片漆黑所籠罩，黑夜吞噬著地層最深處。這時，拉神和其他神靈們沿著銀河河岸繼續他們的航程，太陽船到了阿魯圖的門口，迎接的天神們趕緊扶著拉神下了太陽船。眾神們服侍拉神在巨大的宮殿裡休息。然後，拉神起身，迎接又一個黎明，新的日出又來臨。

日復一日，年復一年，拉神都在太陽船上巡視著。人們看見光彩炫目的太陽船出現在天空時，一個個跪倒在地，向拉神叩首膜拜，大家唱出讚頌歌：

「您燦爛地在天邊升起，

啊！充滿生命的太陽，生命的創造者！

您升起於東方的天際，您以您的美充滿世間！

您至美、至大，光芒四射，君臨於大地之上！

您的光輝照耀諸城，您所創造的一切皆在普照之下。

您是拉，伸展到大地的盡頭。

您讓世界臣服於您的愛子，

您遠在天邊，光芒卻在地上，

人雖看得見您，卻看不出您的腳步。

每晝巡遊天頂、每夜航視冥界的太陽船。拉神坐在船中，底下的蛇妖虎視眈眈欲害拉神。

當您向西方沉落，大地如死亡般地漆黑，
人們蒙頭睡在屋裡，一眼看不見另一眼，
如果他的財物給偷了，他們也不知道。
猛獅出洞，毒蛇在黑暗中傷人，
黑夜如氈、大地沉睡，他們的創造者在地平線下休息。
當您是白日的太陽，驅走黑暗、放射光輝，全地都歡欣鼓舞，
人們因您而甦醒，梳洗穿戴，高舉雙手，
他們讚美您的出現，繼而開始勞作。
祝福您啊，太陽神！
有您，才有——永恆的上蒼，永垂的大地。
感謝您呀，太陽神！
有您，才有——天堂的歡樂，人間的陽光。」

拉神慈藹地聽著人們的頌歌，這位萬能的、永恆的萬物之主俯瞰著茫茫世界，放心地笑了。

太陽船的夜間巡遊

當黑夜降臨，拉神經過一天繁忙的航行，現在已經有點累了。眾神將太陽船靠到寂靜的岸邊，

拉神睡下休息。等到第二天，他才起床迎接又一個黎明，開始又一個日出。

夜晚來臨，十二位夜女神在太陽船上點起火燄，以便照亮夜航的路，太陽船準備在黑暗世界巡遊，穿過冥間的路徑。太陽船要經過漆黑靜寂的地域，那兒有一座十分恐怖的城市，那就是死人城，裡面躺著一個名叫阿波非斯的大神。阿波非斯是蛇怪，居住在黑暗的陰間。他每夜都隱藏在幽幽的冥間，等待拉神的太陽船。阿波非斯企圖害死拉神，好讓自己能夠脫離陰暗的地底，上升到光明世界來，他每天威嚇著太陽神，每天的黎明都需要太陽戰勝黑暗才得到，因此，除了拉神乘坐永恆的太陽船經過，誰也不敢在這裡走動。

在太陽船頭站著開闢道路的蒼穹女神努特和大氣神舒，其他天神站在太陽船船艙周圍，他們都是拉神的守衛者，負責抵禦邪惡的侵襲，特別是防止企圖傷害拉的死敵。

在冥間，太陽船首先在黑夜中到達的是「拉神之河」這個王國，河岸兩邊出現了六條巨大的蟒蛇，蛇頭晃動，嘴裡不斷噴射出灼人的火舌。一點鐘夜女神引領著太陽船，走過「拉神之河」王國的城門，並接著將太陽船轉交給二點鐘女神導引。

夜王國的第二個王國是「烏努斯」。這裡，暗黑色的水面上飄浮著四個大筏，它們能自動在河裡隨心所欲地行駛。每個大筏上還載著許許多多的小筏。這個王國裡生活著許多長相奇特的男人，掌管農事的神靈也居住在這裡面。城裡有倉庫和貨棧，城門有放置著毒液火燄的城堡，大門外還有凶悍的衛兵把守。二點鐘女神開闢著道路，三點鐘女神接過太陽船，她打開城門，太陽船駛進第三個王國。

第三個王國是一條神奇的河，奧塞里斯是王國的主宰，河岸邊有巨大的神像守衛。奧塞里斯掌管著每一個死人的命運，世間的每一個人死後都要在這裡秤重心臟。奧塞里斯的公平秤的一邊秤盤放著死人的心臟，在另一邊秤盤放著眞理的羽毛。奧塞里斯的寶座在深水裡，旁邊長著一朵瑰奇的睡蓮花，睡蓮花裡站著何露斯的四個孩子，他們協助奧塞里斯進行公正的秤量，保護著死者的屍體。他們分爲東、西、南、北，第一個長著人的面孔，第二個長著猴子的面龐，第三個長著胡狼的臉，第四個有著猛禽的凶相。拉神的太陽船順利地度過了黑夜的第三個鐘頭，四點鐘女神爲太陽船打開了城門，太陽船進入了第四個王國。

這是一個墓地之國，一片荒涼，只有一些巨蛇發出嘶嘶的叫聲。河面在這裡變得迂迴曲折，水路又深又窄。太陽船變成一條巨大的蟒蛇，在狹窄的水面上慢慢行進。然後，大門敞開了，五點鐘女神趕來迎接太陽船。

夜王國的第五個王國是個隱蔽的王國，這裡居住著墓地之神——茶隼神，他居住在地中心的深邃洞穴裡，左右有兩個獅身人面神把守，中間還匍匐著一條三頭蛇。茶隼神長著人的身子、隼的臉，能施予抗拒者嚴厲的懲罰。附近有一個小湖，湖水溫度很高，沸騰的湖水中丟入無數反叛者。湖邊另一個角落的四周各有一隻鳥，鳥周圍繞著許多雙頭蛇，海比拉這位能起死回生的神就居住在那裡，他準備讓拉神變成甲蟲模樣以便賦予其永恆更新的生命。拉神的太陽船平穩地駛過去，順利地度過了黑夜的第五個鐘點。

六點鐘女神將太陽船導向第六個王國。這是「源泉之國」，統治這個國土的也是奧塞里斯。河岸邊聳立許多神祕的神像，有七根象徵權勢的權杖和一頭雄獅，這裡有三個由蟒蛇守護的寶藏，其中一個寶藏長著人的腦袋，第二個長著鳥的翅膀，第三個有雄獅的利爪。這是夜王國黑暗世界最偏遠的地帶，門外的路一直延伸到太陽東昇的地方。

七點鐘女神接替了六點鐘女神，太陽船平安地駛進第七個王國。這是個祕密岩洞，洞裡處處充滿危險和邪惡。蛇怪阿波非斯就居住在這裡，龐大可怕的阿波非斯吞食著海水帶來的食物，他企圖撞毀拉神的太陽船，以讓邪惡和黑暗的勢力統治世界。這時，伊希斯女神來到船頭，她具有威力無比的魔法。此刻她唸起咒語，低聲吟唱奇妙的歌，大批的蛇圍在太陽船四周，阿波非斯隱在沙丘裡氣勢洶洶地向太陽船襲來。伊希斯不停地唸著咒語，躺在沙丘裡的阿波非斯癱瘓了。這時，一隻肥碩的貓從太陽船上跳起來，用粗大繩子綁住阿波非斯，然後死死抓住阿波非斯，直到太陽船順利通過。阿波非斯的企圖化成泡影，只好等待第二天太陽船的再度到來。太陽船來到眾神的墓地，這裡建在沙丘上的建築物聳立著，八點鐘女神在此等候多時了。

第八個王國裡居住著死神。死神們躺在寓所裡，捲著亞麻布，將屍體製成木乃伊。這時太陽船前面行走著奇形怪狀、神祕莫測的九位神靈，接著，有四個貌似巨大野綿羊的精靈緊隨在後，牠們頭上的羊角均鋒利無比，第一頭野羊角飾羽毛狀王冠，第二頭飾紅色王冠，第三頭飾白色王冠，第四頭飾太陽形王冠。太陽船繼續駛向東方，第八個小時過去了。

九點鐘女神打開大門，太陽船進入第九個王國，這裡激流洶湧，有二十位神靈手握船槳守護太陽船。這個王國因爲有十二條大蟒蛇口噴烈燄而被照得通亮，水裡還潛藏三隻怪樣的夜鳥。夜鳥能馱起船筏，幫助太陽船通過險境。接著，輪到十點鐘女神爲太陽船導航了。

第十個王國裡，既有泉水源，又有高聳的堤岸，統治這個王國的就是拉神自己。王國臣民們看見太陽船都紛紛下拜。衛士們全身武裝，堤岸上有四位女神高舉明亮的火把。太陽船前辰星在行走，一條巨大的雙頭蛇在引路，蛇頭上戴雙面王冠。蛇旁邊站著荼隼神，河裡墓地有條大蟒蛇——大地精靈看守著。這是所有王國中最大的一個，海比拉復活之神在這裡將自己和拉神融爲一體，讓拉神新生。十點鐘過去了，下一個鐘點來臨。

第十一個王國是一個很深的洞穴，十一點鐘女神將太陽船領了進去，這裡的統治神也是拉神自己。這裡水流低緩，只靠一條大蟒蛇守護掌舵就行了。船頭亮起一顆明亮的火星，發出邪惡的紅光，裡面處處是火坑，女神們把魔鬼劈砍，將殘軀扔進火坑，空氣裡瀰漫著腥臭。遠遠河岸有赭紅色的蛇狀物，牠孕育著白天。

十一點鐘女神將太陽船交給十二點鐘女神導引。第十二個王國生活著復活女神，太陽船頭是碩大的甲蟲——海比拉神。黑暗即將逝去，光明就要來臨，太陽船的夜間之旅就要結束。蟒蛇張開嘴，蛇嘴上有十二位女神，每人手裡都握著繩索。太陽船終於跳出東方的地平線，船裡僵死的拉神復活了。拉神在一片歡樂的頌讚中、在燦爛光明中從黑暗裡走了出來。

兄弟之爭

上古時代，天界由努恩統治著，他有兩個兒子，長子是阿赫，次子是拉，兩個兒子都由努恩照料長大。

一天，努恩一病不起，他把兩個兒子召到病榻前說：「我將不久於人世了。我死後，我的天國和財產一分爲二，你們兄弟二人各得其半。」說著，努恩看著尚未成年的拉，轉而對已經成家的阿赫說：「分給弟弟的東西，暫且由你代管，等他成年後，你就交給他。」

阿赫一口答應，不久努恩就死了。拉按照父親生前的安排，住在哥哥阿赫的宮中。沒想到阿赫和妻子竟想獨霸天國和財產，他們對待拉像奴僕一樣，不給吃、不給穿，還不時謾罵毆打他。

拉成年後，急欲擺脫寄人籬下的生活，想要回自己的半個天國和應得的財產，但阿赫卻矢口否認父親的遺言。他說：「我是長子，一切都應該由我繼承，誰要想奪走一切將有惡報！」拉看到阿赫不僅想獨霸天國，還想加害自己，傷心地連夜逃往一個友好的鄰邦。爲了躲避阿赫的追緝，他不得不隱姓埋名。

拉被友邦王宮僱來牧羊。他每天勤奮工作，把羊兒養得肥肥壯壯的，很快就贏得了國王一家的好感，尤其是國王寵愛的公主更是對拉情有獨鍾，國王也慷慨地答應了他們的婚事。這時，拉覺得再也不能這樣隱藏身分了，就將眞相告訴自己的情人。國王得知拉就是友邦先王努恩的兒子後，立即舉辦婚禮，讓拉和女兒結成連理，隨後準備了禮物讓新婚夫婦返回天國省親。

拉和新娘回到久別的故國，十分感慨，阿赫聽聞失蹤的弟弟突然歸來，感到驚訝。拉對阿赫不記舊怨，以禮相待，他不但不提自己從父親那裡繼承的一切，反而把帶回的禮物贈給阿赫。阿赫看到這麼多的禮物和新娘的年輕貌美，相當嫉妒怨懟，便謀劃了毒計來加害拉。

一天，阿赫對拉說：「小弟，陪哥哥去取埋在山坳裡的財寶吧！取出財寶，我會酬謝你的。」拉不疑有他，便隨阿赫來到山坳。山坳旁的草地鬱鬱蔥蔥，泉水潺潺，拉奮力地幫著哥哥掘土，不久，便挖出一個大坑。此時，站在坑上的阿赫殘酷陰鬱地冷笑一聲，把事先堆好的大石頭猛力推下坑去，可憐的拉還來不及抬頭反應，便被活活地砸死了。

阿赫回來，對拉的妻子說：「非常不幸，小弟下坑挖財寶，礦坑崩塌，他被壓死了。」拉的妻子聞訊之後悲戚不已，她狂奔至山坳，卻見丈夫已死，哀痛地伏屍慟哭。當天空蒙上一層灰霧的時候，她疲憊地抬頭望天，突然靈光乍現，她想起小時候宮中的巫醫曾經說過一種起死回生之術。她馬上擦乾眼淚，拿出匕首，從丈夫屍體的每個部位割下一片肉，然後偷偷地帶回家中。

她把肉放在一個潔淨的葫蘆裡，每天往裡面放些牛肉和奶。服喪三個月期滿後，葫蘆自己破裂，拉從中走了出來，體形神態一如往昔。妻子欣喜若狂，但為防消息走漏，阿赫再來加害，她把拉關在房中，不讓他出門一步。

根據天國的傳統習俗，弟弟死亡，喪期一滿，弟媳就成爲哥哥的妻子。因此，在服喪期間，阿赫即廣發喜柬，準備舉行盛大的宴席好迎娶弟媳。

預定的日子到來了，人們從四面八方趕到天宮。這裡已備好清涼的佳釀、甜美的蕉飯、香噴噴的烤羊肉。阿赫站在宮門口，滿面春風地迎接來賓。

正午，各方的來賓到齊了。最尊貴的客人——鄰邦的國王——新娘的父親走上花壇，整座天宮頓時寂然無聲。他環顧四周，宣布：「我親愛的女兒今天大喜，首先應拜謝各位來賓，來此參加婚禮。」

太陽輕輕地灑下金光，賓客們引頸期待新人的到來。一會兒，國王的女兒含笑而至，但整座天宮卻立即鴉雀無聲。因爲與她一起攜手到來的不是人們意料中的阿赫，而是已死去三個月的拉。只見他身著錦袍、腰佩寶劍，氣宇軒昂，英挺瀟灑不減往昔。

拉登上花壇，寂靜的天宮頓時發出一陣震天動地的歡呼。就在此時，身穿銀袍、頭戴白冠的阿赫像遭雷擊一樣，癱倒在宮門之側，他心裡害怕極了。

拉向在場的人們講述了自己的遭遇，他把先王的遺言，兄嫂的獨霸天下、如何陷害自己的經過向人們詳細地敘述了一遍。在場的人對阿赫投下了鄙夷的目光，有的人說：「把那個無惡不作的阿赫處死！」

人們立刻交相附和，此時阿赫心裡非常恐懼，害怕拉眞的處死他，於是他懇求弟弟說：「親愛的弟弟，看在父親的面子上，你饒了我吧！只要你饒我一命，我到哪裡都行！」拉沉痛地瞅著哥哥，哀傷地說：「從今以後，阿赫不准留在宮中，到遠方去守夜吧！」

從此，拉統治著天國，成爲天空的偉大統治者，他日理萬機，一心爲人們服務，得到人們的尊敬，大家都擁護他，後來他成爲眾神之主——拉神。而拉的哥哥阿赫得到應有的懲罰，他被發配到離天國很遠很遠的地方，每個夜晚都獨自守夜，後來成爲月亮守護神——阿赫神。

◆風神——舒（Shu）

太陽神拉起初的名字叫阿圖姆，安歇在古海之化身努恩的懷抱中。在海裡，爲了使自己的光輝不致泯滅，他小心翼翼地閉著自己的雙眼。後來，拉神藏身在珍奇大荷花的一個花苞之中，每天吸取荷花的精華。

有一天，拉神在荷花苞中感到厭倦了，他就發起意念，靠著意志的力量產生無邊的法力。他使自己從深淵裡一躍而出，頓時光芒四射，變名字爲「拉」。

拉神又靠自身的力量生出了風神（又稱：大氣神）舒。舒神是空氣之神，他頭上戴著駝翎，是一個虎背熊腰的偉岸男神。隨即拉神又發願生出女神泰芙內特，她是雨露之神，外形是一頭牝獅，有時會變成獅首人軀，頭上飾有蛇和日盤。拉神讓舒神和泰芙內特神結爲夫妻，這對孿生的神成爲九柱神中的第一對神。

拉神隨即創造了其他的神。而舒神和泰芙內特神結合之後生下了兒子蓋布和女兒努特，他們分別是大地之神和穹蒼女神。拉神命令大氣神舒支撐蒼穹。於是，舒神遵照拉神的命令，插進緊密連結的地神蓋布和穹蒼女神努特之間，猛力將他們分開。

接著，舒神托舉著天空女神的身體，將她與丈夫蓋布分開。蓋布躺在舒神的腳邊，一肘支地，雙膝抬起，身體成爲多山的地面。而努特被舉到空中，她靠著舒神雙臂支撐，高高位於上空，天宇於是創造出來了。

此後，每天清晨，風神舒就把太陽神拉舉起來，放到變成神牛的努特女神身上，太陽在天空光照大地，地面萬物生輝。白晝結束，拉神要歇息了，舒神又把太陽神從神牛背上扶下來，黑夜於是降臨。

拉神漸漸年邁，他統治的人類開始背叛他。拉神雖懲罰了叛亂的人們，但人類的忘恩負義使拉神興味索然，他想急流勇退了。於是，他讓舒神統治人類，從此，舒神成了地球之王。

由於背叛拉神，人類剛剛才受完拉之眼哈陶爾的懲罰，因此，舒神繼位之初，人類十分敬畏神，不敢稍有踰矩。但是幾百年過去，舒神也疲態漸露，不如先前精力充沛旺盛。這時，他也像父親拉神一樣，經歷著權力的更替。

風神舒的王宮設在阿特・納布，他和妻子泰芙內特住在富麗堂皇的宮殿裡。他們的子孫很多，分別統治著人類各部。隨著舒神年紀的增大，這些子孫們漸漸增強了勢力，都想取代舒神成為地球之王。

不久，阿帕卡的子孫們密謀推翻舒神的統治，自己為王。他們策動叛亂，派軍攻到阿特・納布。年邁的舒神連忙採取對策準備平息這場叛亂，但畢竟是年老多病了，舒神竟指揮不動手下，只好眼看著危機步步逼近。

這時，泰芙內特說：「親愛的夫君啊，看來我們也該急流勇退了。現在叛軍蜂起，為了解燃眉之急，還是發布命令，讓平息叛亂的將領任地球之王吧！」舒神沉吟了一會兒，實在也別無良策，便聽從了妻子的勸告，登高一呼說：「誰能夠平息叛亂，誰就是地球之王！」命令一發布，舒神的子孫們開始積極行動起來，為了當上地球之王，他們聚集到舒神的王宮裡，商討對策。舒神之子蓋布被舉為平叛首領，他們組織力量準備保衛王國。

叛軍向阿特・納布城猛攻，同時守衛在城牆邊的蓋布軍隊也全力反擊，到處都是擾攘的人聲，有的悲號、有的歡呼，鮮血一時流成小河一般，但阿特・納布城一直無法攻下。這些阿帕卡的子孫們漸漸疲乏，士氣慢慢潰散。正在尋思對策之時，蓋布率領大軍英勇地衝出城壕，兩軍廝殺，喊聲震天，叛軍猝不及防，沒多久就像一群小鳥亂成一團，潰不成軍。

地神蓋布一刀砍殺了叛軍首領，大勝而回。舒神只好兌現諾言，讓位給自己的兒子蓋布。從此蓋布成了地球之王，人類的統治者。

舒神和妻子泰芙內特黯然地準備回歸天界，他們刮起狂風，下起暴雨，一連九天的狂風暴雨將大地蹂躪成一片汪洋。之後，舒神和泰芙內特回到了天界。

◆地神蓋布（Geb）和穹蒼女神努特（Nut）

太陽神拉創造了九柱神的第二對：地神蓋布和穹蒼女神努特。蓋布是萬物之本的地神，他十分喜歡自己的孿生妹妹努特，努特也深深愛著他，但拉神卻不同意讓他們結合。

一天，努特找到蓋布，表明要與他祕密結婚，蓋布於是就與努特結合了。他們得到圖特神的理解和支持。

事情很快地傳到拉神耳裡，拉神勃然大怒，叫來舒神，命令他立即將蓋布和努特分離開來，不准他們再見面。於是，舒神猛地將緊密連結的地神蓋布和穹蒼女神努特分開，他毫不留情地把努特舉起來，努特拚命掙扎抵抗，可是無濟於事，舒神有力的雙臂高舉著她的身體，她再也無力掙扎；而地神蓋布試圖拉回妻子，可怎麼也搆不著，他被舒神有力的大腳踩住身子，動彈不得。這一對夫妻就這樣被活活拆散了。

從此以後，蓋布一直形單影隻，他整天長吁短嘆，悲嘆之聲傳至天宇。他試圖與愛妻會合，種種努力都嚐試過了。為了保護妻子，他在舒的腳底奮力掙扎，他用一隻手肘強撐起身子，彎曲膝蓋，地面形成了山峰和地面的起伏，他的血脈充滿流動的血液，身體上覆蓋著青翠的草木。他只能仰頭望見高高被托起的妻子，妻子努特身體舒展，手足懸垂，鑲滿星星的肚腹被舒托起，構成拱狀蒼天。而他們只是可望不可及，徒然思念牽掛而已。

努特的朋友圖特於心不忍，就到拉神那邊求情。盛怒未消的拉神又頒下一條命令：在法定曆的年月裡，努特不得生兒育女。智慧的圖特神於是靈機一動，找到月亮來玩跳棋，講好按輸贏來下棋子。幾局下來，月亮輸掉了第七十二部分，這部分就歸圖特神所有了。於是，圖特神以此創造了新的五天，這五天不在三百六十天的埃及正式陽曆之內，而是閏日。所以這五個閏日，努特便可和蓋布結合，生兒育女。

圖特神幫助蓋布和努特贏得了五個閏日，努特在這五個閏日之內連續生下了五個兒女（一說是奧塞里斯、何露斯、塞特、伊希斯和奈芙蒂斯）。

努特構成拱狀蒼天後，拉神讓她以一頭牝牛的形象出現，馱著他巡視人間。後來拉遺棄他的反臣亂民，努特受命負載著拉升上天空。努特變成的神牛漸漸升高，她受不了拉神龐大的身軀和重量，漸漸頭暈目眩，於是她向拉神訴苦。拉神便用神力穩固了神牛的四條腿，它們後來變成了四根天柱，緊緊地拉住地神蓋布。這一對夫妻總算可以相握相拉了。努特舒心地展開身子，舒神托著她的肚腹，拉在上面佈滿星星、照耀地球的天空，努特的肚腹成了穹蒼。

再說蓋布，在拉神退隱之後，舒神成了地球之王。蓋布對舒神拆散他們夫妻十分不滿，到了舒神統治人類時，蓋布策動其他人反叛舒神，使得舒神眾叛親離，只好把王位讓給蓋布。蓋布成了第三位神聖的法老，繼舒之後登上王位統治人類。

蓋布登上王位之後，聽說有一只「烏拉尤斯金盒」，拉神曾經將金盒和他的手杖及一綹頭髮，一起存放在帝國東部邊界的一處城堡裡，作爲遇到危險時護身的法寶，富於好奇與叛逆精神的蓋布在閏日與妻子努特會合時，便商量怎樣得到這只金盒並打開它。於是這國王下令找到這個城堡裡的金盒，並要手下把金盒帶到王宮來。

不久，烏拉尤斯的寶盒被送到蓋布面前，這只金光燦爛、法力無比的神奇金盒令蓋布看得目瞪口呆。蓋布讚嘆地把玩金盒一下，便興沖沖地將金盒打開。立刻，金盒裡竄出一條全身閃爍著金鱗的神蛇。神蛇張開大口吐著猩紅的蛇信，如同燃燒的火燄，噴出一股毒氣，慘叫聲四起，蓋布周圍所有的同伴瞬間倒地斃命，而蓋布的身體也被這灼熱如岩漿的毒氣燒傷。

毒火沿著蓋布的皮肉竄燒，蓋布渾身血淋淋地掙扎著爬出王宮，痛苦地叫喚愛妻。努特趕來了，看到丈夫的慘況，她淚如雨下，狂奔去找圖特神，即刻圖特神也趕來了。

圖特神將拉神存放的手杖和一綹頭髮拿來，用拉的那綹頭髮密密地鋪蓋在蓋布的傷口上，一會兒，皮開肉綻處漸漸癒合，蓋布撐著手杖，慢慢地恢復清醒。而拉的那綹頭髮法力無邊，在醫好蓋布的傷口之後，經過幾年，它被放入阿特．納布的湖中，變成了一條大神鱷。

蓋布恢復了健康。此後，他精心管理自己的王國，並按埃及各省各鎮的情況制定了周密的規畫，他的統治十分牢固。

又過了幾百年，蓋布決定不再統治人類了，他將王權交給了奧塞里斯，自己升往天空。在天上，蓋布接替圖特神的位置，成為拉神的傳令官和眾神的調停人。

◆拉神的兒子——法老（Pharaoh）

埃及歷代法老皆具有自拉神遺傳而來的神性。

古代埃及人把人間的統治者——法老，看成是拉神的兒子，法老的意志便代表拉神的意志，法老具有神賦的權威。

世界開始時是一片茫茫大海，原初水之混沌的化身、最初的宇宙神——努恩蘊育出太陽神來。太陽神說：「我的名字在破曉時叫卡佩拉，白晝時叫拉，傍晚時叫阿圖姆。」

這位光明之神起初是一顆發光的蛋，浮在水面上，海裡有眾神靈陪伴著努恩神，太陽神就和眾神住在一起。太陽神沒有固定的名字，他的本體叫「拉」，太陽的圓面叫「阿托」，太陽的光輝叫「壽」。

拉神比孕育他的努恩神法力更大，他成了眾神之父與主宰，一切事情都按照他的意志實現。這位大神穿過了天上的領域而走去，他把天上的領域劃分一下，整頓一番。他發言創造眾神，其中有代表自然界勢力的諸神，也有在冥界管理來世的諸神，由冥王奧塞里斯統屬。他發言創造事物，使得碧綠無涯的阿亞魯田野誕生了，又使田野上生長穀物和小麥，這千千萬萬的物都來讚頌拉神。接著，拉神把在黑暗中發光的那千千萬萬的物交給風和空氣之神舒掌管。

當太陽神名字被叫著阿圖姆時，他年齡也較大了。阿圖姆最初是日城的地方神，在那裡他的神聖動物是公牛莫瓦。人們說在很早以前，在努恩裡面活著一位「無形的神靈，其體內蘊育著萬物」，當混沌神努恩腰部浸在水中，雙臂舉著他所創造出來的神時，阿圖姆——拉顯現了，他生著人首，戴著雙重王冠。阿圖姆沒有妻子，自己生下了第一對神。到了後來，阿圖姆才有了一個配偶，生下一些神來。

阿圖姆有了配偶後，有一次在孟斐斯看見一個美麗的女神，立刻爲她神魂顚倒，便上前傾吐自己的愛慕之情。那女神訝異又靦腆地注視著這位英挺的男神，心兒怦怦地跳著，愛意染紅了她的臉頰。從此，他們倆便熱情地交往起來，這個女神就是優薩思，她爲阿圖姆生下一對雙胞胎：舒和泰芙內特。

拉神統治著人類，到現在叫阿圖姆時，因年紀大體力不支，決定把統治人類的大任交給自己的兒子們接管。於是他決定生出一些統治人類的國王法老，以代替他對人類的統管。拉神到人間巡遊，一會兒藏身於荷花苞中，從中一躍變成神童；一會兒變成一個男子，頭頂太陽盤；一會兒變成長著公羊頭的男子伊夫·拉，在夜間遊走。

爲了生出法老來，拉神變成男子來到祭司家中，祭司熱情地款待這位非凡的天神。祭司有位漂亮的妻子，名叫拉迪迪特，拉迪迪特看到拉神變成的男子十分愛慕，拉神也心儀於她，遂化身成祭司與她生活在一起。就這樣，拉迪迪特成爲拉神在人間的第一位王后。

拉迪迪特不久生下一個孩子，這個孩子後來成了法老，統治著人類。然後拉神又與她會合，接連生了三個孩子，這三個孩子成了第五王朝的頭三位國王。

每次拉神返回大地娶妻，便會使王后孕育王子，生下法老來。之後法老便統治人間，直到下一任法老接替。從此，拉神的兒子們——法老接替了拉神對人類的統治，他們代表著拉神，有著神聖而至高無上的權力。

拉神則生活在天國「第一個」宇宙裡，居住在日城「王子宮」統管整個宇宙。拉神早上沐浴進食後，登上自己的太陽船，同隨從一起巡視所屬王國的十二個省，在每個省停留一個小時。太陽神自地面升至天空，他的生活即成定規，永不再變。在白天十二個小時裡，他自東向西，乘船橫越自己的王國，他小心地避開宿敵阿波非斯的攻擊。阿波非斯是條巨大的毒蛇，住在尼羅河深處，有時——在日全蝕時，便會成功地將太陽船吞下。但拉神的保護者最後總會將阿波非斯擊敗並將其拋回河底。在夜間的十二個小時裡，拉神從一個山洞走向一個山洞，接受地下臣民的歡呼，他們焦灼地等待著拉神所帶來的光輝。拉神一離開，他們又陷入黑暗的陰霾中。拉神有時在每天清晨降生，當時是一個孩童，中午長大成人，隨後又復衰老，晚間變成一個老人而死去。拉神佇立在太陽船內，被拉著行駛過黑夜的王國時，復活之神使太陽再生，於是又有嶄新的第二天。

當太陽神於清晨開始出現在天空時，地面的人們在法老——拉神的兒子的率領下，向創世神虔誠下跪，齊聲頌揚拉神的偉績。而當傍晚來臨，太陽在西方的地平線消逝時，人們在黑暗中期盼著新的一天太陽的出現。

◆奈芙蒂斯（Nephthys）

奧塞里斯是蓋布和努特的長子，他面容英俊，皮膚黝黑，身材高挺，爲人非常善良、仁厚；而蓋布和努特的第二個兒子塞特卻是醜陋無比，粗野不羈，白膚紅髮。

蓋布和努特的最小女兒奈芙蒂斯，聰明善良，善解人意。從小，她就非常喜歡他的大哥奧塞里斯，喜歡他的俊美外表、仁慈的心腸，久而久之，奈芙蒂斯竟對奧塞里斯產生愛情。可是，奧塞里斯卻喜歡她的姊姊伊希斯，伊希斯活潑美麗，奧塞里斯十分愛慕她，因此奈芙蒂斯感到很痛苦。後來，奧塞里斯如願娶得伊希斯爲妻，奈芙蒂斯悲痛萬分，但她還是將情愫深埋心底，默默地祝福他們倆能幸福，她覺得只要奧塞里斯生活得快樂，她就滿足了。

在此同時，塞特來向她求婚了。塞特是個邪惡無比的人，他原本就對奧塞里斯十分仇恨，總想陷害他，再加上他明白奈芙蒂斯心心念念的意中人是奧塞里斯而非自己，於是他語帶威脅地對奈芙蒂斯說：「我知道妳非常愛他，但他卻不知道。我現在要妳嫁給我，否則我會殺死奧塞里斯的。」善良的奈芙蒂斯擔心自己的心上人被害，便答應了塞特，做他的新娘。

於是，塞特娶奈芙蒂斯爲妻，但奈芙蒂斯卻不願與塞特生活在一起，更不用說給他生兒育女了。她整天整夜地想著奧塞里斯，幾近瘋狂。後來，她竟決定要一個奧塞里斯的孩子。

一天，奈芙蒂斯來到奧塞里斯的王宮，跟他哭訴說：「塞特欺負我！他經常打我、罵我，大哥，你是否可以到我那兒陪陪我聊天？」奧塞里斯平日就很疼愛妹妹，聽了妹妹的話以後，於心不忍，便答應了她的請求。

奈芙蒂斯備妥了佳餚美酒，邀請奧塞里斯來到自己的寢宮，她一杯又一杯地勸長兄喝酒，奧塞里斯爲了讓妹妹解愁，便也不推卻地一杯接著一杯盡興飲酒。不久，奧塞里斯終於醉倒了，奈芙蒂斯立即將他扶上床，在他爛醉如泥的情況下，爲他生下了一個兒子，取名叫阿努比斯。

後來，她的丈夫殺死了當國王的奧塞里斯，從此塞特篡奪了王位，統治著埃及。奈芙蒂斯悲憤交加，她離開了萬惡的塞特，與伊希斯痛悼奧塞里斯，共同尋覓棄於各處的碎屍，並守護在靈床旁。她幫助伊希斯用香料保存被殺害的奧塞里斯的屍首，與伊希斯一起輪流在葬禮上唱輓歌。

正因爲奈芙蒂斯是奧塞里斯的保護者之一，因此她與伊希斯兩姊妹成爲在天之東隅接引亡者的女神。兩姊妹均與鷹相提並論，因而都是帶翼的女神。在古埃及傳說裡，奈芙蒂斯是貧瘠之地的化身，而伊希斯是肥土沃壤的化身。

第二章　冥王奧塞里斯家族的故事

相傳，奧塞里斯初爲豐饒之神，洪荒時期繼拉神、舒神、蓋布神統攝大地；後來逐漸取代原來的太陽神拉，成爲眾神之王。他被奉爲遠古的英主，人們讚譽他治國賢明、恩澤博施。

奧塞里斯繼位後，立其妻伊希斯爲后。他們治理埃及，使人們擺脫野蠻的生活方式和食人之俗，教人們播種穀物、培植葡萄、烤製食物、釀造美酒、開採銅礦和金礦。他還授予人們醫術、建築術，並制定種種儀式。

奧塞里斯與伊希斯福佑世間風調雨順，五穀豐登。伊希斯襄助奧塞里斯治國，她教予人民種植和稼穡之技，奧塞里斯離國期間，她則代理朝政；尼羅河流域在他們的共同治理下成爲人間樂園。

邪惡的荒漠之神、奧塞里斯的幼弟塞特狡黠狠毒，他見奧塞里斯治國有方、深得臣民愛戴，遂設下毒計置之於死地。

伊希斯踏遍全國，終於找尋到奧塞里斯的屍體，並與他體內的生命力結合，感應而孕。伊希斯爲避免塞特的追殺，前往尼羅河三角洲沼澤之地，生子何露斯，並將他撫養成人。何露斯長大後爲父報仇，歷經幾次殊死相搏，終於戰勝弒兄篡位的叔父塞特，並與母親合力讓奧塞里斯復活。

奧塞里斯雖死而復生，卻不願留在世間。他把在世間的王位讓與何露斯，自己去往冥府稱王，並主持冥世審判。冥王奧塞里斯即西方幽冥之國的國君，亦爲法老死後之化身以及太陽神在地下之化身。

冥王奧塞里斯家族的故事，交織著動人心弦的愛恨情仇，深植在人們心靈深處。

◆奧塞里斯和伊希斯巡遊人間

水夫奇遇

許多年以前，在古埃及南方河谷，有一個古埃及中王國和新王國時期的首都——底比斯城。這個城市坐落在由尼羅河灌溉而成的肥田沃水的地段裡。底比斯城物產豐富，人們生活富裕，早在幾千年前，底比斯城就是一座世界名城。

底比斯城剛剛建立不久，還處在它的童年期時，城裡還沒有用泥灰建成的高大廟宇，拉神還沒有造福給他的子民，古埃及的另一個主神阿蒙神也還沒有光臨到底比斯城。人們心目中的神只不過是木雕石像，他們信奉滋潤養育自己的偉大河流——尼羅河。

後來，人們認爲太陽是生命的起源，便爲太陽神——拉神建造了一座廟宇。那是個聖潔的地方，濱臨神聖的尼羅河，四周環繞著濃蔭的叢林，神廟前的一口井滲出清澈的甜水，閃閃發亮。人們喜歡這清涼甘甜的井水和噴吐著的晶瑩水花。虔誠的人們從四面八方來到神廟，朝拜萬能的神靈，膜拜完畢，就到井邊用手捧水解渴，他們相信，這口井是萬能的拉神賜給他們的。奧塞里斯的傳說就是從這裡開始的。

初夏的一天早晨，一個名叫巴米里斯的人，來到太陽神廟附近的井旁，他的腰間掛著一只羊皮水囊。雖然巴米里斯還是個年輕人，但由於經年累月地揹水，他的腰已經彎了。他的家離這兒很遠，每次都要多裝點兒水。那裝滿水的大皮囊揹在肩上，使他走起路來顫顫巍巍的。

沒走多遠，巴米里斯遇到他的同鄉，只見這位同鄉肩揹空水囊在路邊坐著，於是，巴米里斯納悶地問道：「老兄，時候挺晚的了，你怎麼還在這兒納涼，不趕快幹活兒去？」

「幹活？錯了，你應該說，怎麼還不丟掉這工作？」那人沒好氣地回答。

「是啊，揹水實在太累了，我也不想做，可是，環境逼得我們不得不這樣做啊！天氣熱得會把沙子融化！現在多流點汗，辛苦些，到了盛夏，就可以舒服地在茅屋中生活……」

「我可不這麼想，趁著天氣不熱多休息才是最聰明的！」那人打斷巴米里斯，不耐煩地說道：「反正我孤家寡人一個，無牽無掛！」

「是啊，你一個人無牽無掛，可是我還有一大家子要養活……」巴米里斯嘆口氣，想起自己多舛的命運，不禁黯然神傷。

但在他抱怨命運的同時，他記起年邁多病的父親、飢餓的妻兒還在茅屋裡等著他回家，於是，年輕的水夫巴米里斯拋開一切痛苦，又拚命地在那條熟悉又漫長的路上來回地跑著。

太陽已經爬上他的頭頂，汗水溼透他那件破舊的衣裳，他賣力地汲著水。突然……

「巴米里斯……」一陣低沉的呼喚聲吹拂而來，捲起他身旁的黃灰沙土。

巴米里斯抬起頭來，四處尋找聲音的來源，但觸目可及，沒有人跡、沒有房舍、沒有車水馬龍、沒有噪音，什麼都沒有。他茫然地望望天，太陽當空照，烘烤著他的四肢百骸，他決定揹起皮囊回家。

「巴米里斯……」又一聲呼喚傳到他的耳際。他放下手中的皮囊，開始尋找，可是掃視了四周一圈，仍找不出聲音從哪裡發出。

「巴米里斯……」呼喚聲第三次響起來，可憐的巴米里斯驚駭地望著身旁的曠野。

「別害怕！巴米里斯……」那聲音異常的柔和。

巴米里斯順著聲音望去，才驚奇地發現那聲音就是豎立在神廟前的雕像發出的。

「巴米里斯，快回家去吧！大地的主宰——奧塞里斯誕生了，你快向全世界宣布這個好消息！」聲音消失了，周圍一片靜寂，那雕像依然佇立在黃澄澄的漠地上。

巴米里斯回過神來，轉頭狂奔回家。他的妻子看他驚恐的樣子，忙問發生了什麼事。於是，巴米里斯結結巴巴地將事情的始末告訴妻子。

「啊，這是上蒼的聲音！」躺在病榻上的父親聞言，強拄著拐杖出來，欣喜地對巴米里斯說：「孩子，快照神的吩咐去做吧！我爲自己活著的時候能聽到這個喜訊感到無比幸福，快去吧！拉神會保佑你！」

於是，巴米里斯四處奔走，熱情地傳播那振奮人心的喜訊。不久，人們奔相走告埃及將有一個賢明的聖主！

神的降臨

在夏天即將到來的一個黃昏，一個身材高大、體魄健壯的男人站在神廟邊的白楊樹下。這個男人的外表是那樣的威武，他的四肢是那樣地勻稱，顯然要比孱弱的人類強大、出色得多，有一種尊嚴威武的神祇風度。

在這個魁梧的男人身旁還站著一位美麗無比的婦人。婦人長得是多麼地俊俏、多麼地吸引人，正是由於這個婦人的出現，太陽都悄悄地躲在雲彩後面去了。她有著細膩甜美的臉容、棕色閃光的皮膚，垂在她長頸上的紅褐色濃密頭髮，在落日餘暉的照耀下，猶如縷縷金絲般美麗。

當太陽消失在地平線下時，山崗由紫紅色變成了闇黑，晚霞給水面抹上了一層紅色，遠遠望去，就好像熊熊燃燒的火舌。就在此時，美麗的婦人向那男子招手，他們誠懇、謙遜、莊重地迎著西落的太陽，全神貫注地向太陽神拉做著短暫的祈禱。

做完了祈禱，男人便把斗篷鋪在岩石上，邀請婦人坐下來歇息。待兩人坐定後，男人從口袋裡取出一支笛子，開始吹奏起來。霎時間，笛子發出美妙動聽的樂音，這不是大地能產生的聲音，這是來自天籟的聲音。

悠揚的笛聲直衝雲霄，好似鼓翼的鳥兒在枝椏間歡跳歌唱；笛聲清脆明快，猶如潔白好動的水鳥吱喳著呼喚牠的同伴；笛聲越來越熱烈、奔放，像高山上直瀉而下那奔騰的瀑布發出的咆哮，忽而聲音又變細變輕，變成碎石間蜿蜒穿行小溪的潺潺流水……最後，笛聲以粗獷深沉的曲調告終。

美麗的婦人和著樂音，輕吟著詩歌。那歌聲時而歡快奔放，時而柔和婉轉，好像把人從狂風暴雨中帶到了風和日麗的陽光下，預告著歡樂與悲傷，預告著愛情的始與終。

笛聲戛然而止，歌聲也停歇。在他倆面前突然出現了一個莊嚴的老人。他臉色蒼白憔悴，歲月的滄桑在他的臉上刻下了深深的皺紋，他身穿一件白色的斗篷，繫著一條金色的腰帶。

「晚安，兩位尊貴的客人！」老人向他們問候。

「晚安，老伯！您能做我們的嚮導，引我們找到水源嗎？我們準備去長途旅行，但是，現在我們必須在此地休息一段時間。」男人說。

老人沉默不語，他雙目凝視著這兩個陌生的過路人，思索著，好像想從他們的外表探尋他們內心深處的祕密。突然，老人雙膝跪下，低頭逐一親吻著陌生男子和女人的鞋子，然後說：「我是附近廟宇中的祭司，神諭早就告訴我您們要降臨，但是，萬萬沒有想到今天，我成為人間第一個接待您們的人。」

老人用友好、敬重的目光注視著男人——偉大的奧塞里斯，注視著美麗的婦人——伊希斯女神，他怯生生地問：「我尊敬的國王陛下、尊敬的王后陛下，您們願意光臨寒舍嗎？」

奧塞里斯回答：「好吧，我們就先到你家去！因為你是如此忠於職守，如此忠於自己的信仰。我們對你的慷慨大方會給予報答的。但是，我要你起誓，不要向任何人洩露我們的祕密，這是拉神的旨意。」

「您的奴僕聽從您，堅決服從您。」祭司老人雙膝跪下，虔誠地起誓。

「那你就引路吧！」

就這樣，奧塞里斯——埃及主神和他的妻子伊希斯——埃及女神降臨在埃及的大地上。

奧塞里斯和伊希斯巡遊人間

奧塞里斯和伊希斯隨同忠誠的祭司，前往他家作客。

當人們看到這兩位陌生人時，不禁為他們高貴的容貌震驚，人們對他們充滿敬意，經常向他們求助。奧塞里斯和伊希斯總是非常熱心地為人們排憂解難，更加贏得大家的讚許。但是，總有一些好奇的人打聽他們的來歷，祭司搖搖頭，恪守祕密，只是說：「他倆是過路人，只想作客，到底他倆從哪兒來，我也一無所知。」

好奇的人們得不到答案，更增添了他們的好奇和一種莫名的恐懼。於是，流言蜚語在人群中傳播。奧塞里斯和伊希斯並不理睬那些閒言碎語，反而毫無芥蒂地走到人們中間，幫助這個、鼓勵那個，哪裡需要他們，他們就在哪裡出現。

伊希斯陪伴在奧塞里斯身側，形影不離。

伊希斯的手是多麼纖細溫柔、多麼神奇，它能解除人們的痛苦；她的聲音多麼柔和，能讓受疾病折磨的孩子睜開雙眼；她的眼睛多麼明亮，能讓重病的人恢復健康。

有一天，一個小孩被一根木棒砸得昏死過去。驚慌失措的母親抱著孩子痛哭，伊希斯聞訊趕來，不慌不忙地抱起孩子，輕輕地撫摸孩子僵硬的身體，低聲細語著……漸漸地，孩子的四肢舒展開來，雙眼晶亮地圓睜，天眞地露出笑靨。

「媽媽，眞好玩！一個美麗的女人帶我到一個好美的地方，從此，我不會有痛苦啦！」孩子說著從伊希斯懷裡掙脫，歡快地跑開了。孩子的母親感激不已，在她看來，這位美麗的婦人就是偉大的神！從此，人們更加敬重伊希斯。

奧塞里斯比伊希斯更繁忙。他每天都到田裡指導人們耕作，使人們懂得了造犁，教會人們如何用最少的勞動，獲得最大的收益。他教人們吹笛子、唱歌，並組織了一支樂隊……總之，他的到來，爲人們帶來了歡樂與知識。

沒過多久，奧塞里斯和伊希斯的作爲傳到法老耳裡，於是他派人召見奧塞里斯。當身材魁梧的奧塞里斯出現在法老面前時，法老感到不悅，盛氣淩人地問：「你是什麼人？從哪兒來的？」

「我是旅行者，我已經知道了埃及大地的事和人民。我從阿魯大地來，在這只是做短暫的停留，而後繼續旅行著。」奧塞里斯回答。

「阿魯大地？是什麼地方？我南征北討，可沒聽過這個地方！」

「它在很遠很遠的地方，人類無法達到。」

「那你也回不了家啦！」

「只要我一息尚存，我要繼續旅行！」

「但願如此，偉大的旅行家！但你願意留在宮裡一段時間嗎？」法老被奧塞里斯的威儀所震懾，「我早聽說你和你妻子的神奇故事，但願我的手下也能學習你的聰明才智。」

「陛下，您有權力如此命令我，因爲我住在您的國度裡。但是，我不會忘記廣大貧苦的人民，他們才是眞正需要我！」

於是，奧塞里斯和伊希斯移居到法老的王宮。在王宮，奧塞里斯教導人們做事、造磚瓦；伊希斯也教導王宮巫師學習咒語、魔法，但是他們永遠學不到伊希斯那神奇的本事。在空閒的時候，奧塞里斯爲王宮裡的人講述神的故事，並提到宇宙和宇宙祭司。他說，倒塌在人們面前的石雕泥像是虛弱無能的，它不會賜福給人們。但是，人的頭頂上——蒼天有偉大的神存在，有他才能保護、幫助人們，滿足人們的要求。太陽就是從那兒誕生，我們偉大的太陽神給人們以熱和光，澆灌著大地，給莊稼以肥料，給人們以幸福的生活。

宮中的人們被奧塞里斯的故事著迷，又從他身上學到很多知識，所以在法老與世長辭後，人們商議推選奧塞里斯爲國王，統治社稷。但是，奧塞里斯再三推辭，最後在眾人的期望和一片忠誠的心意下，他接受了王冠。

聖明的奧塞里斯

當奧塞里斯開始統治埃及時，人們還是很野蠻。他們以捕獵野獸爲主，結成零零散散的部落，在山間溪谷中到處流浪。當時在部落之間常有激烈的戰鬥，人們品行惡劣，心地暴戾。

奧塞里斯開創一個新的時代，他制訂了約束性的法律，宣布公平的法令，又賢明地審判訟案。最後，他使埃及的整個國土都享受和平。埃及這塊土地上一片繁榮，人們有吃有穿，生活富足。

埃及繁榮富強的消息傳到了遙遠的魔鬼之邦。魔鬼不會蓋房子，住在山洞中，不會種田，以採野果和打獵爲生。牠們聽說埃及國家富饒美麗，就派了一個魔鬼前往探聽虛實。

於是魔鬼來到埃及，人們一看見這野蠻的怪物，都遠遠地躲進家裡。這魔鬼是個巨大的人形動物，聲如洪鐘，但講的話誰都聽不懂；牠的力氣很大，動不動就打人，當地人都很怕牠；牠的胃口很大，吃起東西來狼吞虎嚥地永不知飽。牠向當地人要了很多食物，誰不給就殺死誰。許多人忍受不了牠的折磨，紛紛逃離，留下來的人，也都把東西藏起來。

兩年以來，這個魔鬼在埃及無惡不作，傷天害理。後來牠還送信回國，對其他魔鬼說：「埃及眞是個好地方，有吃有喝，又有房子住，要什麼有什麼，你們快來這裡生活吧！」

於是，大批魔鬼踏上埃及國土，新來的魔鬼看到同類在這裡安居，家中有糧食，欄中有牛羊，窖中有美酒，家中有僕人，生活過得富裕舒適，非常羨慕，於是也定居下來。牠們來了一百多個，定居在最富庶的地區，要求當地人供養牠們、侍候牠們。

天長日久，埃及人再也忍受不了魔鬼的驅使了。人們一致商量要去首都把這件事告訴法老奧塞里斯，叫奧塞里斯幫助他們擺脫被奴役的生活，殺死可惡的魔鬼。

於是，他們派兩個代表到了首都，把這件事詳細地告訴法老奧塞里斯，並且要求說：「尊敬的陛下，我們正受到魔鬼的折磨，這片土地是祖先留給我們的，我們從前生活得很幸福，安居樂業，現在魔鬼接踵而來，成了土地的主人。我們要爲牠們做工，爲牠們種田，爲牠們釀酒，爲牠們蓋房子；若我們不從，牠們便殺死我們。這樣的日子我們還能忍受幾時？請陛下採取行動，救救您的子民吧！否則，我們就會亡國滅種啊！」

奧塞里斯

奧塞里斯統治埃及成績卓著，把國家治理得井井有條，天下太平，現在聽說在國土上出現了魔鬼，並且危害人們，便決定親自出馬剿滅魔鬼。當地的人民見了法老親自來消滅魔鬼，受到很大的鼓舞，大家同仇敵愾，誓將魔鬼殲滅。

奧塞里斯告訴大家說：「魔鬼力氣大、心狠毒，要殺死牠們可不容易，我們要做好萬全的準備！」

於是，人們按照奧塞里斯的安排行動。鐵匠們日以繼夜地鑄造鋒利的長箭、長矛，木匠們也精心製作好木棒、彎弓。當一切準備就緒時，奧塞里斯再次召集當地居民，交代了殺魔鬼的計畫。

那天夜裡，魔鬼們正在狂歡，個個喝得酩酊大醉，又唱又跳。突然，幾個當地人進來，肩上扛著蜂箱。魔鬼們原以爲是給牠們送蜜喝的，便對那幾個人說：「快把蜜拿過來給我們，我們正想喝沁甜的蜜呢！」

「你們別急，我們把它扛到你們中間，讓你們每個人都能喝到。」那幾個人邊說邊將蜂蜜放在狂跳的魔鬼中間，隨即打開箱蓋，用力猛搖。毒蜂頓時亂飛起來，把魔鬼們螫得大驚失色，抱頭鼠竄。

這時，外面的戰鼓擂動，帶著長槍短刀的人們在奧塞里斯的帶領下衝了進來，他們瘋狂地朝魔鬼砍殺，以平息胸中的怒氣，魔鬼們被這突來的攻擊嚇得驚慌失措，有的轉身尋找武器，有的拔腿就跑，一場惡鬥就這樣從夜晚打到天明。

最後，奧塞里斯終於爲人們除掉了魔鬼，埃及又恢復了太平。人們歡聲雷動，載歌載舞，讚揚奧塞里斯的勇猛，都說奧塞里斯是一位聖明的君主。

◆奧塞里斯遇難

惡神塞特

隨著奧塞里斯的統治，古埃及如同一隻迷途的羔羊尋到主人一般，全國人民生活安定、祥和。很多年過去了，奧塞里斯和伊希斯一直統治著這個國家。奧塞里斯以和善的語言和先進技術贏得人民的信任，於是他的疆域愈來愈大，他也經常外出各地巡視民情。

一天清晨，一個陌生人出現在王宮門前。那是個手臂奇長的強壯男人，他的相貌非常醜陋。那醜陋不堪的面貌暗示著隱藏在內心的凶殘狡詐，連平日最勇敢的衛兵都被他的模樣嚇了一跳。

「這是奧塞里斯的宮殿嗎？」醜八怪大聲問。

「是的，你爲什麼來王宮？」衛兵顫抖著聲音問。

「少囉嗦！快去告訴奧塞里斯，他的兄弟塞特，特地來向他致以美好的問候。」醜八怪傲慢地說。

「你是他的兄弟？國王的兄弟？」衛兵愕然。

「還不快去報信！不然，我將推倒城門，而後再來收拾你！」醜八怪發怒地吼叫著。

衛兵們倉皇地奔進王宮，報告奧塞里斯。

很快，衛兵們得到國王的口令：讓塞特進宮。塞特大搖大擺地進宮，奧塞里斯站在王宮中的最高台階上，熱烈地歡迎兄弟的到來，並慷慨大方地設宴款待塞特。奧塞里斯還希望塞特住在宮中。

面對著奧塞里斯的熱情接待，塞特一言不發，並不爲之所感動。但是，在他那醜陋的臉上卻掠過一絲陰險可憎的微笑！

塞特住進王宮後，不時挑起事端，致使發生動亂和戰爭。從此，曾經安定、幸福的國家瞬間而逝，帶給人民的是悲慘和憂傷。太平盛世，俱往矣！人民都盼望從前的好日子能夠再回來。

奧塞里斯瞭解塞特的所作所爲，所以他沒讓塞特參與政務大事。塞特對此懷恨在心，決定暗中報復奧塞里斯。可是，現在他只能在奧塞里斯規定的宮殿範圍內活動。在那兒，他不斷地和周圍的人發生口角，繼而動手打人，他可不想讓這個國家太平！他仇恨面善心慈的兄弟和美麗聰明的嫂子，嫉恨的心理吞噬著他邪惡的心……

轉眼過了三年，醜八怪塞特沒有任何藉口離開那特殊的宮殿，也沒有機會和周圍的人吵架、打架，因爲人們已經知道塞特的猙獰面目，一見他就像避瘟神一樣躲得遠遠的。但是，塞特的陰謀仍在進行著，他和他的信徒時時刻刻都在窺視國王，並四處煽風點火，引起騷亂，以篡奪王位，統治這個國家。人民得不到片刻安寧，只能悽悽惶惶地終日生活在黑暗、戰爭以及爭吵的日子裡。

然而，奧塞里斯和伊希斯爲了改善人民生活，上下團結一致而勤奮地工作著——

奧塞里斯遇難

光陰荏苒，轉眼塞特已在宮中住了好幾年，在這幾年中，塞特一直暗中策劃對付奧塞里斯。

突然有一天，塞特從睡夢中跳起來，興奮地叫道：「我能這樣做，一定能夠做到！」說著，塞特疾步穿過大廳跳到一口笨重的木箱旁邊，從裡面取出一匹針織料子，這衣料是那樣地精細光滑，在陽光下閃著斑爛的亮光。帶著這衣料，塞特去王宮找他的兄弟——好心的奧塞里斯國王。

王宮裡，奧塞里斯獨自坐在寶座上，一見到塞特，便關切地問：「好兄弟！身體還好嗎？但願病魔遠離你。」

「啊！親愛的兄弟，我的身體已經康復了。今天，我特來向你致以忠誠的祝願。你瞧！這織品，是我給你的一件禮物。」

奧塞里斯被塞特的誠懇感動，同時被這稀世的織品迷住了，他按捺不住心中的喜悅，驚呼道：「啊，精美的織品呀！」

「我很欣慰你對它很滿意。」塞特趁機說，「你身爲一國之王，應該有一件稀世珍寶。依我看，你可以製作一件斗篷，披上它，更能顯示你的威風。」

「謝謝你！你的慷慨大方，令我很受感動。快把這衣料交給王宮裁縫匠吧！」

「國王陛下，如果隨便找人裁，那它將黯然失色。這事兒包在我身上吧！請允許我為你量尺寸！」

「那好吧！」奧塞里斯對塞特的好意感到特別欣慰，一點兒也沒有懷疑塞特卑鄙的居心。塞特用布料將奧塞里斯從頭到腳都包起來，量完後，他對奧塞里斯說：「好了！國王，我現在就去完成任務。」塞特終於找到外出的好時機，他急忙趕回自己的宮殿，找來他的同夥，密謀策劃一番，他們就匆匆上路了。

經過塞特的一番部署和安排後，他帶著裁製好的新斗篷去見國王。

「國王陛下，我已經如期完成任務，請你試一下這斗篷吧！」奧塞里斯披上斗篷，這斗篷做得多麼精美、多麼合身啊！霎時間，本來就金碧輝煌的王室宮殿更加耀眼奪目了。奧塞里斯吃驚地望著金光閃閃的斗篷，說：「這眞是一件厚重的禮物，好兄弟，我眞不知道該怎樣感謝你的好意？」

「今晚，如果你能披戴著這件斗篷到我的宮殿，參加為你舉行的晚宴，我就心滿意足了。」塞特急切地等待答覆。

但是，奧塞里斯並沒有立即答覆，他回到王宮後對伊希斯講述了一切，伊希斯不解地問：「你不是發過誓，再也不到他那裡去了嗎？」

「但是，他為我做了一件大好事。」

「啊！這都是他的騙術呀，在這後面隱藏著塞特的陰謀詭計。」伊希斯勸道。

「不會的，塞特沒有這個用意。」心地善良的奧塞里斯爲兄弟辯護道。

「我同情他，但他有著罪惡的思想和欺詐的行徑。你今晚千萬別去！」伊希斯哽咽地勸著丈夫。

「別擔心，他是我兄弟，諒他也不敢爲非作歹。」奧塞里斯深情地擁抱著妻子，安慰她。

最後，奧塞里斯答應伊希斯在半夜前回宮，好讓她懸掛的心早些得到安寧。

奧塞里斯走後，伊希斯覺得異常煩躁，各種奇特的影子總在眼前晃動，她怎麼也睡不著……

在另一個宮殿，塞特的宴會還在進行著，奧塞里斯坐在正席座上，桌上擺滿珍饈美食。席間，塞特不時向奧塞里斯敬酒。此時，他站起來說：「關於埃及作坊的熟練精細，我聽過許多。但在旅行中，我發現一只製造奇特的箱子，我敢說，在座的人從來沒有見過。國王陛下，請你來看看這只奇特的箱子吧！」

當金燦燦的箱子出現在眾人面前時，人群中發出一片喝采聲，奧塞里斯更是驚喜地睁大眼睛，說不出話來。塞特早已察覺到奧塞里斯興趣盎然，於是他說，他將把這箱子當作禮物，贈送一個能把自己的身體剛好裝滿箱子的人。

聽完這消息，眾人紛紛試著，可是沒有一個人能適合這箱子。直到此時，塞特才對奧塞里斯說：「陛下，難道你不想試一下，這箱子和你的斗篷實在太相配了。」

奧塞里斯沉思片刻，搖搖頭，最後經不住眾人的歡呼，他踏入箱裡。此時此刻，他的手顫抖著。眞奇怪！箱子正好裝下他的身子。事實上，這箱子就是狡猾的塞特爲他量身製作的。

正當奧塞里斯起身時，塞特殘忍地蓋上蓋子，並用沉重結實的大鎖鎖上，還在箱子周圍繞上鉛合金條。可憐的奧塞里斯被牢牢鎖在箱子裡。塞特和他的同夥把箱子投入河裡。就在此時，在黑暗的深處，一團火燄熊熊燃燒，照亮了整個大地。塞特被這奇光驚嚇了，他趕快跳上一隻小船用力划行。

異常的清醒攪得伊希斯疲憊不堪，稀奇古怪的惡夢打擾著她；紅色的雲霧不知道從哪裡升起，看不見道路，沒有人、沒有鳥獸，四周好靜好靜，彷佛是世界的盡頭……突然，她聽到塞特不安的驚叫聲，接著她看到奧塞里斯在紅霧裡飄蕩，殷紅的鮮血染紅了他蒼白的面容。

伊希斯驚叫著，跳下床，向奧塞里斯撲去，但卻撲了個空……

惡夢醒來，冷清的現實更讓伊希斯悲傷，她在心裡呼喊著丈夫。不一會兒，遠處傳來划船聲，伊希斯一陣歡喜，以爲奧塞里斯回來了，她跑到河邊，看到大火，恐懼之心頓時揪得更緊了。啊！她看到了塞特，他的船隻正迅速地向遠方遁走。不久，大火熄滅，四周一片漆黑。王宮恢復了平靜，河面又水平如鏡，但伊希斯的心卻悽悽惶惶。

她哪裡知道，心愛的丈夫已經死去，埃及國王奧塞里斯已經一去不復返了。

金絲鳥的悲傷

拂曉，蒼白的太陽隱沒在烏雲裡，王宮內一片寂靜，沉浸在悲哀的氛圍裡。

伊希斯依然躺在床上，帶著痛楚的表情，頭下的枕頭早已被淚水浸溼。漸漸地，她從長久的悲傷中甦醒過來。起初，她迷迷茫茫地什麼都記不起來，腦中一片空白。後來，昨晚怵目驚心的景象又湧現在心頭，像銀河裡的黑洞，頃刻吞沒了她，伊希斯又昏死過去。不久，她被侍女喚醒，掙扎著起來。

她整日不言不語，一邊痛苦地在心中呼喚著丈夫，一邊思考如何爲丈夫討回公道。罪惡之手把她丈夫推上了痛苦漫長的旅程，她該如何來保衛他的國土，尋找丈夫的屍體？

奧塞里斯被害後沒過幾天，一支龐大的武裝軍隊就在底比斯城廣闊的平地上安營紮寨。傍晚，來了一位信使，他說有重要事情要求面見王后，伊希斯命衛士去接信。

信使向王后的衛士鞠躬致意，然後說：「埃及新國王塞特向伊希斯致以最崇高的敬意。他要求伊希斯答應和他結婚。如果伊希斯能答應這個要求，他將與她一起統治國家，共享王位；如果伊希斯不答應，塞特就要發動戰爭，毀掉王宮，屠殺百姓！」

「不，王后陛下，您絕對不能答應。」忠心耿耿的衛隊長胡布台立即出面阻止，「這是塞特的癡心妄想，他想消滅埃及，沒那麼容易，我們一定要將埃及從罪惡之中解救出來。」

「組織軍隊備戰吧！」王后悲痛地下令，「至於我，你們不用擔心，我將和你們一起，爲我們的國土盡力，我將尋找我們偉大的國王！」

激戰進行了整整七天。第八天，王宮城牆被攻破了一個缺口，塞特帶一隊人馬衝進城裡，他們大肆地砍殺人民，城內一片狼藉，血流成河，屍骨成山。敵人繼續向王宮進逼。

惡魔塞特又一次寫信給伊希斯，只要她改變主意，和他結婚，他就馬上弭兵罷戰。伊希斯斷然回絕：「我絕不答應，叫我嫁給一個殺害我丈夫的劊子手，一個爲了謀位而失去人性的惡魔？與其那樣，我倒不如死去！」

塞特懷著罪惡之心，又一次血洗城市。最後敵軍勝利了，伊希斯知道，不幸的結果即將降臨了。然而她並不驚慌，只是默默地走進內宮，遣散奴僕，囑咐這些忠心的子民伺時逃走。她獨自留在宮裡，躺在床上，舒展雙臂，而後吟唱起奇怪的歌。就在歌聲響起時，房內的牆不見了，家具不見了，連她的床也消失了。

宮外刀刃兵器的撞擊聲越來越響，越來越近，可是伊希斯依然躺在那裡，吟唱著。她的神情是那麼地莊重、安詳。

塞特一路打殺過來，興沖沖地闖進伊希斯的寢宮，他失望地發現——聰明美麗的伊希斯不在那兒，當他剛踏進門檻時，一隻美麗的金絲雀振翅高飛，開始了尋找奧塞里斯國王漫長艱辛的旅程。

尋找箱子

伊希斯王后化身的金絲鳥，一刻也不停地飛。她回首被塞特給毀滅了的王宮，雖然心痛如絞，但仍強忍住淚水繼續地飛著。她哀唱著：

「奧塞里斯，我的王呀，快快回到我的身邊！
疆域被毀，道路交錯，而我仍然尋覓，渴望見到你。
在沒有衛垣的城中，因思念你對我的愛而哀傷！
回來吧！不要獨自在那裡！不要遠離我們！……
我獨自在徘徊，在沼澤中，
我經歷了艱難險阻，因你不幸離開我而哀傷。
千百萬人的心在焦灼，眾神亦萬分悲痛。」

飛行中她常常變成人，向人們打聽消息。不知多少天過去了，她沒有找到任何蛛絲馬跡，但她並不灰心，晝夜不停地飛，因爲她心中只有奧塞里斯。終於有一天，希望之光向她發出了微笑。

那天，伊希斯在河邊休息時，看到一位婦女在河邊揹水，伊希斯疾步上前打聽箱子的下落。老婦人搖搖頭，沉思了片刻，而後講起她丈夫的奇遇。

「有一天清晨，我丈夫和牧人們趕著牛羊到遠處的河谷。一到河谷，他們發現許多奇怪的小生物，據說這些生物是林中的精靈，其首領叫貝斯。當一個精靈向牧人走來時，牧人們都嚇跑了，只有我丈夫站著不動。那精靈說，河中漂著一只箱子，我們的國王就在裡面……還沒等我丈夫開口，那精靈就消失了……」老婦人不等伊希斯插話，又說：「這太不可能了吧？我們的國王怎麼會待在箱子裡，他明明住在底比斯城的王宮裡啊！」

伊希斯滿臉憂愁，哭著向老婦人傾訴一切。聽完，老婦人不禁痛哭起來，跪在地上說：「王后陛下，我們不知道宮中發生這麼大的事，難道上蒼沒有發現妳的舉動嗎？」

伊希斯默默向老婦人告別後，心情懊喪地向尼羅河下游飛去。她一刻也不停地飛翔，終於來到尼羅河三角洲地帶。那兒有兩條支流，她被迫停止飛翔，不知該往哪一條路線飛。就在這時，她看見一群孩子在河邊玩耍。她非常喜歡孩子，於是變成人靠近孩子，發現一個孩子正傷心地哭著，她蹲下去哄他，並問他發生了什麼事。

「美麗的箱子！我要美麗的箱子！」小孩邊哭邊指著河水說。

「好孩子，告訴我，什麼箱子？」伊希斯驚喜地問。

「一個非常好看的、長長的箱子，它在河裡閃著金光，外面還裝飾著漂亮的花紋，我的手已經碰到它了，但是我沒能把它撈起來。」說完，小孩哭得更傷心。

伊希斯確定那是她要找的箱子，於是再問：「你什麼時候看到，在哪條河道？」

「昨天早晨，就順著這條河……」

「好！別哭了，我將送你同樣漂亮的箱子，明天早上，你就可以看到。」

果然，第二天小孩子在岸邊發現了箱子，他開心地笑了，笑得那麼燦爛。

伊希斯帶給孩子快樂，自己卻繼續著艱辛的尋找。

一天晚上，傷痕累累的金絲鳥筋疲力盡了。她停在一間茅屋前休息，想想這幾個月來的飛行，爲了尋找箱子，不知度過了多少痛苦、疲憊而又失望的日日夜夜。

「今天，我實在太累了，就在這裡過夜吧！也許明天會出現夢幻般的結果！」伊希斯喃喃道，她習慣用這種希冀鼓勵自己。

正當伊希斯閉上疲倦的雙眼時，屋外傳來一陣陣歌聲，那歌聲來自遠處的白楊林，伊希斯發現一群矮小的精靈圍著一個男人在歌唱，那男人正吹著優美動聽的笛子。隨著笛子的清脆之音，眾精靈手舞足蹈起來。此時，伊希斯才發覺，這個男人沒有眞正的腳和腿，他長得和羊一樣，頭上還有兩支羊角。

伊希斯記起老婦人的故事，一下子明白，他就是貝斯。於是她上前問道：「你是貝斯嗎？」

「是的，美麗的婦人。」貝斯禮貌地回答。

「你看過一只美麗的箱子嗎？它現在在哪裡？」

「那箱子裝著奧塞里斯國王的屍體，我見過。可是，它已經走了！」

「走了？去哪兒？我還能見到我的君主嗎？」伊希斯驚惶地問道。這一聲喊叫含藏著多少悲哀和絕望啊！這是世界上創傷最深重的心靈發出的痛苦呼叫！

「伊希斯王后，不要過分悲傷，妳的力量是偉大的，一定能找到國王的。這些精靈將爲妳歌唱，幫助妳開闢尋找國王的道路。」說完，身邊吹起柔和的晚風，歌聲悠揚動聽，但是憂愁依然纏繞著伊希斯的心。伊希斯傾聽歌聲，用身心吸吮著那歌的歌詞。從中她得到許多關於奧塞里斯的消息，但她還需要更詳細的情況。

「親愛的女神，那箱子在比布里斯的一片白楊樹間停下來……」

「那我可以找到那箱子？」

「事情沒有妳想像的那麼容易，白楊樹長得很快，它早已把箱子裹在裡面了；而且現在這棵樹已長得粗大無比了，後來……」貝斯嘆了一口氣，不作聲。

「快說，後來怎樣？」伊希斯焦灼地問。

「比布里斯外出打獵時，看中了這棵白楊樹，於是命人砍掉那棵樹。如今那棵樹豎立在王宮裡，當柱子支撐著屋頂。」

「謝謝你，貝斯！」

「不，不要謝我！伊希斯女神，妳的力量強大無比，而我，身體矮小，怪模怪樣，常常受人奚落。我懇求得到妳的同情，使人類今日以後不再鄙視我！」

「好吧，貝斯！我滿足你的要求。人類從此將對你懷有無比的尊敬，因爲你心地善良。」

說完，伊希斯懷著無比的信心向比布里斯走去，她堅信一定能找到那只箱子——

精靈們目送著她的背影，吟唱著：

「妳用眞摯的愛走向勝利，迎來光明。

妳偉大的愛情將是——戰勝惡魔的力量！

宇宙之神重新統治一切，虛妄消失，眞理永存留；
悲痛逝去，溫暖灑心頭……」

探訪比布里斯王宮

清晨，比布里斯王宮沉浸在朝陽中，閃閃發光，顯得格外富麗堂皇。宮外立著一棵阿拉伯松樹，在微風吹拂下搖擺，好像在招呼路人到它的懷抱歇息。

尋夫心切的伊希斯看到比布里斯王宮，心裡燃起了熊熊火燄。長途跋涉使她心力交瘁，她彷彿聽到了松樹的召喚，於是步履維艱地走到樹蔭下，目光盯住王宮，苦思著。

很多過路人都關切地問她：爲什麼憂慮不安，從哪兒來，到哪兒去？但是伊希斯不作聲，無暇顧及周圍的一切。後來一陣銀鈴般的笑聲打斷她的沉思，原來是一群宮女正向王宮走去，其中有一個靈俏的宮女注意到樹蔭下的伊希斯，便走上前問：「夫人，妳找人嗎？」

「是的，人類的主人在這裡，我來找他。」伊希斯終於開口說話。

「哎呀！眞不巧，國王外出打獵了。」宮女以爲伊希斯來找國王。

「我找的不是國王，是另一個陌生人，他的名字在你們每一個人的心中唸過無數遍，但沒有人知道他的祕密……」

宮女疑惑不解地盯著這位美麗夫人，接著伊希斯追問起宮中的事。很快，兩人就熟悉起來。伊希斯暫時拋開痛苦與思念，和宮女攀談，因爲她的心中有一個計畫。她開始爲宮女梳理頭髮，宮女好奇地問：「夫人，妳到底是誰？」

「我是個遊蕩江湖的魔術師，能幫人消災袪邪。」

「能治病嗎？」

「如果人們需要，我可以的。」

「那太好了……」宮女的話被鐘聲打斷，她趕忙站起來說，「我該走了！妳打算留下來，還是繼續旅行？」

「未見到人類的主人前，我不會離去。」伊希斯堅定地說。

第二次鐘響了，宮女同情地注視著憂傷的伊希斯，揮揮手消失在宮內。

王后見姍姍來遲的宮女，不快地問：「妳又遲到了，密里塔！」王后注意到宮女那漂亮的髮辮，「妳自己梳的頭髮？」

「不是，是一位陌生夫人幫我梳理的。」宮女回答，「對了，她說她能治病，或許她能醫好小王子。」

「治病？王宮御醫都束手無策，一個江湖醫生，行嗎？」王后痛苦而無奈地說。

當王后走到宮女身邊時，嗅到一股芳香。

「妳的髮辮裡散發出一種野玫瑰和紫羅蘭的香氣，在比布里斯的陽光下根本沒有這種花！那個女人究竟是誰？」王后狐疑地問。

「她說是魔術師，來找人類的主人。」

「人類的主人？傳她進宮吧！」其實，王后也不明白這句話的含義。

密里塔高興地跑到伊希斯面前說王后想見她，問她願意進宮嗎？密里塔被伊希斯非凡的氣質所震懾，所以她非常尊敬地徵求伊希斯的意願。

伊希斯當然願意，因爲她將見到日思夜想的丈夫，由於興奮，她的全身都在發抖！穿過王宮的門廳，她的目光落在那巨大的柱子上，那就是貝斯所說的白楊樹，她心愛的丈夫就在裡面。面對著這棵樹，她面容蒼白，四肢無力，整顆心都因即將見到她的愛而跳動。

「不能！要沉住氣，勝利就要來了。」她暗自囑咐自己。

王后阿莎台魯特驚訝地看著伊希斯，這名陌生的女人並不如她想像，她莊重大方，溫柔嬌美，風姿如玉。王后原先準備好的傲慢言詞，此時消失得無影無蹤了。

「聽說妳能治病，請妳爲我的小王子診斷病情吧！」王后眼中閃著一絲希望。

「當然，我願意爲他治病。」伊希斯欣然同意。

「來人啊，把小王子抱過來。」王后趕緊命道，接著又問，「妳從哪裡來？怎麼獨自外出呢？」

「我從最遙遠的地方來，我和丈夫生活在一個幸福安寧的國度裡，後來，他被殘酷地殺害了，而我被迫離開家園……」

「妳是個不幸的女人！我也曾受過被驅逐的痛苦。」王后慨嘆地說。這時，奶媽抱著小王子來了，王后抱過王子，遞給伊希斯，說：「他就這樣昏睡不醒！親愛的夫人，懇求妳給他健康和力量吧，國王將賜予妳榮華富貴。」

伊希斯不作聲，她認眞地看著不時痛苦呻吟的小王子，慈祥的面容抹上一絲哀傷，她用纖細的手撫摸著小王子的雙眼。好神奇！王子那緊閉許久的眼眸睜開了，舒緩的微笑躍上他的嘴角。

接著，伊希斯又用涼爽的手撫摸王子瘦弱的身軀，漸漸地，血液充滿了他的身子，臉色紅潤了，伊希斯長吁一口氣，把王子遞給王后。

「小王子很快便會痊癒！」她笑著說。

果然，過了兩三天，小王子就和其他孩子一樣，活潑地蹦蹦跳跳。王后喜極而泣，看到如此健康的王子，心裡有說不出的高興和感激。

不久，王后爲伊希斯修建了一座堂皇的宮殿，又命伊希斯爲王宮的女總管。由於伊希斯心地善良，樂於助人，宮裡的人都非常敬重她。然而，她的心還是繫在那根巨大的白楊木柱上……

珍貴的贈禮

米里亞堪得爾國王聽了王后講述伊希斯的事後，決定從遙遠的獵場趕回比布里斯，想親自會見神奇的伊希斯。

此時，伊希斯正依偎在低矮的窗邊，凝視著窗外的風景，昨天夜裡刮起的狂風早已止歇，太陽不時地從烏雲縫間探出頭來，那些被狂風襲擊後倖存的花葉，在汙濁的水中漂盪……

這時，國王回宮了，召來伊希斯，他向伊希斯鞠躬行禮：「夫人，我感謝妳對小王子的關懷照顧。我雖然不知道妳是誰，但是在妳離開之前，我能爲妳做點什麼呢？」

伊希斯被國王純樸謙恭的態度所感動，她說：「米里亞堪得爾國王！你將知道很多，但千萬要保密。你放心！小王子的名字會永遠榮耀。對於我，只有一個要求——請你把立在王宮大廳的白楊大柱送給我吧！」

國王萬萬沒有想到她會提出這個要求，爲了那根柱子，他可耗費了不少人力物力，才把它放在大廳裡。那柱子上雕著五彩的圖畫，許多人不惜從遠道趕來，僅爲了一睹珍奇樹幹的風采。可是如今伊希斯索要，他只得忍痛割愛地說：「好吧，我馬上把柱子移開。」

伊希斯激動得熱淚盈眶，她說：「國王啊，我知道你捨不得這結實、漂亮的柱子，但你只看重它的外表，而我需要的是它內部的寶藏。」

王宮裡人聲鼎沸，眾多士兵花了一天一夜的時間才把白楊樹做的柱子拔出。伊希斯取出一把鋒利的長刀，連連向大柱子砍去。啊！好快的刀呀，刀口所碰之處，樹皮紛紛脫落，樹的心臟——一只精美奇特、金光閃閃的箱子躺在樹裡。

一陣激動排山倒海而來，伊希斯強自鎮定，使自己堅強起來。她取出一塊亞麻布，鋪在地上，往布上放一些白楊樹皮，又澆了些香油，開始全心全意地唸著咒語。最後，她對國王說：「這神聖的樹皮保護了神的軀殼，好好保存起來吧！如果你好好供奉它，神祇會永遠保護你的王國！切記我的忠告吧，國王！」國王遵命從事，立即舉行隆重的儀式，把樹皮放在一個著名廟宇的祭台上。人們格外崇拜它。

十二名強壯的士兵把閃光的箱子拉到船上。伊希斯在上船前，緊緊地擁抱著小王子，而後向成群的人們揮手道別，走向船頭。巨大的黑帆鼓起，拔起笨重的錨鍊，一隻看不見卻有力的手推船啓航了。

何露斯誕生

伊希斯的船載著箱子在沼澤地艱難地行駛著，天上烏雲密佈，岸邊長著細柳。伊希斯顧不得周圍的一切，她的心全集中在箱子上。

她開始橇開箱子，該打洞的地方挖了一個大窟窿，金鍊被起動了，沉重的箱蓋就要揭開了。她的手顫抖著，心噗噗地跳，眼眸噙著熱淚，用力推開蓋——心愛的丈夫出現在她面前，那面容依舊溫文爾雅，令人心醉。一點兒都沒變，一如分手之時。千百個回憶的片斷在她心裡如快轉的畫面不斷閃過，而他仍靜靜地躺在那兒，聽不到妻子聲聲的呼喚。

伊希斯決定竭盡全力讓丈夫起死回生。她把船停靠在岸邊，把奧塞里斯的屍體平放在細沙上，然後跪在屍體上，面對拉神祈求幫助。晚風吹來一陣陣哀歌，伊希斯慢慢闔上雙眼，開始吟唱起來：

「噢，回到我身邊吧！
天與地相合，如今世間一片幽暗，
天宇墜落到大地上，
我走遍四面八方，當我們的主宰音信杳然。
回到我的身邊吧，我的主宰！今天我就要見到你！
噢，兄長，歸來吧，我要見到你！
我準備雙手歡迎你，我要舉起手臂維護你！……
你安然回到妻子身邊吧！我的心因你的愛而跳動！」

四周一片沉寂，突然，她感覺體內有一個精

展開雙翼的伊希斯。伊希斯和奈芙蒂斯俱為在天之東隅接引亡者的女神，故有如鷹羽般的雙翼。

靈在顫抖，他用長翼溫存地撫摸兩個仰臥的身軀，然後就停在奧塞里斯身上。一會兒，精靈撲打著翅膀，在奧塞里斯的上空飛旋，那撲打聲如颯颯之風聲。他發出的哼聲，像大海的咆哮，伊希斯倏地睜開雙眼，站起身來，翹首遠望，她終於盼到了太陽神。

拉神從手中射出一道光芒，那光明灼熱他的心臟，奧塞里斯幽幽地從死亡中醒來。在晴朗的夜空下，伊希斯和奧塞里斯相擁而泣。

就這樣，伊希斯和奧塞里斯在這地區過了兩年的隱居生活，兒子何露斯就在這裡出世。他們朝夕相處，生活在無限的歡樂之中。在這裡，粗大的樹林供他們搭房、煮食；河水慷慨地奉獻給他們鮮美的魚蝦；森林無償地提供獵物，他們盡情地享受大自然饋贈的一切。

當星星撒在夜空時，他們坐在屋外的石板上，奧塞里斯吹起悅耳動聽的笛子，伴隨著伊希斯優美婉轉的歌聲，嬰兒還在懷中安詳地熟睡。有時候，他們談論著美好的未來，商量著如何對付惡魔塞特，如何重建安寧的國家……

何露斯在父母親的精心照顧下健康長大。他越來越結實，越來越有力氣，他常常用父親爲他製作的小短矛到河裡捕魚捉蝦，也學會了打獵，伊希斯和奧塞里斯對兒子的孔武有力和氣宇軒昂感到非常高興。

每當奧塞里斯外出獵物時，何露斯就跟隨在伊希斯的身邊，給她安慰與守護。

如今，惡魔塞特和野蠻的衣索比亞人結盟，使埃及人民生活在水深火熱之中。一想起痛苦呻吟的人民，奧塞里斯和伊希斯就坐立不安，但是，靠他們倆的力量去拯救人民是不夠的，所以他倆把希望寄託在何露斯身上，等待有一天何露斯能從塞特手中奪回政權、統一國家。

所以，何露斯的誕生，是奧塞里斯和伊希斯向惡魔報仇的希望，更是埃及人民幸福、安定生活的希望。

◆奧塞里斯的第二次死亡

奧塞里斯再次被害

伊希斯用愛情、仁慈戰勝邪惡、怨恨，使得奧塞里斯死而復生。他們和剛出世的兒子何露斯在森林裡過著幸福、安謐的日子。可是不久，一滴苦水破壞了這杯醇厚幸福的美酒。

爲了尋找食物，奧塞里斯不得不遠行狩獵。在他離開的七、八天，伊希斯總是處在擔憂和煩惱之中，直到聽聞奧塞里斯的聲音，她才展顏歡笑。

第二次奧塞里斯外出並沒有如期地歸來。

那一夜，奧塞里斯由於太累走不動了，只好在林間度過，而在家的伊希斯卻徹夜未眠，一想到丈夫遇害的可怕夜晚，她發瘋地向河邊跑去，懇求萬能的拉神別把她丈夫從她身邊奪走。

在此同時，奧塞里斯在牧場上奔波著，爲了獵到可口的野味，他不得不長時間狩獵。當袋裡裝滿了勝利品，他才披星戴月地趕回家，因爲他知道家中妻兒正焦急等待他的歸來。奧塞里斯回來後，伊希斯心中的石頭落了地，快樂又回到她心房。奧塞里斯保證今後狩獵一定會盡早歸來。

幾個月後的一天，奧塞里斯又外出獵物了，日子一天一天在等待中過去，奧塞里斯還是沒有回來。伊希斯怔忡地坐在石板上，仰望天空，在無邊無涯的夜空裡，星星不時眨著眼睛，彷彿瞭解她的悲喜哀愁。星星們善解人意，即使偶爾遠離，也不會背棄，就如同奧塞里斯一樣……

伊希斯心中頓時浮起不祥的預感，她隱約意識到她將再次失去丈夫……

「我來看望妳了，美麗的嫂嫂！」暗夜中，赫然傳來惡魔塞特的聲音，「請接受我熱情的邀請，與我回宮吧！」

伊希斯沉默以對，冷然的目光盯住塞特，目光充滿了蔑視和怨恨，她一下子明白奧塞里斯爲什麼沒有回來了。

「你再次殺害了奧塞里斯嗎？」伊希斯問。

「是，我又殺了他！」惡魔如此回答。在伊希斯的睥睨下，他有些惱羞成怒。

「卑鄙無恥的惡魔，難道你就不能讓我們平安地生活在這裡？他是你兄弟，爲什麼你不肯放過他？」伊希斯痛苦地嘶喊著。

「因爲我要立妳爲后，一起過榮華富貴的生活，妳爲什麼不能接受我呢？」

伊希斯不理會他的話，又問：「奧塞里斯在那裡？」

「在一個妳永遠也找不到的地方。無論妳怎麼施魔法，也不能讓他起死回生了，因爲我已經將他的屍體砍成碎塊，並把它們散在大地的各個角落……哈哈，美麗的嫂嫂，這答案妳該滿意了吧！」

這回，伊希斯出奇地鎮定，她沒有叫喊，也沒有流淚，但是萬分的悲痛卻撕裂著她的心，折磨著她的每一根神經，她的心在滴血，她的心在流淚。

她再次向塞特投去憎惡的一瞥，然後說：「喪盡良心的惡魔！等著吧，你將受到應有的懲罰！」

「不，我將把妳冷酷驕傲的心變得溫順、服貼。」塞特捉住小何露斯，脅迫著伊希斯。

第二天，伊希斯和小何露斯被迫登上塞特的船。

智慧之神援救伊希斯

經過數日航行，伊希斯和小何露斯被帶到一座陰暗的城堡前。他們穿過了幾道門，那些門在他們走過後就自動關閉了，陣陣沉重的關門聲是那樣的淒慘，伊希斯把這裡比喻作荒涼的墳墓。在那裡，他們由十位勇猛的衛士看守，插翅難飛。

難熬的日子像一輛破車緩慢而沉重地滾動著它的輪子，伊希斯和何露斯待在不見天日的監獄裡，沒有人能解救他們。塞特天天來看望他們，他暗自算計著，用花言巧語、慷慨的許諾說服伊希斯善良的心。但事實上，伊希斯並不爲他的假面具所蒙蔽，總是怒目以視，不得已的塞特只好暫時結束訪問。只要看不到塞特那惡人的醜臉，伊希斯的心就會得到片刻安寧。不過她心裡清楚，塞特不會就此罷休，他有可能對他們母子下毒手。一想到這兒，她的心就充滿了懷疑和恐懼，只能緊緊地將小何露斯抱在懷中。

此時，她多麼希望得到拉神的幫助！

「諸神的主宰！再幫助我一次吧！」伊希斯不停地呼喚著，懇求著。

但是，萬能的拉神仍然無動於衷。

一個晚上，當伊希斯哄著小何露斯睡覺時，面前突然出現一個奇特的男人，高高的個子，嚴肅的面孔。伊希斯嚇了一跳，以爲是塞特派來的殺手，本能地抱緊孩子防備著。

「別害怕！伊希斯女神，我來救你們母子倆。如果我現出天上那模樣，妳一定會認出我。」

「你是……」伊希斯狐疑地問。

「智慧神——圖特，我將助妳逃出，助妳尋找奧塞里斯。」

伊希斯很高興聽到這個消息。啊！他就是智慧之神，手中有把神奇的鑰匙，沒有人能戰勝他，伊希斯充滿了希望，於是迫不及待地詢問關於奧塞里斯的情況。但圖特同情地說：「快逃命吧，現在還不是說這事的時候，相信我，伊希斯女神，奧塞里斯生還的一天終將來臨，他將英明地統治一個更廣闊富饒的國土。」

伊希斯對圖特的話雖然迷惑不解，但仍匆忙拉起何露斯，隨著圖特往外走。那一扇扇厚實的門被圖特充滿力量的手一觸即開，然後他們又通過一條黑暗的隧道，當他們行走時，隧道的盡頭放射出奇異的光，爲他們照亮了前進的道路。

最後，他們來到一片空曠的平原上。這時圖特停住了腳步，說：「你們先留下來等我的奴僕，他們將把你們帶到南方的城市裡。再會！伊希斯女神。」伊希斯還來不及感謝智慧神，他就消失不見了。

陰暗而又寂靜的曠野只剩下伊希斯母子倆，他們焦急地等待著圖特的奴僕。過了許久，還不見人影。伊希斯害怕塞特派人追趕過來，焦急地到處張望。

「伊希斯夫人，我們來了。」

忽然，土地傳來聲音。伊希斯吃驚地蹲下察看，她發現有一隻巨大的蠍子，一隻、兩隻、三隻……共有七隻！難道這七隻蠍子就是圖特所說的奴僕？

「我叫泰凡，走在隊尾守衛。」爲首的巨蠍說道，「這是穆斯台夫和拜凡，他們將守護妳的身後，梅斯泰特和泰泰弗守護妳的臥榻之下，佩泰特和瑪泰特守護路徑。」

七蠍迅速站好守護位置。就這樣，伊希斯再一次踏上了漫長艱辛的旅程。

蠍子風波

七蠍守護著伊希斯和小何露斯來到塔布城。

伊希斯進城後，便先往王宮去。她想在那裡找到一個合適的住所。但是，王后一見到和伊希斯同行的七隻蠍子，就勃然大怒，不僅斷然拒絕了伊希斯的要求，而且還命令僕人和宮女們，誰也不能收留他們，否則她要嚴懲違反者。

於是，伊希斯拖著疲憊的身子，攙扶著小何露斯出了城，來到通往沼澤地的大路上，在那兒坐下來休息。他們忍受著行路的艱難、飢渴的折磨。伊希斯想到那品德惡劣的王后，她自私自利、冷酷無情，舉手之勞的事竟不願伸出援手。伊希斯很想懲罰一下王后，她瞧了瞧身後的七蠍說：「我想懲罰那殘忍的王后，你們想個辦法吧！」

七隻蠍子竊竊私語了一番，很快地，牠們就商量好了對付王后的辦法，於是，六隻蠍子將領頭的泰凡圍住，把毒液都輸到牠的尾巴上。

半夜，萬籟俱寂。

巨蠍泰凡出發了，牠輕而易舉地爬過層層宮牆，一直爬到小公主的搖籃裡。小公主美麗可愛，睡得正香甜。巨蠍抬起毒鉤去螫公主的臉蛋、四肢，牠把巨蠍子的毒液都灌到小公主體內。

小公主被螫得高聲驚叫起來，僕人們跑來幫助小公主，但是一切努力都無濟於事。蠍毒在小公主身上蔓延，她粉紅的嘴唇變得紫黑，隨後，白嫩的四肢開始泛灰，全身不停地顫抖……又過了一會兒，小公主便昏迷不醒，毒液已滲入骨髓裡。

驚惶之中，一個侍女碰翻了油燈，於是，大火熊熊燃燒，家具著火，火苗衝到房頂，蔓延到宮廷裡。僕人們、宮女們急忙往外奔，他們拿著各種工具奮力地打著，想盡速撲滅這場大火。

小公主被抬到安全的地方，只剩下王后一個人守候著。王后痛哭流涕，悲哀嚎叫著，聲音是那麼地淒厲，模樣是那樣地可憐，但人們忙於救火，根本無暇睬她。事實上，大家從內心憎惡她，因爲她太自私自利、冷酷無情了。

此時，伊希斯女神出現了，她看到王后爲失去愛女痛苦萬分，心裡十分不捨。她覺得小公主何辜，爲什麼要爲王后的罪孽受過？於是，她悄悄地走到王后身邊說：「王后啊，小公主的不幸都是由於妳造成的，也是不可避免的。但是，我能治好小公主的病，這醫術是我家祖傳的。如果妳相信我，就把小公主帶到宮外吧！」

開始，王后羞愧難言，她想拒絕伊希斯，但是一看到小公主危在旦夕，便顧不得體面，忙隨著伊希斯出宮。

伊希斯把手撫在好似死去的小公主頭上，口中不斷叨唸著：

「噢，蠍泰凡之毒，它來到地上，未停留，未穿行！

噢，蠍泰凡之毒，它來到地上！

我是伊希斯，巫術的司掌者，巫術的創造者，以咒語著稱！

任何爬蟲都聽我之意！消滅吧，螫傷，因伊希斯女神，

退避！離去！後退，毒，切莫進犯！」

黑夜降臨了，聽著林間的風聲悄聲細語，孩子沒有動彈。

當太陽的圓盤躍上山頂時，伊希斯伸出雙臂，迎著東昇的太陽，她高聲呼喊：

「孩子永生，毒液死亡；太陽永生，惡魔死亡。」

圍在四周的人們朝孩子望去，只見小公主輕柔地喘著氣，一下接一下。啊，那孩子活過來了。

與此同時，王宮大火也撲滅了。

王后很感激伊希斯救了她心愛的女兒，在第二天早上，她親自到伊希斯面前，慚愧地說：「那天，我粗暴蠻橫地關上宮門，我藉口嫌惡蠍子把妳趕走，現在我為此得到應有的懲罰，請妳原諒我的無禮吧！」

「唉，我寬恕妳。妳應該明白，溫柔和愛才是女人最需要的。」伊希斯說。

「我能為妳做點什麼嗎？我要贖回自己的罪過。」王后低頭懇求道。

「就讓我們有個安靜的地方棲身吧！」

從此，伊希斯和何露斯在王宮裡平安地度過一段逃難的生活。

何露斯遇險

自從伊希斯把小公主救活之後，關於她的神奇傳說就到處流傳。這城市裡的人們都非常敬愛伊希斯。但是伊希斯擔心這消息遲早會傳入塞特耳裡，便打算離開這城市，繼續旅行。

忠誠的蠍子一聽到伊希斯的召喚，就全部圍上來。伊希斯吩咐說：「忠實的朋友，請繼續爲我帶路吧，領我們到海卜特沼澤地，到那兒躲避幾日。」於是，這支奇特的隊伍又開始了新的旅程。

伊希斯所說的海卜特沼澤地是在神奇的小島上，誰要是瞭解小島的祕密，就能掌握小島的命運。這祕密只有伊希斯和她的姊妹奈芙蒂斯知道，她倆的一位好朋友哈陶爾居住在那兒。

經過千辛萬苦，在忠實七蠍子的幫助下，伊希斯來到了阿姆。人們殷勤地招待伊希斯母子，並要求他們住在這裡一段時間。阿姆離海卜特很近，所以伊希斯謝過七蠍，讓他們離去。

伊希斯母子在阿姆大地幸福、安樂地生活，這裡的人們熱情、善良，沒有凶殘的敵人，也不必擔心孩子的成長。況且她已經爲孩子求得了神靈的庇佑。她茹苦含辛地照顧著孩子，把昔日的仇恨深深地埋在心底。

爲了不給人們帶來太多的麻煩，伊希斯每天外出走街串巷，乞討食物。每次，她都放心地把孩子寄放在鄰里家，鄰人們對伊希斯母子給予無限的同情，希望他們早日擺脫困境，全家團圓。這些人家境也很窮，但他

伊希斯抱著何露斯，是古埃及宗教作品中常見的題材。後來融入基督教藝術作品裡，成為聖母抱子像的原型。

們經常把僅有的一點食物分給伊希斯。伊希斯婉言謝絕了大家的好意，因爲，她外出乞討的目的是要打探塞特的動靜。

當她在夜幕降臨時回家，小何露斯會歡欣地蹦跳過去迎接母親。伊希斯抱著何露斯，哼唱著催眠曲，讓他安心地入睡。爲了孩子的健康成長，她願意忍受人世間的任何苦痛。

儘管伊希斯精心照料孩子，但她還是疏忽了。那可怕罪惡的一天到來了，一雙可惡、冰冷的雙手無情地伸向何露斯。

一天傍晚，伊希斯回家，見不到活潑可愛的何露斯來迎接她，也聽不見孩子天眞的笑聲。她一下子慌了神，發瘋似的向院內衝去。頓時，悲涼、淒慘如噩夢般地向她襲來！亞麻布裹著何露斯的屍體放在院中央，孩子全身腫脹，臉部已變形，以致伊希斯幾乎認不出來。這一定是塞特和他的同夥幹的，那他的同夥是誰呢？令她難以置信的是，曾經熱心幫助過她的七蠍之一以毒液螫了何露斯。

原來，伊希斯將小公主體中的蠍毒逼出，並把她救活，引起那隻蠍子的不滿，牠爲了報復伊希斯，就去串通塞特，把伊希斯的情況都告訴了那惡魔。塞特因此明白伊希斯的力量抵不過拉神的蠍毒，於是慫恿蠍子去螫死何露斯——他很清楚，殺害她唯一的兒子，比任何東西更能傷害她那早已破碎的心。

「何露斯被螫傷，何露斯被螫傷，噢，拉！眾神中的幼子被螫傷！」

「何露斯被螫傷，何露斯，後代之後代，舒的王位繼承人，被螫傷！」

「何露斯被螫傷，何露斯，三角洲的少年、王室神奇的幼兒，被螫傷！」

伊希斯呼天喚地地哀嚎，左鄰右舍紛紛趕來，加入她的祈禱：

「何露斯被螫傷，何露斯，美好的、黃金般的幼兒，無辜的孩子、遺孤，被螫傷！」

「何露斯被螫傷，何露斯被螫傷，我曾爲他歡呼，因爲將他視爲替其父復仇者！」

他們心痛的圍在何露斯身邊呼喊，聲音傳遍了沼澤地。奈芙蒂斯哭著來臨。女蠍神塞爾凱特也趕來了：「怎麼啦？怎麼啦？妳的兒子出了什麼事？我的姊姊伊希斯，妳向天呼喊，以致太陽神拉的划槳者不再划動，拉之舟不再前進。告訴我，何露斯怎麼了？」

伊希斯向蠍神哭訴了經過，塞爾凱特忙說：「祈求拉神吧，他掌握生死大權！」

於是，伊希斯向天呼喊，太陽船停在她的面前，不再運行。

這時，大神圖特來臨，他說：「別怕，別怕，女神伊希斯！噢，奈芙蒂斯，切莫呼喚！我從天界帶來生命的氣息，爲諸神之子治癒。」

然後，圖特神將鼻貼近何露斯的心口，祝唸道：

「噢，何露斯，你的心十分堅強，它不會因煎熬而沮喪！

你的維護者——天宇的長者，司掌一切存在者——拉，令你醒來！

醒來吧，何露斯。你的後盾強大有力！

看啊，日舟停於天宇，太陽不能乘之離開黃昏之域，
當你未爲伊希斯痊癒，黑暗之靈將遊蕩，新時刻不會開始，
當你未爲伊希斯痊癒，尼羅河將斷流，植物將枯萎，
當你未爲伊希斯痊癒，災厄持久不消，焦灼超過昨晚的限度，
願你使你的母親伊希斯心中歡快！你的聲音使眾心振奮，使悲傷者欣慰！消散吧，毒！
我是圖特，拉之長子，讓何露斯爲其母伊希斯而康復！」

圖特說完，孩子漸漸蠕動著，兩頰泛起紅潤，變形的臉恢復了原來的天眞俊俏。沒多久，孩子站起身來，活潑地蹦到母親懷中。在場的人們均高興地歡呼鼓掌！

「毒已失去作用，妳的兒子何露斯將生存，他將意志堅強，令世人對他畏懼！」圖特神走到伊希斯面前說，「夫人，快帶著他離開吧！」

說完，圖特神就消失在大家的歡呼中，太陽之舟飛快地向遠方駛去……

奧塞里斯再次復生

時光飛逝，轉眼又過了三年。萬能的拉神發出了啓示：尋找奧塞里斯的時候到了。

在尋找丈夫之前，伊希斯必須爲何露斯尋找安全的處所，她不想讓兒子再遭受不幸。於是，她和奈芙蒂斯商量好，把孩子寄托在哈陶爾居住的神祕島上。

次日拂曉時分，她們向神祕島前進，在岸邊，她們請求老船夫擺渡過去，但他拒絕了。

「那島可不是一般的島，亡者的靈魂都在那裡生活！我活了一輩子，還沒有聽說有人在那兒活過。兩位夫人，請回去吧！」

奈芙蒂斯打賞了老船夫一些錢後，她們離開了。在路上，奈芙蒂斯高興地對伊希斯說：「太好了！讓這種傳說廣爲流傳吧，這樣，可惡的塞特也不會輕易地到那島上去。」

「對，這對我們非常有利，現在我們來召喚哈陶爾吧！」

奈芙蒂斯吹著喇叭，那聲音透過水波傳向遠方。

「誰在呼喚哈陶爾？」女神的聲音從邃茫的水中傳出。

「我是蓋布和努特的女兒，我需要妳的幫助。」

一葉蘆葦小舟緩緩地飄過來，乘載著她們過河。那小舟向神祕島的岸邊靠近，島上站著一位老態龍鍾、笑容可掬的老婦人，見到奈芙蒂斯和伊希斯，她問道：「我能爲妳們做些什麼呢？」

伊希斯向哈陶爾講述事情的經過，並向她交代了守護何露斯的任務。說完，伊希斯淚流滿面地將兒子交給哈陶爾，踏上尋找奧塞里斯的艱難路程。

伊希斯這次的尋找是最艱難的，罪惡的塞特把奧塞里斯碎屍十四塊，且把它們扔到蒼茫的大地，要想找到全部的屍體殘骸非常困難，失去身體上的一小塊，就不能使他再次復活。

伊希斯每經過一個國家，每經過一個角落，發現有屍體殘骸，就把它們小心地包起來，並在每個散落屍體的地方修築雄偉美麗的廟宇，還在每座神廟裡爲奧塞里斯豎立起一尊金像。

數年過去了，伊希斯不停地在天涯海角尋找著。

一天黃昏，船靠岸了，那兒離阿拜多斯最近。漸漸地，黑暗籠罩著大地，寂靜淹沒了一切，萬物正享受大自然給予的安寧、平靜，然而疲勞不堪的伊希斯沒有心思休息，她拖著沉重的腳步在岸邊走著，尋找著。

流星在天空掠過，發出玫瑰色的火燄，接著那火燄變成火球，落在岸邊，就像是火的源頭。伊希斯驚奇地跑過去一看，啊！那是奧塞里斯的頭顱。她興奮地撲上去，喜極而泣。

伊希斯又在這岸邊建了廟宇——阿拜多斯。這廟宇成了埃及最聞名的古跡，她在廟裡修了兩尊巨大的花崗岩塑像——她自己和奧塞里斯。伊希斯爲終於找到奧塞里斯的頭顱感到萬分欣慰。

她把自己所找到的一小塊一小塊骨肉放在一起，小心地拼湊著，最後她發現只有一樣東西還未找來，那就是丈夫的生殖器。於是她又開始了尋找。當她憂心忡忡地坐在沙地上休憩時，一位頭戴月輪的青年出現在她面前。

伊希斯吃驚地問：「你是誰？所爲何來？」

「女神，我是柯恩斯，阿蒙和穆特的兒子，母親讓我來幫助妳走出困境。」

伊希斯感激地謝過柯恩斯。

柯恩斯告訴伊希斯，奧塞里斯的生殖器被一隻鱷魚吃了，原來漁夫捕捉了這條鱷魚，把生殖器扔在岸邊。柯恩斯又說：「昨天，我在岸邊發現了這聖物，它發出奇特的光。」

「現在在哪兒呢？」伊希斯急切地問。

「在這！母親命我馬上趕來。」說著，他掏出一個白色的布包。

伊希斯顫抖地接過，經過漫長歲月的奔波尋找，她終於找到了所有的屍體殘骸。

伊希斯呼喚奈芙蒂斯，她們倆片刻不停地整理屍體殘骸，當東方泛出魚肚白的時候，她們開始唸起咒語：

「儘管你已離去，你會歸來！

儘管你已亡故，你會復活！

起來吧！甦醒吧！

伊希斯爲你洗浴，奈芙蒂斯爲你潔淨，

你的兩個妹妹，至尊至大者，將你之體合在一起，

她們將你的各個部分收集起來，讓你的雙目復歸你的眼窩，

醒來吧！起來吧！

九柱神將遺產賦予你，你是九柱神中的最強者！

將你面上的黃沙除去，

以身軀右側支撐起來，以身軀左側支撐起來，

揚起自己的臉，看看我做的一切！
奧塞里斯醒來，奧塞里斯起身！
你將永存！你將備受尊榮！你將永遠強大！」

伊希斯用她純潔的愛情，用她所擁有的美德和力量，終於使屢遭殺害的奧塞里斯再次復生。

◆何露斯復仇

明白真相

奧塞里斯復生後，伊希斯與他到神祕島和兒子一起生活，一家三口過著幸福恬靜的生活。何露斯已長成一個壯實的男子漢。他英俊勇武，沒有誰能揮動起何露斯的長矛，沒有誰能像他那樣拉滿弓，準確射中靶子，彷彿那些矛、箭、弓是專門爲他製作的。摔跤場上他連連獲勝，成爲常勝軍！至於他在潛水方面的熟練技術，就更加令人佩服了。昔日的小何露斯已經長成一個傑出的英雄。

但是，時至今日，何露斯還是不清楚自己的身世。村裡的人們對何露斯的身世更是議論紛紛，人們說，何露斯是高貴王室的後代，或者他的血管裡流淌著神明的血液。

面對人們尊敬的對待和友善的議論，何露斯不理解，爲此他感到苦悶！奧塞里斯早已猜透兒子的心思，他決定把一切告訴兒子。
奧塞里斯來到何露斯的面前，對他說：「孩子啊，今天你看到過路的軍隊了嗎？」
「看到了！父親。聽說南方爆發戰爭，那些士兵前去援助國王。」
「但這支隊伍到達首都之前就將瓦解！如果你是其中的戰士，你認爲在戰場上，獅子有用，還是馬兒有用？」
「是馬！」何露斯毫不猶豫地回答。
「爲什麼？」奧塞里斯又問。
何露斯回答說：「馬可以受人類指揮、控制，所以能阻擋敵人的逃退之路。」
「那麼，戰士們爲何如此忠誠地奮戰呢？」
「當他的國家、他的親人遭到不幸時，他應該復仇。」
奧塞里斯對兒子的回答十分滿意，他知道何露斯和塞特的戰爭已經可以開始了。
奧塞里斯開始講述他和塞特之間的一切恩仇始末。聽完一連串不幸的遭遇，何露斯氣憤地緊握雙拳，怒目直視前方，但他沒有說一句話，默默地傾聽父親的話，彷彿要把父親的每一句話都銘刻在心。
奧塞里斯悲憤滿腔地講完故事，長吁一口氣，而後意味深長地說：
「孩子啊，復仇的日子就要到了。我不能再和你們一起生活，萬能的拉神召喚我到另一個國度去完成新的任務。親愛的孩子，千萬要記住我的話！保護你的母親，你要時刻想到你是爲眞理而戰、爲正義而戰，你將常勝不敗。」

「放心吧，父親，我一定取勝！除掉敵人，造福人民！」何露斯自信而勇敢地起誓。

永久的訣別

奧塞里斯一家三口乘坐著白帆船進行最後一次的巡遊，他們密切地注視著前方，不發一語。曾經度過的幸福美好的時光，在他們的腦海裡留下了永生不滅的記憶，但是，當塞特醜陋森然的面孔浮現撲來時，安樂和幸福被打碎了……

小船沒有在任何城市停留，依然順流如箭一般地行進，當阿拜多斯神廟的巨大輪廓出現，頭戴王冠的奧塞里斯雕像也逐漸浮在眼前，他們的船向岸邊靠近。在那裡他們上了岸，奧塞里斯說：「告別的時刻到了。我多麼想永遠與你們一起，但是，我必須離去！我的孩子，我已給你神的威力，並授予你合法的『太陽之子』的稱號。憑藉你無窮的力量去戰勝敵人。孩子，勇敢地去完成你的任務。拉神將與你同行，在危難時我會保護你，永久的訣別吧！」

何露斯熱淚盈眶，握緊父親的手，堅定地說：「再見，父親！我會勇敢地爲你而戰，爲你報仇！」

奧塞里斯欣慰地點點頭，而後面對著他忠貞的妻子：「心愛的伊希斯，我將永遠等待我們再一次的相會！」

伊希斯含著眼淚目送奧塞里斯登上太陽船，消失在空中。

晚風送來陣陣悠揚的樂音，伴隨著甜美柔和的歌聲：

「讚頌你，奧塞里斯，永恆之王，諸神之王！

兩眞理之地的追荐亡者之主。

在冥世，萬有親吻大地，衛城之居民向你膜拜。

祖輩們目睹你，爲之歡欣，

置身於該城者——在你面前異常恐懼。

兩疆域共同讚頌你，當你，至尊者，蒞臨。

尊貴者，奇異者，尊貴者中首屈一指者，

天宇和大地的追荐亡者之主宰，

其王位永存，其威權永固。」

從此，奧塞里斯成爲西方幽冥之國的國君，他頭戴羊角錐形王冠，冠兩側飾有翎羽，手執王權標誌——牧羊鞭和連枷，親自主持冥府審判，接收亡者的靈魂。

何露斯復仇

伊希斯母子與奧塞里斯訣別後繼續航行，後來，他們在最南端的土地上立足。

拉神又變回人的模樣降到人間，他英明地統治著所到的地方，給人民帶來幸福和安寧。儘管拉神在南方把國家治理得井然有序，但有些狂妄的人們並不敬神，反而發起進攻拉神。拉神一氣之下，抓住鬧事的首領，把他處以極刑，並向何露斯發出命令，把敵人全部消滅掉。

何露斯利用父親給予的神奇力量，變成帶雙翼的太陽圓盤，飛上敵人兵陣的上空。頓時，天空中迸發出耀眼的光芒，地上的敵人正聚在一起仰望天空，何露斯突然猛衝下來，手持寶劍刺殺敵人。激戰正酣時，敵人內部發生了混戰，何露斯被拉神召回太陽船上，觀看敵人互相殘殺。

惡魔塞特雖然統治著這塊地盤，但是他的力量越來越微弱了。他知道硬拚不能取勝，於是，塞特的走卒變成鱷魚和河馬潛伏在水中。何露斯的人馬手持鐵頭長矛，衝入水中，他們準確無誤地刺中敵人的心臟，敵人潰散逃竄，死的死、逃的逃，敵人的人馬已所剩無幾了。

何露斯帶領戰士緊追不捨，把敵人幾乎殲滅殆盡。但仍有敵人脫逃，他們慌忙向塞特報告戰況，塞特氣得咬牙切齒，決心親自帶領軍隊前往南方，與何露斯決一死戰。

塞特心裡清楚，如今他的對手已不是昔日的奧塞里斯，而是年輕勇猛頑強的何露斯！所以他集結了所有的力量進行攻擊。

這時，何露斯的信使前來報信說，一股強大的敵人正對他們逼進，何露斯向全國人民發出命令：「行動起來吧！準備迎戰！」而後，何露斯去探望母親，並說：「母親，我特來向妳告別！復仇的日子終於到了。」

伊希斯憐愛地把兒子摟在懷裡，一股熱浪湧上心頭，多麼魁梧的身軀啊，多麼堅強的男子漢啊，不愧是奧塞里斯、伊希斯之子！她為他佩戴一雙天青石的羽翎，說道：「孩子，你父親會給予你關注，你母親的法術是你的後盾，去吧，你將令仇人對你畏懼！」

激戰持續了兩天兩夜，兩軍還是沒有決出勝負。拉神在天宇觀看這場殘酷的搏殺，但沒有支援任何一方。

何露斯依然威風凜凜地叫道：「惡魔！你的末日到了！」

「不自量力的小子，今天該是你的末日。」塞特咆哮著。

語畢，兩支長矛相碰一起，進行激烈的交鋒。此時，兩軍戰士都屏息觀看他倆恐怖的決鬥。

經過無數次的搏鬥，何露斯的年輕力量超過了塞特。塞特筋疲力盡，已是強弩之末。此刻，太陽船向漆黑的河谷駛去，落日的餘暉染紅了荒野，讓這一場血與火的戰鬥更加慘烈。突然，何露斯高擎長矛直刺塞特的心臟，隨著一聲嘶叫，塞特撲倒在地。

何露斯隼身石像（金華旅行社提供）

人群發出震耳欲聾的歡呼聲。惡魔塞特終於死了，墜入冥世接受奧塞里斯嚴苛的審判。眾神宣判何露斯爲與黑暗勢力相搏的光明之神、奧塞里斯繼承者，成爲埃及的國王。消息傳來，埃及上下爲此歡欣鼓舞，全民讚頌：

「何露斯，奧塞里斯之子，來臨，
正義的審判爲他而舉行，他獲得統御埃及之權位。
其王冠牢固，他擁有全部疆域。
天與地均在其統御下，世人、其民、凡人以及人類均從屬之。
埃及以及海洋諸島之民，太陽普照之處，均爲其所統御，
北風、江河和水流，果實纍纍之樹與一切植物。
他將豐饒帶來，並賦予諸域。
世人皆歡騰，心花怒放。人心歡暢，皆笑逐顏開。
噢，我們眞誠愛戴他！」

第三章　其他眾神的故事

在一份古文獻上，埃及眾神共列出七百四十位神祇，由此可見埃及人尊奉的神明之多，足以令人眼花撩亂。

除了與王權緊密結合或與創造天地有關的大神外，埃及的神祇大致上區分爲「與來生信仰或喪葬有關的神」以及「與家庭生活有關的神」，本章選錄出的二十四位神明是在不同時期裡廣受人們歡迎的神明，也是古埃及最重要的神祇。

～與王權緊密結合或創造天地有關的神～

◆智慧神——圖特（Thout）

圖特是古埃及神話中的智慧之神，又是計算和書寫之神、神的代言人和史官，在整個埃及受到人們的尊敬和崇拜。

圖特的形象是一男子，朱鷺首人軀，一手執筆、一手持供書寫用之板，頭上經常戴著新月之冠。相傳他有三個妻子，第一個是書記女神塞絲哈特，第二個是眞理和秩序女神瑪特，另一個妻子是生育女神娜赫瑪依特。圖特的出世有一段經歷，他是在赫爾摩波利斯·瑪格那孵化了世界蛋的神鷺，圖特以自己的聲音完成了創造之功，在原始的「混沌」中第一次醒來。

開始，圖特只是埃及法老奧塞里斯的首相和他王朝的書吏。後來，奧塞里斯被他的弟弟塞特害死後，圖特對被害的主人忠誠不二，他以可增加魔咒神力的誠實聲音來幫助奧塞里斯復活。

後來，圖特又幫助奧塞里斯之妻伊希斯保護陷入危險的嬰兒何露斯，使他免遭塞特的毒手。何露斯長大成人後，與殺父仇人塞特搏鬥失去一眼，圖特爲他治癒創傷，又救了他一命。

不久，不共戴天的何露斯和塞特被召到眾神的法庭上，而此時圖特正是判決者，他對眞理的敵對者毫不留情，主持正義，將塞特篡奪的政權歸還給何露斯。此後，他便輔佐何露斯，任宰相一職。當何露斯卸任後，圖特繼之登上王位，在三千二百二十六年間，圖特一直是和平統治者的典範。

圖特知識淵博，智慧過人，他發明了許多技藝和科學，如算術、測量、幾何學、天文學、占卜、醫藥、弦樂器和最重要的書寫。

圖特又是象形文字的發明者，他被稱爲「神聖文字之主」。作爲一位魔法師，他亦被稱爲「長者」。他的信徒宣稱：他們進入了圖特鎖藏魔書的地方，譯解並學會了「可支配所有自然力量和神本身的咒法」。正是因爲他這種無邊無際的力量，而贏得了「圖特」之名。「圖特」是非常、非常偉大之意。

在長期統治世間之後，圖特升到天空，在天界裡身兼數職。首先，圖特是一位月神，抑或是月亮的保護神，在月亮船開始夜航時，月亮每個月都要遭惡魔的攻擊，惡魔慢慢將月亮吞下，但被月亮忠實的保衛者圖特制伏，惡魔被迫將月亮吐出。圖特還度量時間，將時間分成了月和年，又將年分爲三個季節，所以圖特又被稱爲「時光的主宰」。

圖特還是位管理神，他負責所有的計算和注釋事宜。在依達夫廟宇三聯神前，他經常記載全國的地理劃分、面積和資源，再把探測財寶的清單鄭重地交給埃及眾神。

圖特亦是神聖檔案的保存者，同時也是歷史的保護神，他仔細記載王朝的更迭，當王后與天界之王交合而懷孕時，圖特便在赫爾摩波利斯神樹的樹葉上寫下法老的姓名。在一片長長的棕櫚葉上，他也記述了拉神當國王時的快樂歲月。

圖特是眾神的傳令官，又經常充當他們的執事和書吏，「拉神講話，圖特記錄」。在奧塞里斯對死者進行可怕的審判時，圖特秤量死者的心臟，如足斤夠兩，便在書板上記下並宣布「無罪」；如果心臟沒有足斤夠兩，圖特也記下並大聲宣布死者的罪惡。

圖特的崇拜中心爲施蒙（即赫爾摩波利斯），那個地區原爲「兔諾姆」，後來兔崇拜被對圖特的崇拜所取代，古埃及的法老節慶中主導者的職能，亦被賦予圖特。西元前二〇〇〇年代末期，赫爾摩波利斯這個地方的祭司，都被視爲圖特之子，其名後並附以「安赫・烏扎・塞奈布」（意爲「願他永生、安泰」）。

圖特神（左）曾是法老的書吏，後成為記錄歷史、掌管檔案，無所不曉的智慧神。

有關圖特的故事繁多，分別敘述如下。

圖特造閏日——

拉神聽說蓋布和努特祕密結婚，違抗了自己的旨意，一怒之下，命令舒神將蓋布和努特無情地分開，從此，蓋布在地上形單影隻，悲嘆之聲日夜可聞；努特在天空日夜思念丈夫，經常暗自流淚。

後來，拉神覺得對他們的懲罰還不夠，又嚴禁他們在法定曆的年月裡生兒育女。這個懲罰無疑是給努特的傷口撒了一把鹽，她傷心哭泣，終日茶飯不思。此時，努特的好朋友圖特，非常同情他們的不幸遭遇。他覺得這個懲罰很不合理，於是決定幫助努特，使她能擺脫痛苦。

圖特來到努特的住處，安慰正在傷心哭泣的努特說：「妳不必悲傷，我會盡力幫助妳，使妳得到生兒育女的機會。」努特聽了，激動地握著圖特的手說：「偉大的智慧神啊！要是你能幫助我，我們將永遠感激你。」圖特回到家裡，終於想出一個辦法來幫助努特。

一天，圖特來到月亮那裡。月亮平常很喜歡下棋，以往，圖特也常常來下棋，但這次他是有目的，他要憑自己的智慧來戰勝月亮，贏得他的月光，創造新的日子來幫助努特，使她能在法定曆以外的日子裡生兒育女。

圖特見了月亮，對他說：「今天，我們來下棋。但這次我們要賭，你敢不敢？」

「敢，怎麼不敢呢！你想賭什麼東西？」月亮說。

「這樣吧，如果我贏了，你給我月光；如果我輸了，我把智慧書給你。」

月亮早就聽說智慧神的智慧書非常珍貴，是圖特一生的智慧結晶，於是便答應了。

他們擺開棋盤，幾局下來，圖特贏了月亮的第七十二部分。此時，月亮害怕再輸，對圖特說：「你已經贏得了我第七十二部分，我不敢再跟你賭了，你的智慧遠遠超過我。」

圖特對月亮說：「那好吧，我們到此結束，你應該把月光的第七十二部分給我。」

月亮沒有辦法，只好把月光的第七十二部分給了圖特。

圖特得到了月光第七十二部分後，他知道正式的法定曆是三百六十天。圖特利用這些月光再創造新的五天。由於這新的五天不在法定曆裡，因此，圖特可以利用這新的五天幫助努特，使她能在法定以外的日子裡生兒育女。

圖特講述的故事——

拉神是天地之神，主管宇宙的秩序和世間「瑪奧特」（眞理、倫理、秩序、正義）。他常乘船，白晝在天上巡遊，夜間在陰間巡遊。拉神有個女兒很任性，這就是女神泰芙內特。有一次，泰芙內特與拉神爭吵，女神一氣之下，從埃及出走到了努比亞。圖特出面調解，說服泰芙內特返回埃及。後來，泰芙內特終於被說服，與圖特神一起回埃及，途中圖特爲泰芙內特講了幾則寓言故事。

之一：燕子與海

有一隻燕子在海邊定居，辛辛苦苦築好一個巢，並且孵出小燕子，有一天，燕子飛到外面爲小燕子尋覓食物，把乳燕託給大海看管。燕子去了一整天，終於覓到食物回來，卻發現乳燕不在巢裡，急忙去找大海，要求大海把乳燕還給她。沒想到傲慢的大海翻臉不認帳，對她的要求置之不理。燕子悲泣苦求，大海置若罔聞。燕子氣憤塡膺，發誓向大海報仇。於是，她每天口啣沙石塡海，然後再從海裡吸一口海水吐到沙漠上。日復一日，年復一年，燕子終於戰勝了大海。

之二：母鷲與母貓

母鷲與母貓是鄰居，她們各自都有幼子，每天都得離家到外面爲各自的幼子尋覓食物，但是又都害怕出去時自己的孩子被對方吃掉。於是，她們互相商量好到拉神那裡去立誓，以後互不侵犯。

有一天，母鷲出門去覓食。母貓晚一點出去，正看到一隻小鷲嘴裡叼啣著食物，就把小鷲捉出鳥巢，搶走了小鷲的食物。小鷲掙扎著想飛回巢裡，卻無能爲力，最後悲慘地死在外面地上。母鷲回來後發現小鷲的屍體，悲痛欲絕，她知道是母貓趁自己離家後侵犯了她的巢，於是下決心報仇。第二天，她待在巢裡等候著母貓出去，然後進攻了貓窩。母貓回家後看到慘狀就向拉神控告母鷲，拉神用火燒了母鷲的巢，作爲對她侵犯貓的懲罰。

拉神的判決似乎不公平，因爲貓先違反誓言，抓走小鷲。拉神懲罰了母鷲，可能是不知道貓曾經害死過小鷲，也有可能因爲母鷲沒有向他請求就擅作主張，故此作爲蔑視他權威的懲罰。

之三：獅子與老鼠

獅子是動物之王，凶猛無敵。有一天，牠看見一隻豹被剝了皮奄奄一息，就問豹是誰把牠弄成這個樣子。豹告訴牠說是上了人的當，被人剝了皮，並且提醒獅子不要落入人的手裡，因爲人是非常狡猾的。獅子聽完後怒不可遏，吼叫著要找人決鬥。

獅子到處找人，又在路上看到了馬和驢子都被戴上籠頭，拴著韁繩，熊的牙齒被拔掉，眼睛裡被填滿沙子，牠們也都警告獅子要提防被人謀害。

獅子走著走著，又看見另外一隻獅子被壓在大樹下，牠奇怪強壯的獅子怎麼會被人壓在樹下呢？那獅子說，牠碰到了一個人，那個人要牠躺下，然後把這棵大樹放在牠身上，說這棵樹可以保證牠長生不死，然後，那個人又用沙子塞滿牠的眼睛，使牠成了現在狼狽的模樣。

獅子繼續往前走，正好把一隻小老鼠踩在腳下。小老鼠求牠饒命，因爲如果獅子吃了牠，肚子根本不會飽，但如果放牠一條生路，以後牠一定會報恩的。獅子心想，小小一隻老鼠哪有什麼能力報恩，但是看起來怪可憐的，惻隱之心一動，便放走了牠。

不久，有一個人遠遠看見獅子朝他走來，就在路上鋪好網設下陷阱。獅子不察，一看到人便氣沖沖地衝過去，沒想到就落入了網中。獅子知道自己中了人的圈套，十分悔恨。牠聯想到前面那些動物的悲慘結局，深感絕望。這時，小老鼠跑過來將網繩咬斷，終於使獅子掙脫陷阱，救了獅子一命。

之四：獅王

在一個灌木叢中，獅子經常與老鼠發生爭執。一天，獅子對老鼠說：「我的老鼠，你實在太無知了！你怎麼膽敢與最強大的動物爭吵呢？」老鼠回答說：「我的獅子，你說的不正確。強大不在於力量而在於智慧。我雖然是隻小老鼠，卻比你聰明，因此也比你強大。而且，照我的看法，最強大的動物是人，因爲人最聰明。」獅子對老鼠的說法嗤之以鼻，仍然確信自己才是最強大的動物。

一天，老鼠看見一個人在森林裡伐木，牠立即去叫獅子和人比個高低。獅子直衝出來找到砍柴人，要求和他決鬥。那個砍柴人卻說現在不能決鬥，因爲他沒有帶力量。他讓獅子在那棵樹下等他回家拿來力量再進行決鬥，獅子答應了。但是，砍柴人卻說如果他回家去拿力量，獅子趁機逃走了怎麼辦？他建議把獅子捆在樹上等他。獅子只好答應，乖乖地讓砍柴人綁在樹上。

獅子沒弄明白是怎麼回事，砍柴人就告訴牠：「這是我的一點小力量，現在我再回去取我的大力量。」

砍柴人走後，老鼠來到獅子旁邊。牠問獅子：「我的獅子，現在你認爲是人強大，還是你強大？」獅子這才恍然大悟，羞赧地低下頭。後來，老鼠咬斷繩子，救出了獅子。

◆眾神之主——阿蒙（Amon）

古埃及王國第五王朝源起於太陽神拉的崇拜中心赫利奧波利斯，因此，在古王國時代，太陽神拉是埃及的主神。迨至中王國時期，特別是始於新王國第十八王朝（底比斯）時期，另一位太陽神——阿蒙被奉為主神。

阿蒙是底比斯的守護神，通常頭戴飾有羽翎和日盤之冠，有時為羊首人軀。對阿蒙的崇拜，始於上埃及，特別是底比斯這個城市。在阿赫統治時，他曾一度失勢，後來又恢復了至尊的地位。他是埃及的大神，常被稱為「眾神之主」。

與第十二王朝的第一位國王阿曼納姆特一樣，底比斯這座城市的地位日益擢升，因此，身為底比斯城神的阿蒙，受到第十八王朝偉大征服者們的青睞。這時，崇拜阿蒙的人們擴及全埃及，底比斯因此成為首都。

阿蒙是生殖神，代表著生育繁殖的力量；亦是豐饒之神，我們可以看到在他面前，國王播種糧食並割下第一捆收穫。

阿蒙也是最有力的法老保護者，他承認他們是自己的兒子，助他們克敵致勝。信徒宣稱他以

「阿蒙——拉」之名而爲「眾神之主」，因此，當人們將阿蒙當成拉的時候，阿蒙也就佔據了古太陽神的位置，成爲世界巨匠造物主及九柱神之首。

但拉從未放棄過古時的權威，他以「拉——赫拉克特」之名一直享受獨有的崇拜。在阿門霍特普三世在位的時候，祭司們嫉妒阿蒙的好運和這位崛起之神的全知全能，暗地裡鼓動復古活動。等到阿門霍特普三世死後，拉——赫拉克特的崇拜重新獲得了新的重要地位，阿蒙不得不暫時偃旗息鼓。在阿門霍特普三世的兒子阿肯那頓（即阿門霍特普四世）統治的第四年，他進行了一場大規模的宗教改革運動，制定法律宣布只有「阿頓」（即拉神）之宗教才是正式的國教。

只要國王還在世，在埃及就唯有阿頓是正統的神，其他的神被逐走，並對他們發動猛烈的戰爭，特別是對阿蒙。他們的神廟被洗掠，神像被打碎，連名字都從王室書版上被除掉。

好在新宗教壽命不長，在這位國王死後，他的繼位者便恢復了對阿蒙的崇拜。

阿蒙最宏偉的神廟，位於底比斯附近尼羅河的右

阿蒙神浮雕（金華旅行社提供）

岸。在那裡，他與他的妻子穆特和兒子柯恩斯一起受到崇拜。眾神之主坐在王位上，接受法老們的無盡讚頌，他有時擁抱法老，有時將魔液「薩」注入他們體內，在別的地方，他給予法老生命之氣，保證他們江山長久。他將作戰之「克赫帕什」授予法老，使之攻城掠地，所向披靡。最後，阿蒙將王后抱於膝上，與她結合，以生出他的兒子——下一位法老。

◆蛇妖——阿波非斯（Apophis）

在古代，埃及的黃沙土地上處處爬動著各種各樣的蛇，古埃及人時常被蛇咬傷，甚至有許多人因此死去。大家都十分害怕蛇，甚至萬能的創世主拉神也怕蛇。有一次拉神被伊希斯用魔法變出的蛇猛咬了一口，遭受了巨大的苦痛。後來，拉神不再統治人類了，準備離開人間回到天界去，他認為蛇是很危險的敵人，便擬出咒語來制服這些橫行的蛇類。

那時，人們都把蛇看成是邪靈的化身，蛇是拉神的敵人，崇拜太陽神的人都希望學得咒語把蛇鎮住。後來漸漸地出現了一些耍蛇的人，大家都把耍蛇的人當作獲得了法術能唸咒語鎮蛇的神人，對他們十分敬重。

古埃及的蛇妖叫阿波非斯，他居住在黑暗的陰間，是光明的敵人，黑暗的象徵。阿波非斯被視為混沌世界裡紊亂之力的化身，他就住在冥間漆黑靜寂地域中的死人城裡。每天夜裡，阿波非斯隱藏在幽幽的冥間，等待著拉神的太陽船的到來，企圖害死拉神、吞掉太陽船，以便統治世間，讓黑暗世界淹沒光明世界。

有時候，阿波非斯也在白天出來，這時，整個世界處處佈滿烏雲，陣陣響雷震天動地。但是，太陽神拉以及天神們會很快地趕到，與阿波非斯展開激烈的戰鬥。在可怕的戰鬥中，閃電不斷亮起，這是天神們將一根根有電閃的矛向阿波非斯刺去。戰鬥總會持續很久，阿波非斯不支逃遁後，電閃雷鳴才會停歇下來，烏雲與暗天漸漸驅散，太陽重又君臨天際。

但有時候，阿波非斯大舉反撲，將黑暗世界帶到白天。拉神在與阿波非斯的激烈戰鬥中一時失手，眾神受到邪惡之靈的重創，於是出現了人們最害怕的日蝕。白天裡整個世界漆黑一片，阿波非斯得意洋洋，但失敗後的拉神馬上振作起來重新戰鬥，最後一舉挫敗阿波非斯，使他那龐大長條的蛇身傷痕累累，急忙縮到幽暗的冥間。太陽重放光明，戰勝了黑暗。

每天夜晚，拉神的太陽船都要經過漆黑的冥間，阿波非斯總是靜靜地等待拉神的到來。終於，太陽船到了阿波非斯潛伏的地方，雙方又展開一場惡戰。阿波非斯猛衝過來，企圖將太陽船撞毀，這樣，拉神就會死去而無法復生，眾神會毀滅，邪惡和黑暗的勢力會統治世界。

當太陽神處於險境之時，女神伊希斯會吟唱起奇妙的歌，與眾神們唸起咒語，來嚇退那黑暗和邪惡的鬼怪。阿非波斯嗷嗷叫著發出可怕的聲音，向前蠕動的身軀把周圍攪得沙飛石捲，但突然間又慢了下來。這是伊希斯威力無比的魔法使阿波非斯暈眩，消退了力氣。這時候，人間天上咒語不斷，阿波非斯掙扎了幾回，漸漸癱軟下來，再也無法動彈。

這時，一頭肥大的神貓衝過來，將阿波非斯用粗大的繩子捆綁得扎扎實實，然後又用尖利的七首一刀刀刺去。這條百尺長的巨蛇被刺得千瘡百孔，烏黑色閃著銀亮的鱗皮傷痕累累，蛇怪阿波非斯體無完膚，奄奄一息，再也無法傷害拉神。太陽船於是悄然地駛離這個是非之地。

但是，阿波非斯是永生不滅的，神貓殺不死他。他後來慢慢地甦醒過來，用利齒咬斷身上的繩索，舔舔傷口，又完好如初，力量也恢復了；於是他又等待下一個夜晚，尋找害死太陽神的機會。

雖然每天黎明的到來需要經過太陽神與阿波非斯的激烈搏鬥才能得到，然而光明總會戰勝黑暗，太陽神拉永遠是勝利者，阿波非斯的野心終成爲泡影。

阿波非斯被古埃及人視爲混沌世界紊亂之力的化身，因此，人們會用墨綠色的墨水將詛咒蛇妖的咒語寫在紙莎草上，然後再燒掉，這樣就可以避邪，阿波非斯就會被制服。人們還用綠蠟造出一條大蛇的模型，作爲阿波非斯的替身，然後把他燒燬，讓阿波非斯不再有力量。他們相信，以汙穢的東西摻進蠟模和紙莎草的灰燼中，再一次焚燒，那麼邪惡就會徹底毀滅，人們將可以永遠太平幸福。

古埃及人們還有一個習俗：製造出許多蠟的模型來模擬那些幫助阿波非斯的蛇魔，把頭部製造得像鱷魚、鴨子等，再將它們燒掉，或者將石刀插入它們的背部，把它們弄到塵土中，用左腳猛踢它們；有時也製成黑貓、白貓頭像的蠟模型，以幫助殺死蛇怪阿波非斯。

光明總會戰勝黑暗，太陽神拉永遠是勝利者。阿波非斯的一切企圖終成爲泡影，然而，每天黎明的到來需要經過太陽神拉與蛇怪阿波非斯的激烈搏鬥才能得到，太陽要戰勝黑暗才能迎來新的白晝。

◆戰神——奧努里斯（Onuris）

奧努里斯是古埃及神話中的狩獵神，古埃及人稱之爲「安胡爾」，又被視爲戰神。

安胡爾驍勇善戰，有著拉神那樣的好戰性格，亦具備太陽神那樣的創造偉力。他是天空負載者，負責推拉天空的太陽轉動。他身上著武士的裝束，頭髮上裝飾著四根挺著的羽毛，身披長繡袍，手舞長矛。

這位天神力氣奇大，他手持牽引太陽的繩索，用強壯的手臂輕輕鬆鬆地牽動太陽，爲拉神展開了對人間的巡視，新的一天便開始了。安胡爾除了推動太陽在天空的移動之外，還負責保護太陽神的安全，這位戰神如同希臘神話的阿利斯一樣所向披靡。

安胡爾從早晨開始推拉太陽，到黃昏時，他就把太陽交給聖甲蟲克卜利。克卜利可以自己再生，是轉變之神；可以復活，是生生不息的生命。於是當黃昏來臨，長著甲蟲面孔、全身包著甲蟲一般硬殼的男子——克卜利神從安胡爾手中接過太陽，他滾動起面前的太陽球，在黃昏時將太陽推入另一世界。而早晨快到達時，聖甲蟲克卜利又將太陽球推上地平線，他像甲蟲滾糞球一樣，把具有新生命和永恆存在的冉冉東昇的太陽重新交給善戰之神安胡爾。他們日夜輪班，推拉著太陽永遠日升日落，從來未曾失職過。

安胡爾娶了梅希特作妻子，梅希特是一位獅首女神，也是勇敢過人的。梅希特住在茲斯，那裡有她的神廟，她負責掌管茲斯的事務。

安胡爾由於英勇善戰，名氣越來越大，人們都十分尊敬他、崇拜他，把他當作救星。安胡爾常幫助人們攻打害人的野獸，他一見到害獸，立即驅著戰馬將牠們斬盡殺絕，人類就少了許多敵人。人們熱誠地祈求安胡爾降臨，經常舉行盛大的節日慶典來感謝戰神的救助。爲了紀念安胡爾，祭司和信徒們用棍棒互擊，模仿這位勇武戰神的英姿。

有一天，拉神的一隻眼不聽從指揮，居然從埃及逃出，到了努比亞去了。拉神十分氣惱，準備去把這隻眼抓回來懲罰一頓。拉神的這隻眼睛十分厲害，沒有誰敢直視他，眾天神都不敢接受追捕的任務。這時安胡爾自告奮勇，要求拉神派他去帶回那隻神眼，拉神於是派了安胡爾去努比亞。

在努比亞，拉神的這隻眼還在憤憤不平。原來，這隻神眼本來在拉神的眼窩裡，功勞顯赫，後來，另一隻神眼處心積慮地佔據了他的位置，使他在拉神身上無立足之地，一時他負氣出走了，正在這裡到處遊蕩時，突然他看見遠處塵土飛揚，有個武士裝束、手舞長矛的天神，風也似的疾奔向這裡。

神眼立即知道安胡爾來了，他在心裡暗忖：如果和安胡爾格鬥，一定會敗在他手下的。他只好跑到安胡爾面前，向他屈服，並敘述自己出走努比亞的緣由，安胡爾覺得這神眼態度誠懇，就把他帶回埃及，在拉神面前替他求情。最後拉神接受了安胡爾的勸告，免除了神眼的懲罰。把這隻神眼安置在前額上，使他變成了烏拉烏斯，幫助拉神對付敵人。安胡爾因而又有「自遠方導回者」之稱。

安胡爾的崇拜中心爲提尼斯，在古埃及神話裡，他通常爲太陽神拉的襄助者；與拉的對手蛇妖阿波非斯相搏，與奧塞里斯的對手塞特鏖戰。

◆航行者——柯恩斯（Honsu）

柯恩斯——他的名字的意思是「航行者」或「乘船越過天空者」。他起初是位月神，但在底比斯鮮爲人知，大家對他並不熟悉，因此也沒有崇拜他。

因爲阿蒙和他的妻子穆特結婚多年，穆特一直都沒有生育；阿蒙整日憂心忡忡，希望能盡快找到一個神子，以形成底比斯的三聯神體系。後來，阿蒙發現了柯恩斯，經過觀察，認爲柯恩斯是一個極爲適合的人選；於是阿蒙便

阿蒙和穆特

收柯恩斯爲神子，這樣就構成了底比斯三聯神體系。柯恩斯開始躋身於偉神之列，於是他才被當作一位降魔師和巫醫而受到廣泛的崇拜。

柯恩斯的形象或爲一少年，或爲一隼首人身的成年男子，頭上有新月標誌，上有盈月頭飾；頸上佩戴項鍊，項鍊上懸有一青春鎖。他所寵愛的動物爲狒狒——根據古埃及人看來，狒狒爲月亮所造。

到了新王國時期，柯恩斯被當作降魔師和巫醫而受到人們的崇拜。埃及各地以至國外的著魔者和病人都求拜於他。人們相信，受到魔鬼的危害著了魔之後，只要到他那裡，便可以驅除惡魔，恢復正常。有些久病不癒的病人也來求助於柯恩斯，柯恩斯總能施法爲他們治病，使病人恢復健康。如果遇到一些外國病人前來求醫，柯恩斯便分身爲二，派代表他力量的化身前去施法行醫，爲他們減輕痛苦。

有一次，敘利亞巴克赫坦王的女兒被惡魔纏身，惡魔在國王女兒體內整日整夜地折磨她，使她幾乎欲生不能，欲死不得。國王焦急萬分，十分擔心著了魔的女兒。他聽說埃及的柯恩斯是一位降魔師，能驅除惡魔，於是不遠千里來到埃及爲女求醫。

柯恩斯便派了他的第二個分身到敘利亞，他來到著了魔的公主身旁，看見魔鬼正在折磨她，遂取了一枚長針，對準公主的腦穴插了進去，從公主的腦內拔除了折磨她的惡魔。巴克赫坦王對柯恩斯的救女之恩感激不盡。在柯恩斯變爲一隻金鷹快速飛往埃及以後，敘利亞王便以盛典迎回柯恩斯的神像，在加納神廟供奉。

柯恩斯在底比斯受到崇拜，在奧姆波斯，他以柯恩斯·何羅之名成了塞巴克三聯神的第三位神而受到崇拜，其形象是隼首人身，頭頂新月圓盤。在其他地區，柯恩斯被視為鱷魚神塞貝克和女神哈托爾之子；有些地區則稱之為「奧塞里斯雙腿之子」，意即他是冥王奧塞里斯軀體的一部分。

最後，每年之中有一個月份被命名為「帕克洪斯」，意為「柯恩斯之月」。

◆戰爭之神——孟特（Montu）

孟特是底比斯的戰爭之神，他出現在中王國時期，那時他受到第十一王朝（西元前二十一世紀）國王們的格外崇拜，許多國王取名「孟特胡——赫特普」，意思是「孟特滿意者」。

孟特的形象通常是鷹首人身，頭頂太陽盤和兩根高直的羽毛。在後來一段時期，他曾以牛首人身的形象出現。實際上公牛是他的神聖動物，他變身而成的公牛，即是在上埃及及太陽居處赫耳孟茲斯被虔誠看護的「布其斯」。赫耳孟茲斯是這一地區的前首府，孟特在許多世紀以來是其君主，後來底比斯的阿蒙，他以前的陪臣成為眾神之主，於是他就位居第二。

阿蒙在取代孟特之後，成為底比斯的君主。阿蒙與妻子結褵多年，因他的妻子沒有生育，致使阿蒙沒有子嗣，阿蒙整日愁眉不展，苦於找不到合適的神子。尋覓良久後，阿蒙以為孟特是神子的最佳人選，於是向孟特提出要求，以形成底比斯三神體系。

但孟特以爲，以前他是底比斯整個地區的君主，是至高無上的，阿蒙以前不過是他的陪臣，現在他被貶居第二，當然心有不甘。於是，孟特沒有同意阿蒙的建議，但在阿蒙身邊，孟特總是鬱鬱不得志，遂帶著妻子拉特塔依離開赫耳孟茲斯，到底比斯郊野的瑪達姆德居住。在那裡，他和他的妻子受到了人們的崇拜。

作爲一個有戰神神格的日神，孟特被看成是新王國的戰爭之神。據《金字塔文》，以鷹爲形的孟特將已故的王者送上天界，爲新王出生入死。他英勇善戰，常揮舞著「克赫帕什」（一種彎曲的單刀刃）砍下法老敵人的首級，再用鎖鍊牽著敗將，將他們全都送進地牢。

勝利以後，孟特會將他那戰無不勝的武器奉獻給法老王，因此，他也成爲法老手下一名威鎮天下的戰神。

◆河流之神——克赫努姆（Khnum）

克赫努姆是卡特拉克特地區的一位神，他是一個長著羊頭的男子，頭上雙角碩大彎曲。克赫努姆是神話中的豐饒之神和創造之神。他常以公山羊的外形從天而降，落到使大地豐饒多產的尼羅河上。

克赫努姆是尼羅河流域的統治者，被視爲水之賜予者、尼羅河源頭的守護者，故稱「尼羅河門檻之主宰」。他的神廟就在尼羅河源頭的地方，即卡特拉克特附近的埃里方丁島。據說，第三王朝法老左塞王對尼羅河連續七年氾濫憂心如焚，克赫努姆當即驅走洪水，使人們得以安居樂業。

在古希臘羅馬時期，克赫努姆又被視爲造物主。他曾在自己的陶輪上製作了世界蛋，因此被稱爲「塑造了人和神的陶匠」。克赫努姆也塑造所有的肉體——神和人類的生殖器。因此，克赫努姆是創造之神，也是多產之神，他掌管著世間動物的繁殖與生長。

憑著克赫努姆的權力，他可以讓胎兒在母親的子宮內形成。克赫努姆會在雕刻盤上製作年輕法老的身體，他曾經爲羅馬將軍凱撒和埃及女王克麗歐佩脫拉製作了一個兒子，這個出生在阿曼特的神子哈索姆圖斯，後來成了埃及的法老。

克赫努姆有兩個妻子，一個叫塞蒂，另一個是阿努克絲。塞蒂是卡特拉克特的保護神，她是一個弓箭手，可以使河流像離弦之箭一樣疾飛而去，她因此被稱爲「奔跑快如箭的神」，這位女神頭戴白色王冠，側邊上飾以兩支長角，手中經常拿著弓箭。她最喜歡的土地是塞黑爾島，塞蒂將自己的名字給了埃及的第一個省，這是她的土地。

克赫努姆的另一個妻子阿努克絲是戴著高高羽毛飾王冠的女神，她被稱爲「鉤」——她鉤著海岸，將尼羅河水壓在菲萊和西奈的山石間。

克赫努姆自己是繁衍的神，他和兩個妻子卻都沒有子嗣。在他的神廟裡，克赫努姆與妻子們看護著尼羅河水源，一起接受祭品。克赫努姆名聲越來越大，不久就越過附近的邊境，傳到了努比亞，無數的崇拜者對這位羊首神頂禮膜拜，表達無限的虔誠和敬意。

◆神鳥——本努鳥

本努鳥是一隻神鳥，有五彩斑爛的羽毛，長長的尾翼，十分好看。本努鳥居住在太陽城裡，五百年來人間一次。

拉神有時候就變成本努鳥在天界人間遨遊。這隻美麗神奇的鳥兒展開雙翼，在宇宙間自由自在地飛翔，不時發出清脆的叫聲。天神們看到這隻鳥的來臨，都紛紛伏地行禮，迎接拉神的到來。本努鳥神聖無比，成爲拉神的第二外形。

後來，拉神讓奧塞里斯統治人間，本努鳥依舊每五百年飛到人世間一次，這隻神鳥飛到哪裡，就能給哪裡帶來幸福與安寧。人們把本努鳥視爲神的幸福鳥，希望神鳥能夠降臨到自己家裡，哪怕他只是飛掠而過，人們都覺得不虛此生。埃及人建造了本努鳥的神廟，祈求帶來好運。此後神鳥一來到人間，便會降臨自己的神廟，除了展現自己的風采之外，他還會引吭高歌，給人們帶來幸福與歡樂。

奧塞里斯統治人間，人們過著幸福富足的生活。然而，很不幸的，這位帝王被弟弟塞特害死。奧塞里斯死後，靈魂就寄托在本努鳥身上。他的屍體在眾神的幫助下被保存完整。此後，本努鳥就變成了奧塞里斯的靈魂。同樣的，這隻神鳥依然住在太陽城裡，也照例五百年降臨人間一次。人們見到本努鳥時，知道這是奧塞里斯的靈魂，總是虔誠地下跪，祈求神祇護佑自己平安幸福。

不久，奧塞里斯復活了，奧塞里斯的靈魂回到身體裡，本努鳥也因此再生，成爲阿拉伯半島的蒼鷺神鳥。

再生的本努鳥，同樣美麗非凡，又有蒼鷺的外形。現在這隻神鳥成爲一隻不死鳥了。可是，就在本努鳥再生不久，父親在格鬥中喪命，本努鳥傷心地啣著死掉的蒼鷺飛往太陽城，他的淚成串地滴在父親的屍身，竟奇蹟似的讓蒼鷺父親在太陽城復活了。

直到現在，埃及的人們還是相信這隻不死的本努神鳥，每五百年就會降臨人間，帶給人們無限的幸福。

◆鱷魚神——塞巴克（Sobk）

塞巴克是一位鱷魚神，他是第十三王朝國王的保護神之一。塞巴克是鱷魚首男人身。他能隨時變成一條鱷魚，潛伏在湖中，在沼澤和石灘急流一帶出沒。居民將之視爲最高神靈，需以禱告和祭品來取悅他。對他的崇拜者來說，塞巴克就是巨匠造物主，他一直潛在水中，在創世之日爲安排世界始從幽暗的水中出現——猶如鱷魚從河中爬出下蛋於岸。

塞巴克在法尤姆格外受到崇拜，他是全省的保護神，作爲三聯神中的一位而受到崇拜，但一些地區把塞巴克當成是奧塞里斯的敵人而辱罵他。

事情的原因是這樣的，當年，塞特殺死奧塞里斯後，把他用箱子裝了起來，並且篡奪了王位，奧塞里斯在伊希斯和圖特的幫助下又復活了，而塞特在尼羅河三角洲沼澤中遇到奧塞里斯，又將他殺死，並斬爲十四塊扔到各處。後來，奧塞里斯的兒子何露斯爲父親報仇，塞特受到懲罰，被趕出埃及眾神殿，成了一個不潔之神。最後，塞特還成爲眾神之敵、惡魔的化身。

話說年輕勇敢的何露斯爲父報仇雪恨之時，有一次，他和塞特激烈搏鬥，詭詐的塞特深知自己不是他的對手，於是來到鱷魚神塞巴克面前，對他說：「你救救我吧！何露斯要殺死我，你給我一個地方躲一躲吧，我會感激你、報答你的！」

塞巴克明知塞特是個惡魔，但他想得到塞特的報答，就問塞特說：「你要怎樣報答我？假如我救了你？」

「我以後會給你大量的金銀財寶，會叫人們崇拜你。」塞特佯裝誠懇的語氣說道。

塞巴克心動了，他對塞特說：「那好吧！你要遵守諾言。」

語罷，塞巴克變成一條大鱷魚，張開大嘴對塞特說：「進來吧！你可以藏身在我體內，這樣誰也找不到你的蹤跡。」於是塞特急忙跳到鱷魚神的口中，塞巴克一下子就把他呑進了肚子裡。

不久，何露斯趕來了。他發現塞特不見了，就問塞巴克：「尊敬的鱷魚神塞巴克，您看見了萬惡的塞特嗎？」

塞巴克說：「我沒有看見，也許他沒有到這裡吧！」

於是何露斯又急匆匆地走了。

塞巴克見何露斯離開以後，便對藏在自己體內的塞特說：「塞特，你現在可以出來了，追殺你的何露斯已經走遠了。」說完便張大嘴巴。

塞特急忙從鱷魚神口中跳出來，僥倖躲過一死。

後來，人們知道了鱷魚神塞巴克曾幫助過奧塞里斯的謀殺者，使塞特逃過了懲罰，便對鱷魚神恨之入骨，把他當做奧塞里斯的敵人，塞巴克也因塞特的惡名而遭到人們的唾棄。

因此，鱷魚在一些省份被奉若神明，而在另一些省份則被捕殺殆盡。

~與來生信仰或喪葬有關的神~

◆四十二冥神

古埃及人認爲人死之後，會到另一個世界裡去生活。去另一個世界要經過冥王奧塞里斯的審判和靈魂的秤量，以區別死者生前的善惡，有罪或是無罪。

普通人死後，屍體會先被防腐處理，舉行了各種葬前儀式後，親人會爲死者奉獻《死者之書》。《死者之書》又稱「白晝通行書」，通常書於紙草卷上，置放墓中。人們篤信：《死者之書》可助亡者逢凶化吉，並可在白晝返回陽世。

接著親人便把死者的木乃伊置入木乃伊棺，棺木則放在滑橇上面的柩格裡，由送葬的人拖著前往一片「聖湖」（聖湖是每一個諾姆都有的，死者在進入葬地之前，都要用船載過這一小方湖才能入土）。同時，四十二位冥神法官在這一天到達聖湖。

這四十二位冥世判官，他們都包裹著包布、手持利劍，這些判官的形象有的是狗首、獅首或各種不同動物的頭，每個判官代表著埃及的一個省份，負責考察死者的良心，他們會對死者逐一考察，然後再綜合判定這個亡者是否有罪。

死者面對四十二位判官，要輪流向每一位判官講述生前的所作所爲，死者並要稱呼判官的名字以證明自己知道判官是誰而不感到畏懼，因爲這樣才能證實亡者自己的清白無罪。死者向四十二位判官講述自己生前的所作所爲，被稱之爲「死者第一次申辯」，它的內容即是來自於幫助死者在來世度過難關的《死者之書》：

「向您致意，至大之神，我前來瞻仰您的風采！
我知曉您，我知曉四十二神之名！
他們棲身於此間，在眞理的宏偉宮殿；
他們等待惡者，盡飲其血，當惡者置身於奧塞里斯的法庭。

我知曉公義之主宰！我滿懷公義謁見您，爲您棄絕不義。
我未對世人爲非作歹。
我未對牲畜虐待。
我未作惡。
我的名字未爲神聖的神明所知。
我未對神不敬。
我未欺凌弱者。
我未行神所惡之事。
我未誹謗奴隸。
我未招致病痛。
我未招致哭泣。
我未殺戮。
我未令人殺戮。
我未給任何人招致厄難。
我未揮霍寺廟之物。
我未毀壞諸神之食。

我未攫取死者之食。
我無通姦之行。
我無汙言穢語。
我未減少穀物量器。
我未削減土地。
我未詐欺過半畝土地。
我未增加天秤的重量。
我未減少鉛錘的重量。
我未奪食兒童口中之乳。
我未從牧場驅趕羊隻。
我未以網捕捉諸神之鳥。
我未在神廟的沼澤捕捉諸神之魚。
我未止水之行。
我未阻過流水之途。
我未熄滅祭火。
我未忽略定期獻祭。

正義女神瑪特（右）和以狒狒身形出現的圖特神，為死者秤量生前的惡和善。女神手持象徵生命的「安卡」。

我未在神之領地驚嚇畜群。
我未阻礙神出行。
我純潔，我純潔，我純潔，我純潔！
我的純潔猶如不死鳥的純潔，因爲我是氣息主宰之鼻……
在這一國度，在雙眞理的宏偉殿堂，不會發生對我不利者，因爲我知曉四十二神之名；
他們棲身於此域，乃是大神的伴隨者。」
（本段咒語出自於《死者之書》第一二五章，是《死者之書》最著名的一段。）

這一儀式結束後，死者就要進入奧塞里斯的審判廳。在行進途中，要經過種種磨難和檢驗。當死者之魂越過西部山脈，來到死者王國時，須經過一棵巨大的榕樹。在這裡，樹神的身體從樹幹中長出，一手爲死者遞復活之水，一手遞置於托席之上的麵包和蔬菜。死者伸手去接，他的「芭」也伸頭與他一起喝水。接著，死者就會被允許繼續前進。反之，如果死者不服從女神的命令，不把這些東西吃下去，便不得不返回毫無生氣的墳墓。

在路途上，亡者要迎戰蛇、毒蟲及凶神塞特，然後來到「闊河」之岸。在這裡，一艘魔船等待著，船員由靜靜的神性組成。在被允許上船之前，死者必須講出船的各部分是如何構造的，否則便被取消上船的資格。

最後，死者才被帶到奧塞里斯的審判大廳。死者必須在奧塞里斯這位死者之王及全能的審判者面前接受審判，因爲進入天國唯一通道就是審判廳，緊緊關閉的門是沒有人能拉開的。

死者之魂站在審判廳門前，因畏懼而顫抖不止，在一片寂靜之中向神述說，進行「死者的第二次申辯」，宣稱自己無罪而不應受到懲罰，希望判神不要降罪於他。接著，阿努比斯神從廳中走出，把死者之魂領到冥王面前。

奧塞里斯靜靜地坐在一間昏暗的亭間高高的寶座上，頭戴王冠，一手執鉤，一手執連枷。當死者進入時，他不置一言，靜靜地聽死者陳述。在奧塞里斯面前，放著公平秤，用以秤量死者的心臟，書記圖特神站在一邊。同時，「吞食者」——阿米瑪特——由獅子、河馬、鱷魚混合而成的怪獸蹲在邊上，張開血盆大口，等待吞食罪人之心。

公平秤的一邊放著死者的心臟，另一端則放著代表眞理女神瑪特的羽毛。死者之魂顫抖著，一邊觀看這一場景，一邊暗自祈禱：「噢！我的心，你來自我的母親。噢！我的心，你來自我的心臟。別出來反對我，別在法庭上對我不利，別在神面前說我的謊話。」

假如在公平秤上，他的心臟既不太輕也不太重，圖特便在書板上記下並大聲宣布「無罪」，於是冥王命令把死者的心臟復原到接受審判的人身上，並滿意地判決：「死者可勝利離開，到自己想去的地方，自由地與眾神和亡者之靈在一起。」

如果天平兩端不平衡，重量不相等，若傾向眞理羽毛那一邊，那麼懲罰將降臨到他的頭上，他的心臟將被蜷伏在旁邊的怪獸吃掉，圖特也在書板上記下並大聲宣布「有罪」，於是冥王便嚴厲地判決：「死者生前人間作惡，死後罪大惡極，該下地獄。」

當判決死者「無罪」時，這一判決使死者從此在奧塞里斯的王國裡永享幸福的生活。當然，他也得在神的土地上耕種，維修溝渠堤堰，但魔法可幫助他們逃避所有不願從事的勞動。因爲，在葬禮時人們給死者帶上了「夏勃提」或「僕役」——一些石頭或釉製品的小雕像，當死者被使喚去工作時，它們會趕緊替代他們的主人去完成工作，使他們不費任何力氣就能播種、耕耘和收穫。

而被判「有罪」的死者則是苦不堪言，他們除了被沒收了親人給的殉葬品之外，還將經歷「第二次死亡」，每天在地獄裡受盡折磨。

因此，爲了死後能被冥王判決無罪而幸福地生活在另一個世界裡，人們總是互相鞭策：不要去做惡，多做些善事。

◆靈魂的護送者——阿努比斯（Anubis）

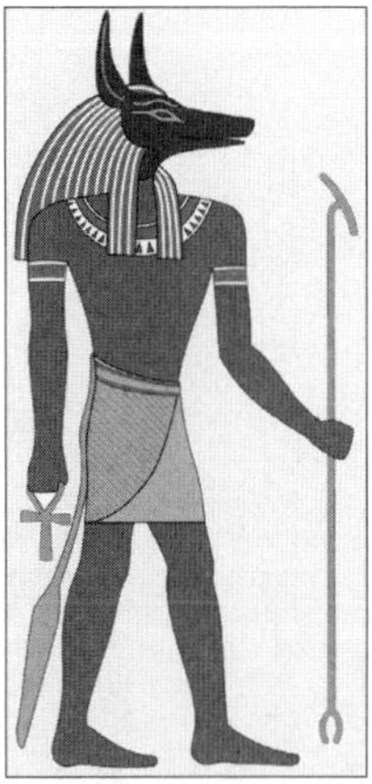

阿努比斯是位靈魂的護送者，他爲死者打開通往另一個世界的道路，使死者順利地抵達到另一個世界，古埃及人稱之爲「英普」。

阿努比斯的形象是一隻呈臥姿的黑色豺狼，或爲野犬薩布；有時也會變爲人軀豺狼首或人軀犬首。所謂「薩布」，古埃及語意爲「審判者」。阿努比斯——薩布被視爲眾神的審判者。

在古王國時代，阿努比斯被視爲死亡之神；其主要稱謂「亨提亞門提」，意爲「拉——塞陶（冥世）的主宰」。據《金字塔文》所述，阿努比斯爲冥世的主神，又被視爲死者之心。始於西元前三十世紀末期，阿努比斯才逐漸被奧塞里斯取代。

阿努比斯在葬儀中有著舉足輕重的作用，主管著屍體防腐的事宜，也就是製作木乃伊；其異體烏特、伊米烏特，被視爲木乃伊之神。阿努比斯專司安置木乃伊、使死者化爲屬天界之靈「安赫」，並保護死者。由於他在葬禮上佔有重要的地位，因此葬禮禱文許多是致頌給他的。

阿努比斯的來歷有一個故事：努特的四個兒女中，最小的奈芙蒂斯很喜歡長兄奧塞里斯，但奧塞里斯卻娶了她的姊姊伊希斯，奈芙蒂斯只好嫁給了醜惡的塞特，而塞特與她一直沒有生育，後來奈芙蒂斯把奧塞里斯灌醉，與他私通而生下了阿努比斯。

阿努比斯生下不久，便被親生母親奈芙蒂斯所拋棄，後來奧塞里斯的妻子伊希斯知道了事情的始末，找到了阿努比斯。伊希斯並不怨恨丈夫的不忠，反而承擔了撫養嬰兒的責任。

阿努比斯長大成人後，追隨父親奧塞里斯一起征服世界，當「善者」奧塞里斯被惡魔塞特殺害後，阿努比斯幫助伊希斯和奈芙蒂斯埋葬了他。——正是這一次埋葬奧塞里斯，阿努比斯發明了葬禮儀式，並將奧塞里斯包裹成木乃伊，以防屍體腐壞。阿努比斯並發明了木乃伊包布，把奧塞里斯的屍體包裹保存，之後，他便以「木乃伊包布之主」而聞名，從此以後，阿努比斯開始主持葬禮，一切順序安排均由他一人掌握，他處理木乃伊防腐，接著在墓門接收它，阿努比斯還要親自查看死者的後嗣所帶的祭品是否已到了死者的手裡。隨後，阿努比斯一直牽著死者的手，並以奧塞里斯守門人的職務引死者很快到審判官前，幫助審判官秤量死者的靈魂。

作爲死者之神，阿比努斯贏得了廣泛的崇拜。後來，他也進入奧塞里斯的家庭，此後人們對他的崇拜一直延續到晚近時代。

古希臘人將阿努比斯與使神漢密斯相混雜，於是他就被命名爲「漢密斯阿努比斯」。在慶賀伊希斯的龐大行列之中，漢密斯阿努比斯爲一狗頭神，手持雙蛇杖和棕櫚葉，走在眾神的前列。

阿努比斯的崇奉中心爲古埃及第十七諾姆的卡薩城，希臘人稱之爲「基諾波利斯」，意爲「犬城」。

◆狼神——烏普奧特（Upuaut）

烏普奧特是一位長著狼頭的天神，有時候又變成豺首神。他和阿努比斯是兩兄弟，都是勇猛無比的。烏普奧特在開初時是一個戰神，這位狼神高舉旗幟，率領自己部落裡的戰士衝向敵人的領地，他像阿努比斯一樣都是所向披靡。

烏普奧特因爲戰功被拉神派往蘇特，作爲那裡的封邑神統治著那個地區。在這裡，烏普奧特與奧塞里斯結爲好朋友，幫助奧塞里斯作戰。烏普奧特通常和阿努比斯一起，不斷征服其他部落。後來他們都歸屬奧塞里斯，成爲奧塞里斯征服世界的輔臣。有了這兩個英勇戰神的輔佐，奧塞里斯的統治十分穩固。

烏普奧圖與阿努比斯身著戎裝，以戰士的形象出現在眾神面前。作爲人間的統治者奧塞里斯有一次舉行盛大的慶典，在這個慶典上，烏普奧特兄弟手持盾牌，牽領儀杖隊前行，威風凜凜。然而，在這次宴會中惡神塞特設計用箱子把奧塞里斯殺死，烏普奧特由於救駕不力，被貶爲死亡之神。

烏普奧特後來就成了「大墓地之主」，名爲「西方的統治者」，在這裡，他以威武鎮服了冥間的靈魂，大家都十分崇拜他。

後來，奧塞里斯被拉神封爲冥王，他上任後，在陰間看到烏普奧圖，十分生氣，覺得他在宴會上沒有跟隨自己保駕，實在太失職。一怒之下罷免了烏普奧特，這個大墓地之主從此無職無權。

不過，這時候烏普奧特的好朋友安胡爾擔任拉神的開路者，立了不少功勞。安胡爾知道烏普奧特被罷免，就向拉神推薦，於是烏普奧特成了夜間航行的太陽船的掌舵者，負責把太陽船安全地駛過夜間的十二鐘點。這樣，安胡爾在白天值班，烏普奧特晚上值班，一同推著太陽。他們都十分盡職，太陽日復一日地循環往復，靠的就是他們的推引護送。有時候，太陽神需要沿著南北天際遊憩，就叫烏普奧特沿著天際曳船而行。

烏普奧特的崇奉地爲西烏特，即利科波利斯，意爲「狼城」。

◆真理和秩序女神——瑪特（Maat）

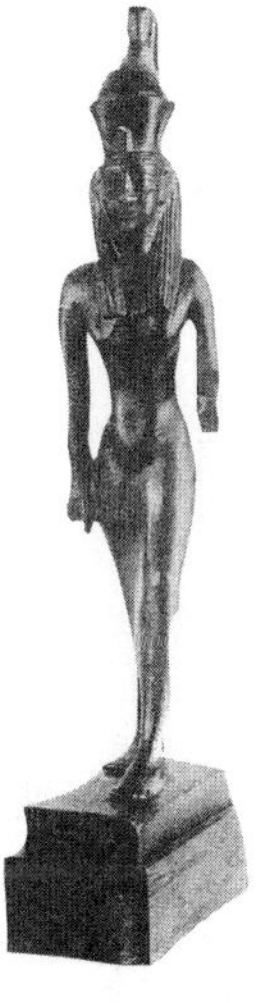

對死者進行審判和靈魂的秤量時，在審判廳的中間放置著一座巨大的天平，旁邊站著眞理和正義女神瑪特，準備秤量死者的心臟。

瑪特的形象是一跪坐的女子，頭上戴著鴕鳥羽翎。這是她的名字——眞理和正義——的會意符號。她是古埃及神話中的眞理和秩序女神，象徵著至高無上的法律、眞理和正義。

瑪特是眾神之主拉神鍾愛的女兒，在混沌終結和秩序初建之際，她亦曾參與創世，拉神把她視爲掌上明珠，十分疼愛她，而且瑪特還是拉神忠實的心腹。

瑪特也是眾判官圖特的妻子，在奧塞里斯的冥世審判中，她與丈夫都參與審判和靈魂的秤量工作。在審判廳裡，兩個一模一樣的瑪特女神立於兩端，故此大廳又稱「雙公正之廳」。審判開始時，天平的一端置放死者之心，另一端則爲瑪特。如果兩者相當，說明死者生前無罪愆，應在奧塞里斯的冥世安享福樂（瑪特「是公正的」）；反之，則死者之心會被鱷魚首之獅阿姆特吞噬。因此，在對死者的審判上，瑪特扮演一個相當重要的角色。

實際上，瑪特是一種純粹抽象概念神化的產物。據說，諸神都喜歡以眞理和正義來教養自己，因此在崇拜儀式中，眞正使神歡悅的是瑪特的祭品。在神廟中可以看到，在祭神儀式達到高潮時，國王將一幅瑪特的小像獻給神廟之神——比起所接受的其他祭品來，不管它們是如何豐盛，此像最受神所喜愛，可見神們都崇尚眞理與正義。

瑪特崇拜始於古王國時期之初、第三王朝時期，法老則將瑪特其名納入其稱謂——「統御者瑪特」。在古王國時期，瑪特與太陽神拉和冥王奧塞里斯緊密相連。她的崇拜中心，爲底比斯的奈奧克羅波利斯。

◆何露斯諸子（Sons of Horus）

塞巴克因幫助塞特逃避懲罰，將塞特藏在鱷魚的體內而成爲人們的敵人，經常遭到人們的辱罵，因此塞巴克想將功贖罪，爲何露斯做一點事。

於是，塞巴克來到眾神之主——拉神面前，對他說：「偉大的拉神，我一時糊塗，善惡不分，包庇了壞人，成爲人們辱罵的對象。我希望能爲何露斯做點事情，好補償我的罪過。」

拉神見塞巴克態度誠懇，而且有悔悟之心，於是對塞巴克說：「你爲何露斯找四個兒子吧！讓何露斯的兒子保護奧塞里斯的內臟肚腸，這樣，你既爲人們做了一件好事，也會得到何露斯的諒解。」

塞巴克問道：「那麼要到哪裡找到這四個孩子呢？」

「在湖中，他們經常在荷花上。」拉神對塞巴克說。

於是，塞巴克回家用了三天三夜織好了一張網。他來到湖邊觀看時，發現湖中間的一朵水中荷花站著四個人，他們分別是狒狒首、人首、狗首和鷹首。塞巴克心忖，這一定是拉神所說的那四個人。於是他變成一條鱷魚，嘴裡咬著網，無聲無息地來到這朵荷花旁邊，看準目標便把網撒了過去，整朵荷花便被網在中間，那四個人拚命掙扎，但卻無濟於事。

接著，塞巴克帶著這四個人去見何露斯，他對何露斯說：「過去，我對不起你，我因爲做錯事而遭到人們的辱罵。現在我要將功贖罪，我給你帶來了四個兒子，他們將忠誠地保護你父親奧塞里斯的內臟肚腸，讓他免遭飢渴。」

何露斯聽了很高興，同時也原諒了知錯能改的塞巴克。於是，何露斯精心養育四個兒子，從小教他們學習武術，以便保護父親奧塞里斯的內臟肚腸。

四個兒子在何露斯的教養下很快地長大成人了，他們個個武功高強，威力無比。何露斯命令他們去看護奧塞里斯的心臟和肚腸，讓他免遭飢渴。何露斯命令與人同形的伊姆塞提同伊希斯一起看守裝著肝臟的容器；叫狒狒首人身的哈比同奈芙蒂斯一起守護肺臟；叫犬首人身的杜阿穆泰夫與尼特一起保護胃臟；叫鷹首人身的凱貝克塞努夫與塞爾凱特一道負責保護腸子。

在奧塞里斯的冥世法庭中，他們分別立於四方。在墓中，伊姆塞提的造像置於南牆下，哈比的造像置於北牆下，杜阿穆泰夫的造像置於東牆下，凱貝克塞努夫的造像置於西牆下。

據《死者之書》第十七章所述，何露斯之子最初是星辰之神——大熊星座的衛星，專司保衛冥王奧塞里斯免受敵對者塞特及其扈從的襲擾，並庇佑被稱爲「奧塞里斯某某」的亡者。

此外，他們各自成爲人類不同精神存在的象徵：伊姆塞提——卡（人生命力的體現，即「第二個我」）；哈比——心靈；杜阿穆泰夫——「芭」（世人生命力的化身，人死猶存）；凱貝克塞努夫——薩阿（木乃伊）。

◆女蠍神——塞爾凱特（Serket）

塞爾凱特是古代的女蠍神，蠍子是她的神聖動物。其形象為一女子，頭頂一隻蠍子，蠍尾高高翹起；有時是蠍身女人頭。

塞爾凱特是保護亡者的四位女神之一。她頭上頂著神聖的蠍子，有翼的手臂伸展於年輕法老吐特—安克赫—阿蒙的石棺之上，與其他三位女神一起看守石棺。

塞爾凱特是拉神的女兒，經常作婚姻保護神。人們的婚姻是她主持的，塞爾凱特把有情人結成一對一對，讓他們幸福快樂地生活在一起，然後再生兒育女，傳宗接代。婚姻的儀式也是由她發明創造出來的。每個人結婚都要按照她所制定的儀式進行，才能使新娘和新郎正式成為夫妻，生活在一起。在迪爾·厄爾·巴赫里，她與努特一起舉著天空的象形文字，上面是與太后合成一體的阿蒙，兩位女神保護夫妻免受煩惱之困。

為了防止屍體接觸空氣而腐爛，必須用香料保存亡者，在儀式中，塞爾凱特擔任一個特別的角色，她保護內臟，負責保護裝有腸子的容器。

在保護奧塞里斯的屍體和肚腸的保護神中，塞爾凱特和何露斯的兒子一道負責保護腸子，他們倆忠於職責，認眞看守，使奧塞里斯的腸子免受飢渴。

正如伊希斯和奈芙蒂斯在繪畫和記載中常在一起一樣，努特也常和塞爾凱特一起出現，她們情如姊妹，志趣相投，常常同進同出，雖然在保護亡者內臟時不在一起，但她們都是死者的保護者，或作爲婚姻的保護者。相傳，她與伊希斯、奈芙蒂斯及努特的石像，常置於石槨中。

據說，塞爾凱特又矢志於爲父殺敵，因而她在下埃及備受崇敬。

～與家庭生活有關的神～

◆孟斐斯之神——卜塔（Ptah）

卜塔是古埃及神話中的孟斐斯之神，後成爲造物之神、冥世神等。其形象爲一木乃伊，放於神廟內殿的基座上，頭部被帶緊裹，身體被木乃伊包布綁縛，只有雙手未被束縛，握持著象徵生命、穩定與全能的節杖。有時，他會變成一個畸形的矮子，手腳彎曲於背部，腦袋碩大，上面除了一綹童髮外全部剃光；當他變成這般形狀時，對抗的是毒獸以及各色的惡魔。

在孟斐斯，自遠古時他就受到崇拜，在法老加冕的北方古都，卜塔作爲統治神而一直位列至尊。在最後一位拉美西斯被消滅、尼羅河三角洲的政治地位無可匹敵後，孟斐斯的這位神更是榮耀無比。在全埃及的神中，他位居第三，僅次於阿蒙和拉，在受自己祭司尊敬方面甚至與前兩位神不遑多讓，祭司們驕傲地宣稱他是宇宙的巨匠造物主，用雙手創造世界。

卜塔是工匠和藝術家的保護者，他保護著工匠能爲人們建造各種東西，同時也保護藝術家們能正常工作。卜塔自己也是藝術的發明者，他發明了許多新的藝術，爲藝術家們所接受。同時他也是個設計家、金屬冶煉家和建築家，爲人們設計了新的樓房、家具，建造了許多精美巧妙的建築物。還指導建築者和工匠們的工作。

有一次，亞述的國王塞那赫里布率領大軍進攻埃及的防守重鎮。亞述軍隊的士兵作戰勇猛，他們帶著強大的武裝力量進攻到城下，打算養精蓄銳，第二天攻打帕魯蘇姆城。卜塔知道後，連夜把全國的老鼠召來，命令牠們在夜裡偷偷咬斷進攻者的弓弦、箭袋和盾牌上的皮帶。老鼠接到命令後，當天夜裡，鼠軍全部出發，牠們把亞述大軍的武裝破壞殆盡，使得亞述軍隊不得不撤軍，帕魯蘇姆城因而保全了下來。

後來，卜塔的妻子塞克赫米特（獅首女神）和兒子那夫特姆一起受到崇拜。神化了的人間英雄伊姆赫特普（西元前二十八世紀，法老左塞的大臣、智者、醫者）繼承了那夫特姆之位，也被視爲其子。於是卜塔以天火之形使一頭小母牛受孕，使自己再度出生，外形爲一頭黑色的公牛，祭司們可藉助特別的神祕記號將其辨認。在牠的前額有一白色的三角型，背上有一隻展翅的禿鷹，右腹有一彎新月，舌頭上有聖甲蟲的圖像，尾巴上的牛毛是雙層的。人們都叫牠「聖牛阿比斯（Apis）」，牠是當今最著名的神聖動物。

平時，這頭聖牛被圈在廄裡，很少出去，只能到與廄相通的庭院裡去。在那裡，人們可以觀賞牠。看守者對聖牛關懷備至，仔細爲牠挑選最可口的食物；而且，他們不讓聖牛喝尼羅河的水，以保持身體健碩。他們還讓牠在非常清潔乾淨的環境裡生活，使牠的身體和靈魂保持純淨。

當祭拜儀式開始時，各地的人們便聚集於孟斐斯。祭司們把聖牛牽出來，進行隆重的遊行儀式。當聖牛經過時，人們便紛紛由家中走出來歡迎牠，請求牠賜福並預卜吉凶禍福。

阿比斯的一舉一動，都被理解爲未來之預言。古埃及人用手遞給聖牛食物，如果聖牛吃了它，他們便認爲是吉兆；如果聖牛拒絕吃它，那便是凶兆。有一天，名將杰瑪尼庫斯拿了許多美味的食物餵養阿比斯，可是阿比斯沒有去吃他給的食物。過不久，杰瑪尼庫斯突然暴斃，人們也從這件事中見識到阿比斯的預言。

古埃及人還根據聖牛所在的廄來判定吉凶：當牠自動走進這個廄時，便預兆著對埃及有利，否則便對埃及不利。孩子們也參加這種聖牛遊行的行列，接受聖牛對他們命運的預測。

通常老邁的阿比斯會死的。有人說，阿比斯活過了一定的歲數，便會淹死在泉水裡。當聖牛死去時，人們要舉行盛大的葬禮。牠的屍體在防腐處理以後，祭司們便把牠的棺材放在滑橇上，並隨著牠的棺材緩緩而行。這時，人們要舉行全國性的哀悼會，一直哀悼到找到另一頭聖牛。

人們不願相信聖牛會死去，當這頭聖牛死去之後，幾位祭司便負責去尋找另一頭聖牛來繼承牠的職責。他們會按照聖書上記載的特徵去尋找，而且總是能找到。找到以後，便把牠帶到尼羅河邊的城市，在那裡做好準備，把牠移往孟斐斯。在這個城市裡，牠要待上四十天，四十天之後便裝船起運。這時，人們才轉憂為喜，舉行盛大的慶祝活動，那快樂的情緒不亞於聖牛死時的悲傷情緒。

在波斯暴政時期，風比西斯和奧朱斯兩個國王曾侵佔埃及，兩次殺死了聖牛，令埃及人為聖牛之死而哀傷悲悼。

卜塔還發明了火，被當成希臘神話中為人類盜火的普羅米修斯而受尊敬。

◆尼羅河的化身——哈比（Happy）

西元前五世紀，歷史學家希羅多德曾說：「埃及是尼羅河的贈禮。」幾世紀以來，這句話成為至理名言。著名的《尼羅河頌》更是充滿了埃及人對尼羅河的崇敬：

「光榮啊，起源於大地的尼羅河！
您川流不息，為的是使埃及甦醒！

您灌溉土地，使一切欣欣向榮。
您生出大麥和小麥，好叫神廟裡歡度節日。」

尼羅河不僅是孕育埃及文明的母親河，更是古埃及人認識自然、改造自然的智慧來源。古埃及在地理上以孟斐斯（今埃及開羅）爲界，分爲上埃及和下埃及。上埃及是指尼羅河上游地區，這裡氣候乾燥，年降雨量不足一百毫米；下埃及是指尼羅河下游地區的尼羅河三角洲地區，這裡受地中海季風氣候的影響，降雨量較多，尼羅河的淤泥又使這裡成爲地勢平坦、土壤肥沃的地區，埃及的農業文明因此在這兒根植茂盛。

不過，在西元前二四〇〇年以前，上、下埃及的這種地貌區分並沒有如此明顯，當時，他們還處於濕潤期，到處是濃密的綠蔭草木，畜牧與農業並重，埃及人並不專賴尼羅河爲生；但是，在防止河水氾濫的抗爭中，他們學會了修築堤防。

西元前二四〇〇年以後，氣候變得乾燥，大片土地變成沙漠，尼羅河對埃及人日益重要。年復一年的修堤防洪、築壩灌溉需要政府組織和監督，讓法老權威就此體現；尼羅河畔的居民根據河水漲落定下各種勞作休息的日子，創造出一年分三季的自然曆法；尼羅河奔騰桀驁亦給古埃及人帶來藝術靈感。因此，埃及人把尼羅河看做一切生命的泉源，看做象徵兩性兼具的神祇而對它萬分崇拜。

哈比是古埃及神話中的尼羅河之神，其形象爲一壯碩肥胖的留長鬚男子，但乳房豐滿得如婦女一般。哈比一身水手和漁夫的裝束，腰間紮著窄窄的帶子用來支撐他碩大的肚腹；頭上戴著一頂由水生植物製成的王冠。這個王冠在上埃及代表尼羅河時是用荷花製成的，在下埃及代表著河流時以紙莎草製作成。

哈比實際上是代表南部的尼羅河和北部尼羅河兩部分。在南部的尼羅河有一位女神爲河岸的化身，在北部尼羅河也有一位女神爲河岸的化身，這兩位女神長得非常相似，有時人們可以看見她們伸出手臂站立著，彷彿在祈求河水賜予豐饒沃土。

埃及人認爲，尼羅河的河水來自供給可見和不可見世界水源的古洋「努恩」；又認爲，哈比的化身居住在比格赫島的第一卡特拉克特（瀑布、急流）的洞窟，用缸向天上和人間倒水，這樣，尼羅河的水便是源自於從缸裡倒出來的水。

中王國時期，哈比被稱爲「帶來綠茵河流的主宰」，鱷魚神爲其隨從，女蛙神爲其妻妾。

每年六月中旬尼羅河的水位升高，奧塞里斯的信徒認爲是洪水，人們祈求著洪水的到來，因爲尼羅河水位的高度決定一年的豐歉。如果水位升得很高，人們便欣喜若狂，奔走相告，互相慶賀，因爲水位高意味著今年會有大豐收；如果水位不高，人們心裡便忐忑不安，他們都祈求哈比能引發洪水，使水位升高，讓尼羅河河水帶來財富。

也有人說，尼羅河的來源是伊希斯的淚水所致。當年，邪惡的塞特殺死了他哥哥奧塞里斯，奧塞里斯的妻子伊希斯萬分悲痛，整整哭了一個月，於是她的淚水便形成了尼羅河的水。

尼羅河水位的高度適宜時是十六腕尺——正如裝飾梵蒂岡著名的尼羅河雕像的十六個嬰兒所表示的一樣。爲了達到這個高度，埃及人每年在六月份，也就是尼羅河氾濫之初都要獻祭哈比，人們用虔敬的熱情唱頌讚美詩，並將載有禮品單的紙莎草卷投入河中，祈求哈比引發洪水，使水位達到十六腕尺。

除此之外，哈比很少在宗教中扮演角色，甚至與任何神學體系都沒有關聯。在神廟中哈比位居第二，但他通常以僕人的身分出現，將自己的尼羅河物產獻給偉神們。因爲哈比是代表尼羅河南部與北部，又與任何神學體系沒有關聯，在神廟裡又以僕人身分出現，因此，他常常變成類似自己的男女，他們被稱爲「尼羅斯」，代表上、下埃及的各個地區，將埃及各省的物產獻給神廟之主。

◆書記女神——塞絲哈特（Seshat）

塞絲哈特是一位女神，她頭頂著一顆倒轉的新月裡的星星，上面飾有兩根又長又直的羽毛。塞絲哈特也是智慧之神，她負責書寫和記錄歷史，這位俊秀聰慧的女神頭上的新月像是兩支長長倒轉過來的角，由此也獲得了薩費克赫——奧比的稱號，意思爲「她舉著兩支角」。

塞絲哈特與圖特是孿生兄妹，他們一樣都是智慧之神，後來，他們結了婚，成了一對天生的夫妻。塞絲哈特本身是「書記」，她幫助丈夫處理一些文字事務。在圖特發明文字時，塞絲哈特幫了不少忙，其實她也是文字的發明者。她待在書房裡，被說成是「書房的女主人」，她又能做建築設計，被稱爲「建築之家的女主人」。塞絲哈特多才多藝，她主要任務是計算時間度量，被拉神封爲度時量刻的星神。

有一次，法老王建一座神廟，請她去做神廟的奠基人，她藉星星幫助法老確定神廟的軸心，用木柱製作神殿的四角。這個建築設計完美無缺，塞絲哈特因而受到人們的尊敬。

作爲歷史女神和神跡記錄保存者，塞絲哈特與丈夫在一起，在太陽城神樹的樹葉上記下歷朝統治者的姓名，或按照法老的次序將其在位年限記錄在長棕櫚葉上，屆時也將五十年節典記載下來。有時候，丈夫圖特忙別的事去了，這些工作就由塞絲哈特獨自完成，她憑著聰明機智的秉賦，從來沒有出過任何差錯。

有時候，塞絲哈特還兼任書吏的女主人，她將法老繳給敵人的戰利品的清單記錄在書版上。強盛的第十八王朝女法老哈特謝普蘇特派人遠征普特島，大勝而回。於是女法老請了塞絲哈特在返回底比斯途中將繳獲的財寶清點入庫。正當塞絲哈特準備動手工作時，圖特也趕來幫忙，夫妻倆片刻就記錄了厚厚一大本清冊，而女法老整整花了三個多月才看完所有戰利品的清單。

圖特在取得塞特之位後，又娶了眞理和正義女神瑪特做妻子，之後還娶了娜赫瑪依特這位「滅絕惡魔之神」爲妻。於是就形成了兩組三聯神，圖特與塞絲哈特生之子，名叫何爾努布，而娜赫瑪依特生下那夫爾・何爾。

◆植物神——那夫特姆（Nefertum）

那夫特姆是古埃及神話中的植物神，他的父親是火的發明者卜塔。

母親則是可怕的獅首戰爭女神塞克赫米特，這是哈陶爾以母獅之形撲向叛敵時所獲得的稱號。當年，這位復仇之神曾試圖消滅人類。塞克赫米特也是火之女神，象徵太陽的毀滅之火。後來，這個戰鬥女神被卜塔愛上了，就加入了孟斐斯三聯神中，成了卜塔的妻子，並爲卜塔生下一個兒子那夫特姆。

另有一說：那夫特姆生於田野女神之體，其形象爲頭戴蓮花冠、身佩單刃彎刀的少年，冠上並飾有兩根羽翎；據《金字塔文》所述，那夫特姆爲盛開在太陽神面前的一朵荷花，又稱爲「生於拉之鼻的荷花」。

那夫特姆常常站在一頭蹲伏的獅子上，有時候他會突然長出獅子的頭來，這是因爲他的母親、獅首女神塞克赫米特的傳承。

那夫特姆起初是日暮神阿圖姆的化身，他被稱爲「年輕的阿圖姆」。再生的阿圖姆清晨從神荷——太陽在晚間的避難所——中出來，然後白晝開始了。

那夫特姆與父親卜塔、母親塞克赫米特在一起，成爲最古老的孟斐斯三神組合中的三個神。

◆生育保護神——瑪絲克洪特（Heket）

瑪絲克洪特是一個蛙女或蛙首女神，是穀物發芽時胚胎狀態的象徵。有時爲一頭頂兩根頂端彎曲的長棕櫚女子。

作爲一位原始的女神，據說在阿比杜斯，她與舒一道從拉神口中出來，並成爲眾神的始祖。又說，她是每天早晨幫助太陽出生的助產士之一，也是一位生育的女神，爲埃及婦女分娩時蹲於其上的兩塊磚的化身。因此石槨爲其棲息之地，其造像常可見於石槨。埃及婦女產期將臨，都要佩戴瑪絲克洪特的神像，以保佑分娩順利。她又被視爲家庭保護神，庇佑家家戶戶逢凶化吉。

每當埃及孕婦分娩時，瑪絲克洪特便來到孕婦的身邊，施法來減輕她們臨產時的陣痛。當孕婦是難產時，瑪絲克洪特通常扮演救星的角色，幫助孕婦度過難關，使嬰兒順利地生下來。嬰兒生下來後，瑪絲克洪特就向人們宣告新生兒的未來，並祝福著嬰兒。

第十五王朝頭三位法老王出生時，瑪絲克洪特也扮演了救星的角色。拉迪迪特孕著三個兒子，她的三個兒子都是未來的法老王。當拉迪迪特產期臨近時，嬰兒在母親的體內一直生不出來，拉迪迪特痛苦萬分，胎兒的眞正父親拉便令伊希斯、奈芙蒂斯、赫克特和瑪絲克洪特到她的身邊去。她們裝扮成舞蹈著的四位女神，和帶著她們行李的克赫努姆一道前行，在拉迪迪特門前跳舞。後來，拉迪迪特的丈夫把她們請進屋內，伊希斯站在拉迪迪特的前面，奈芙蒂斯在後，而赫克特則幫助她，伊希斯接出嬰兒，女神們清洗了嬰兒後放於一張磚床上。最後瑪絲克洪特走近新生兒，說道：「這是一位將要統治全國的法老王！」克赫努姆便把健康和力量注入了嬰兒體內。

瑪絲克洪特還能預告嬰兒的命運，她的預言有時讓人歡喜，有時則不然，當埃及人聽到他們的嬰兒出生後有好的命運、有出息、有成就時，人們就對她的預言很歡喜；有些人聽說自己的嬰兒將來命運多舛，他們就很抑鬱。但無論如何，瑪絲克洪特的預言是無人能逃脫的。

正因為瑪絲克洪特是生育的保護神，又能預告嬰兒的命運，故而受到人們的崇拜。

◆家庭保護神——貝斯（Bes）

貝斯是古埃及神話中的家庭保護神。相傳貝斯可佑世人逢凶化吉，可驅逐惡靈，助人分娩，並給世人帶來福運，因此是一位受歡迎的神。他的形象為一侏儒，大頭巨眼，雙頰突出，蓄著濃鬚，面闊而醜陋，或獅耳、獅尾，或頭戴羽毛冠、樹葉冠，長長的舌頭從大張的嘴中吐出。人們篤信，因貝斯的相貌醜陋，惡靈見了他便紛紛遠遁。

貝斯通常是不動的，雙手放在髖部，偶爾也歡快而笨拙地跳躍，演奏豎琴和手鼓（古埃及人稱「貝斯—希特」、「貝斯—哈特」意為「舞者貝斯」，被視為歡樂神）；或表情可怕地揮動一把寬匕首（古埃及人稱「貝斯—阿哈」，意為「武士貝斯」）。雖然利刃和樂器，均用以震懾敵對者，但貝斯又被視為音樂、歡宴、舞蹈以及生育的佑護神。

貝斯非常喜歡跳舞和戰鬥，每當有人叫他跳舞時，他總是神采奕奕，不知疲倦地跳著自己喜愛的舞。他也非常好戰，當要打仗時，他也自告奮勇要求參戰，而且在戰鬥中表現突出。正因為貝斯愉快而又好戰，使他成了眾神眼中的小丑。眾神們對他奇形怪狀的外表頗覺得喜歡好笑，都欣賞他的滑稽古怪，他們經常拿貝斯來取樂。

起初，在人們尊敬的神祇當中，貝斯的地位很低，人們並沒有特別注意他，但後來他的聲望漸漸升高了，許多人以貝斯的名字為嬰孩起名字。而且他還主管分娩，在迪爾·厄爾·巴赫里，他和其他保護神一起站在王后的床邊，作為孕婦的保護者，從此他在眾神的地位也提高了許多。

貝斯也是主管婦女梳妝的神，因此婦女們喜歡把他的畫像雕刻在鏡柄、妝盒和香水瓶上。他又是睡眠的保護神，驅走惡靈，能送給睡覺者一枕美夢。

作為一名傑出的保護神，他不僅驅走惡靈，還驅走獅子、毒蛇、蠍子、鱷魚等許多害獸毒蟲；貝斯為保護人們，經常與惡獸鬥爭，戰勝牠們。人們只要小心地在家中放一根柱子或一塊石板，雕著嬰兒何露斯站在兩條鱷魚上，在上方雕著貝斯咄咄逼人的面具，那些害獸毒蟲見了便逃之夭夭。這樣便可使家人免受害獸毒蟲的咬螫，從而保護人們。

在異教時代結束時，貝斯又被當成死者的保護神，並因此與奧塞里斯一樣廣受崇拜。

在基督教取得勝利後，貝斯卻沒有從人們的記憶中消失，只是此時他變成了一個惡魔出現在人們的腦中。變成惡魔的貝斯經常威嚇鄰里鄉間，使人們生活得很不安，紛紛向聖摩西告狀，聖摩西最後不得不驅逐他。由於他的相貌奇異，因此有人嘲笑他。

有一天，在卡納克的南大門——貝斯的住處裡，一個陌生人路過那裡，看見一位留著濃鬚、雙膝內翻、穿著豹皮的矮子，就嘲笑說：「看那個人多醜陋，真是難看極了，恐怕世界上再也找不到如此醜陋的人了！」說完，那人又大笑了一陣，沒想到那矮子卻狠狠地對陌生人說：「你敢嘲笑我醜陋，你要倒楣受難的。我要殺死你！」說完矮子即撲上去，跳上陌生人的身上，緊緊地勒住他的脖子，將其活活扼死。這個矮子就是貝斯。從此再也沒有人敢當著他的面嘲笑他的醜陋，人們都知道，如果嘲笑他，是要倒楣的。

許多世紀後，貝斯雄風猶存，其造像往往見諸護身符物，而且爲數頗多，可見於西亞、地中海沿岸和愛琴海沿岸，以及黑海沿岸和中亞地區的考古發掘。後來的人傳說，這一形象來自阿拉伯東部和非洲紅海沿海地區。

◆水神——塞貝克（Sebek）

塞貝克是古埃及神話中的水神及尼羅河氾濫之神，又稱「帕特蘇克斯」。帕特蘇克斯是埃及語「屬於蘇克克斯（或塞巴克）者」一詞的譯語。是法尤姆偉神塞巴克的靈魂化身的一條神聖鱷魚。塞巴克的主要神廟在省府鱷魚城，它自第二位托勒密王后改稱爲「阿森諾」。

帕特蘇克斯在鱷魚城巨大神廟附近的湖中受到當地人們的崇拜，他是一條耳朵上戴著金環的老鱷魚。後來，他的崇拜者在他的前腿上銬上了手鐲。這樣，帕特蘇克斯便顯得更加神聖了。

在希臘羅馬時代，阿森諾的鱷魚更強烈地吸引了人們，人們常從午餐中取出一塊餅、一片烤肉和一小壺蜂蜜，帶到湖邊。在湖岸上看到了鱷魚，祭司們走近他，一位祭司掰開他的雙顎，另一位將肉及蜂蜜塞入其口，隨後鱷魚潛入湖中游向對岸。這時又有人帶著祭品來了，祭司們拿著食物沿湖跑過去，用同樣的方式餵給鱷魚。

許多世紀以來已無人崇拜帕特蘇克斯，但在非洲中部維多利亞湖南岸的居民至今仍崇拜一條老鱷魚魯姆比。每天早晨和傍晚，在漁民的召喚下，鱷魚來到岸邊，享受人們獻給他的魚。

正因爲帕特蘇克斯是法尤姆偉神塞巴克的靈魂化身，而塞巴克因幫助塞特而遭人唾罵，因此，帕特蘇克斯也遭到一些省份人們的辱罵；另一些省份的人崇拜塞巴克，又相信神的靈魂化身於其體內，因而崇拜鱷魚。

◆貓首神——巴斯特（Bastet）

巴斯特是下埃及第十八首府布巴斯提斯的地方女神。布巴斯提斯是普爾．巴斯特的譯名，意爲「巴斯特之家」。約在西元前九五〇年，在第二十二王朝舍斯洪克國王和利比亞法老統治期間，布巴斯提斯成爲王朝的首都，崇拜巴斯特之風盛極一時，巴斯特也成爲全國的偉神。

巴斯特——這位古埃及神話中的歡悅女神，她的形象初爲牝獅，後爲貓首人軀，穿著長繡袍，左手持有母獅頭的半圓胸鎧，左臂懸一袋（或抱一貓），象徵陽光普照萬物之力。

巴斯特被視爲太陽神之女，又被視爲其一目，她與孟斐斯卜塔之妻塞克赫米特（哈陶爾）、那夫特姆，構成了一組三聯神。據《金字塔文》，巴斯特爲王室之慈惠的保護神。據《棺槨文》，巴斯特爲日暮神阿圖姆的長女，具有無與倫比的威力。

和哈陶爾一樣，她是快樂和音樂舞蹈的女神。她除了給人們帶來了無限的快樂，還教會人們音樂和舞蹈，使人們時時生活在歡悅中。她用手中貓形裝飾的鐵搖鼓，爲人們的歌唱和舞蹈打拍子，人們跟著她載歌載舞，盡情歡樂。

她也能保護人們的身體健康和生命安全，使人們免受傳染病和惡靈之害。如果惡靈來危害人們的生命安全時，巴斯特就用她手中有貓形裝飾的鐵搖鼓來驅趕惡靈；惡靈對她的鐵搖鼓總是心驚膽戰，不敢靠近。

一年一度的巴斯特節慶，是埃及最優雅、歡快的節日。那一天，成千上萬的信徒們從全國各地趕到布巴斯提斯城，人們吹著笛子、敲著響板、跳著舞蹈，有的乘船遊行。他們都沉浸在一片快樂之中，他們笑逐顏開，演著滑稽戲，婦女們站在岸上看熱鬧，呈現一片歡樂的景象。在預定的那一天，壯觀的遊行隊伍穿街走巷，祝宴隨之開始，這時是全年中飲酒最多的時候。

爲了取悅貓首神巴斯特，信徒們獻出了許許多多貓的雕像。在她的神廟庇蔭，人們舉行虔誠的儀式，將生前被奉爲巴斯特神聖動物的貓製成木乃伊埋葬。

◆愛神——哈托爾（Hathor）

哈托爾是古埃及神話中的牝牛神，後演化爲愛情、舞蹈及豐饒女神。她是太陽神拉之女、女戰神塞爾凱特的姊妹、何露斯的妻子、音樂之神伊希之母。她的名字意爲「何露斯之屋」，其形象爲一婦女，戴雙角頭飾，兩角之間嵌有一日盤。

哈托爾又被視為戰爭與毀滅女神，埃及法老均自稱為「哈托爾之子」。在一個聖殿的哈托爾造像為一隻牝牛，頭部繞著紙莎草卷，正在為阿門霍特普二世哺乳。

哈托爾也被奉為眾女神之母、法老和墓地的庇護神和喪葬女神。相傳，她與女神陶爾特同時在冥府之門接引亡者，並保護和幫助他們通過險境。據《死者之書》，哈托爾有七種形象，並各有其名；據說她可決定新生者的命運。

哈托爾與樹木崇拜也有關聯，海棗樹和埃及無花果樹是她的表徵。她的崇拜中心為登德爾，後來她的崇拜者擴及全埃及以及努比亞等地。古希臘人將她與古希臘神話中的阿芙蘿黛緹（羅馬名：維納斯）相比擬。

女神頌歌

噢，妳，漫步於遼闊的大地，

播撒綠寶石、孔雀石、綠松石，猶如星辰。

當妳神采奕奕，我亦容光煥發，

猶如生意盎然的植物。

第三篇｜神的遺跡

數千年後的今天，人們面對留存至今的高聳金字塔、蔚為壯觀的獅身人面像，以及衆多沉默無聲的神像，仍然心馳神往，浮想聯翩，想重回遠古的尼羅河上，沾染一些古埃及的榮光。

第一章 千古之謎——金字塔

「彷彿是神明展現出神力，放在沙漠中央似的……」這是西元前一世紀、狄奧多羅·席克爾斯在《初始之書》中讚嘆金字塔的話語。金字塔是埃及的象徵，從它建成那天起，它俯視埃及大地已經五千年，歷經幾世紀的風雨，幾度王朝的興亡，幾度兵戈相見，但一切的一切都隨著時間的流逝而隱入歷史，或爲歷史淹沒得無影無蹤。而它自身，除了外表不如以前那般俊秀，忍受了無數不肖子孫對它的偷盜褻瀆之外，金字塔還是金字塔，它依然靜靜地屹立在尼羅河畔與時間抗衡，依然冷漠地注視著人間的滄桑而不爲所動，也依然深受世人的敬畏與景仰。

卡夫拉金字塔和獅身人面像。

金字塔的由來

「金字塔」英文爲「Pyramid」，源於希臘語「Pyramis」，意爲「糕餅」，指古代希臘人常食用的一種尖頂狀的糕餅。古埃及人稱之爲「庇里穆斯」，意爲「高」。

中國人將它翻譯成「金字塔」，是因爲它的形狀像是漢字的「金」。它是有著方形基座及四面呈斜坡狀側邊的大方型墳墓，用以安置逝世的法老。

在埃及現已查勘到的金字塔有八十多座，但是，因爲自然的風化和人爲的破壞，多數僅爲一堆塌坍的沙石，尚屬完整可供研究的僅存三十多座。它們都位於尼羅河西岸，毗鄰沙漠地區，跨越一百多公里。這種佈局與古埃及人的生死觀有關。因爲在古埃及人心目中，尼羅河東岸是太陽升起的地方，是生命的源頭，而太陽降落的西岸，則是亡靈的世界。古代埃及的法老們十分重視修建自己的墳墓。他們認爲，從現世的人生走向死亡，不過是從一個世界走向另一個世界，是肉體和靈魂的暫時分離。人死後將生活在地下王國裡，在那裡，人也要吃喝玩樂，也需要宮殿，所以，在世時就必須要把自己未來的宮殿——金字塔給修建好。

埃及法老的地下宮殿並不是一開始就以「金字塔」的模樣興建，而是經歷了不斷發展的過程。

在前王朝時期，法老們的墓地只是一個墓室，並沒有地上建築物。到了早王朝時期，王墓發展成長方形的平頂磚墓，稱爲「馬斯塔巴」（Mastaba），是阿拉伯語「凳子」一詞的譯音。已發現最早的「馬斯塔巴」是第一王朝的第二法老阿哈的墓葬。此後一直到第三王朝初期法老王左塞，才有「梯形金字塔」的出現。

左塞王與伊姆赫特普（右立者）

所謂「梯形金字塔」，高六十多公尺，底邊東西長一二三公尺，南北長一〇七公尺，分成六層，從下往上，一層比一層小，像階梯一樣。據說，這是被古埃及人奉爲「聖人」、「卜塔神之子」的名叫伊姆赫特普的傑出建築師設計的。直至今日，這個集建築師、魔法師、天文學家和醫學之父於一身的「卜塔神之子」的名字仍與「金字塔」連在一起，埃及人尊他爲神，將他的名字刻在左塞王雕像的座基上。

梯形金字塔「馬斯塔巴」

到了第四王朝開國之君斯尼夫魯時期，他爲自己先後修了三座金字塔，先建了梯形金字塔，後又用石頭將其塡平，成了一個角錐體的金字塔，然後又修改成一個彎曲形金字塔。斯尼夫魯仍不滿足，又在彎曲金字塔的旁邊建造了第三個呈角錐形的金字塔，高九十九公尺。後來的十個王朝的法老們都以它爲範本，因此被公認爲金字塔的開端。在往後的一千年之中（西元前二十七世紀至前十八世紀），雖然各塔的高度、邊長、角度不盡相同，但外觀都不離「金」字形。由於金字塔起源於古王國時期，因此人們通常稱古王國時期爲「金字塔時代」。

古埃及法老爲什麼要將王陵建成高聳的「金」字形呢？歷史學家們對此眾說紛紜，莫衷一是。金字塔銘文有一段話：「烏納斯國王長眠在通向天堂的階梯上，他能由此邁向天上。」因此有人認為建金字塔是為了要送法老上天。因為法老是神派到人世的王，死後還是要回歸天界的。也有人認為，當時的建築師們從沙漠裡一堆堆的角錐沙丘那裡得到啓示，以為這樣的形狀能經得起風沙的衝擊，能保護王陵。更有人認為，之所以建成角錐體，表示對太陽神拉的崇拜，因為拉神的標誌是太陽光芒，金字塔象徵的就是破雲而出的太陽。

偉大的吉薩金字塔群

在現存的金字塔中，最著名的是被列為世界七大奇觀之首的吉薩金字塔群。吉薩金字塔群位於開羅西南部的吉薩高地，包括了：古夫金字塔、卡夫拉金字塔和孟考拉金字塔。從開羅向西遙望，三大金字塔猶如群山的三座高峰。

西元一七九八年五月，叱吒風雲的拿破崙率領三萬大軍，浩浩蕩蕩開進埃及領土。他們沿著尼羅河南下，意欲征服埃及全土。當他們到達這裡時，雄偉的古埃及金字塔赫然出現在他們眼前，似乎一下子邁入了幾千年的歷史當中。拿破崙被震撼地怔住，良久才對那些瞠目結舌的士兵高喊：「士兵們，四千年的歷史今天從這些金字塔上面看著你們！」接著拿破崙親率眾將登上古夫金字塔頂，下來後，他約略估算了一下，如果把三大金字塔所有的石塊加在一起，可以砌一條三公尺高、一公尺厚的石牆，把整個法國包圍起來。

三大金字塔中最大的是斯尼夫魯之子古夫的金字塔，習慣稱爲「大金字塔」。它是由古夫的王弟米昂設計，位於開羅西邊約十六公里處，整個金字塔建築在一塊巨大的凸形岩石上。佔地五萬平方公尺，以二三〇公尺的邊長爲台基，原高一四六・六公尺，現僅一三七・一八公尺。據統計，整座塔共用巨石二三〇萬塊，平均每塊約重二・五噸，最大的約重三十噸。如果把所有的石塊都敲碎，鋪一條一尺寬的道路，可繞地球一周。更令人驚嘆的是，每塊石頭都磨得非常平，石頭之間的縫隙很小，而且各邊的誤差不超過二十公分。在塔身北側離地面十三公尺高處有一個用四塊巨石砌成的「人」字形出入口，使塔身巨大的壓力均勻地分散開來，體現了四千多年前古埃及人對幾何學和力學的理解和運用。

古夫金字塔的東南角並排著三座小金字塔，中間一座是哈努特森王后的陵寢。南面則是古夫之子卡夫拉的金字塔，它的規模雖然小於古夫金字塔，但總高度也有一四三・五公尺，斜面坡度更大。金字塔下方的壁面是用紅色花崗岩鑲砌，墓室中的石棺由十分精美的磨光大理石製成。附近，矗立著聞名遐邇的獅身人面像。

排列最左邊的是孟考拉金字塔，原高六十五・五公尺，是三座中最小的一座，它的南面，還並列著三座小金字塔。

吉薩三座金字塔是埃及金字塔建築藝術的頂峰，它們的魅力不僅在於它們的恢宏巨大，而且也在於它們形成了一個佈局嚴謹的建築群體，對稱而平衡。三大金字塔選擇的方位、角度的精確與石陵建築技術的水準，令許多學者驚嘆。

偉大的吉薩金字塔群被人們當作古代埃及科技與文明的百科全書，也給世人留下了一個千古之謎。

金字塔的建造者

規模如此龐大的金字塔到底是怎麼建造的？「歷史之父」希羅多德在《歷史》一書中說：建造吉薩金字塔花了十萬人、二十年時間，每三個月調換一批。而銘文上卻說這項工程只花了三年的時間，有人據發掘到的工棚遺址推測當時在金字塔旁工作的僅四千人。而金字塔所用的二三〇萬塊巨石來自何處？那些重達幾十噸的巨石在太古那種無任何機器設備的情況下，又是如何搬運的？這個答案至今沒有定論。

面對這個問題，古埃及學者的標準答案是「泥土坡道」和「用不完的人力」，但是，現代的建築專家們曾做過詳細的計算：如果利用人力來拉巨石，那麼工程用的斜坡的角度必須是一比十，這麼一來，以古夫大金字塔的高度計算，斜坡必須長達一千四百七十公尺，要建這樣的斜坡，所花費的材料和勞力足夠建造三個金字塔。

工學專家們亦做過研究，他們計算過將七十噸重的石塊安放在大金字塔的王殿，即便是有寬大的斜坡也需要六百個工人才能把巨石拉上去；換成河岸神殿的兩百噸巨石，就需要一千八百位工人。不過，河岸神殿邊長只有四十公尺，工人作業的空間有限，再說一千八百個人同時拉動一塊石頭，光是想像這個情景，就讓人難以置信。何況，建造金字塔不光只是拉動巨石而已，還要放到正確的位置上，這樣的工程實在太超乎常理，令人們不禁懷疑到這眞的是人類可能辦到的嗎？因此，關於金字塔的建造者就出現了各種推測和聯想。

埃及的神祕古書《神聖的教誨》中提到過有一群高貴的人，這些人「爲推廣智慧而奉獻人生」，他們「生於洪水之前」，因此「他們的任務是在地球上留下偉大的紀錄，告訴世人那個時代曾經存在」。也就是說金字塔其實是神明的傑作。

另一種說法是外星人所建。西元一九六八年，瑞士人鄂里斯・馮・丹尼肯率先在《眾神之車》中發表這種說法，到了一九七六年人類探索火星之後，這種說法又有進一步的發展，認爲建造金字塔的就是火星人。理由有三：一、火星與地球的大氣狀況和地質構造極爲類似，在火星岩層裡有生命存在的痕跡；二、在億萬年前，火星曾遇到過毀滅性的災難，如果火星人已達到高智慧的階段，他們當中可能有人來地球避難；三、從衛星照片上顯示，火星上某個地點的地貌與吉薩金字塔群很相似，火星人很可能是把火星的地貌特徵借鑑到了吉薩高地，金字塔就是他們留下的永恆紀念。

另外，由於古夫金字塔的方位角異常準確，而且它的高度乘上十億，大致相當於地球和太陽間的距離，即一・五億公里；穿過這座金字塔的子午線，正好把大陸和海洋平分成相等的兩半；這座金字塔的底面積除以兩倍的塔高剛好是著名的圓周率 π。這些難道都是巧合嗎？據說，進入墓室的通風口處還有著強大的磁場，如果在那裡手執一把菜刀，那麼強大的磁力會使刀刃變得特別鋒利。這難道是無意中出現的現象嗎？這種種神祕不解的現象，不禁讓有些人推測金字塔爲外星人所建造。

傳統的說法普遍認爲金字塔是法老的墓地，但因爲始終沒有發現古夫和妻子的木乃伊遺骸，許多歐美學者便產生質疑，也就引發一連串的推測。其中，有不少人認爲它是古代的一座天文台，祭司和占星家可以用它來觀察星象，占卜未來。還有人認爲它是一個包含許多內容的「記錄器」：塔內墓室和通道的每一英寸代表著一年的時間，可以推算出上自西元前四〇〇〇年、下至西元二〇〇〇年這六千年來的重大歷史日期和聖經中一些重要的時間，如耶穌誕生於西元前四年四月十六日，被釘在十字架上的時間是西元三〇年四月七日等等。

有一些「金字塔信徒」更篤信大金字塔記載的世界起止日期：西元前四〇〇〇年九月二十二日誕生，一九六五年九月十七日開始走向滅亡，二〇〇〇年九月十七日地球滅亡。因而每年九月，他們都要朝拜金字塔，祈求神明的護佑。

以上均是關於金字塔建造者的種種說法，時至二十一世紀的今天，科學的昌明使許多疑惑已獲得澄清。例如：關於金字塔「記錄」世界起始的說法，人們以僅在埃及就發現了西元前五千多年的遺跡和人類早已平安度過西元二〇〇〇年爲理由，反駁了這種迷信的說法。至於金字塔的數字巧合之謎，人們透過多次的試驗，得知：凡是以五十二度左右的傾斜面建造的四方體角錐，用其高除其底邊的二倍，都能得到接近π的值。

在阿拉伯諺語中有這樣一句名言：「萬物終消逝，金字塔永存。」不管人類給金字塔蒙上了幾層神祕的外衣，又揭開了多少迷惑，金字塔始終是千古之謎，當現代人以科技的先進自傲的同時，不要忘卻現代人正是踩著古人的腳步一步步發展過來，金字塔所代表的永恆與無限正是對人類有限與狹隘的挑戰。

死亡的詛咒

西元一九一二年四月，有名的鐵達尼號沉沒。據說，當時船上有著一具埃及第十八王朝女祭司的木乃伊，正準備用該船運往美國。她身上佩戴著不少包括護身符在內的飾物，頭下面則放著一塊符咒，上面畫著冥王奧塞里斯像和一句咒語：

「您從沉睡中醒來吧，您看一眼就能戰勝傷害您的一切。」

這艘豪華的巨輪最後撞上冰山沉沒。

一九二二年，考古學家在發掘第十八王朝法老圖坦卡蒙（西元前一三六一——前一三五二年）的陵墓時，在甬道裡首次發現了這樣的咒語：

發掘者卡特與圖坦卡蒙王棺。傳言受詛咒而亡的卡納馮勳爵正是卡特的資助者。

「誰擾亂了這位法老的安寧，展翅的死神將降臨他頭上。」

在主墓室的一尊神像背面，又寫著另外一行咒語：

「我是圖坦卡蒙的保衛者，是我用沙漠之火驅趕那些盜墓賊。」

五個月後，花費巨資並參與此次發掘的卡納馮勳爵因爲莫名其妙的發燒死於開羅。到了一九二九年，直接或間接參與這次發掘的人員中，有二十二人死因不明，包括第一個解開圖坦卡蒙裹屍布、給他用X光透視的雷德。他在拍了幾張X光片後，身體忽然極度衰弱，第二年回到倫敦就死了。

這一連串的死亡引起人們對法老咒語的注意。後來，考古學家又在米杜姆的一座陵墓發現這樣的咒語：

「死者之靈將扼殺盜墓賊，猶如扭斷鵝頸一般。」

墓室內還留下一具遺骸，有人認爲這就是被咒語擊中的盜墓賊！

另一個著名的人物是商博良。一八二三年，他將拿破崙遠征埃及時發現的羅塞塔石碑，以及英國旅行家在菲拉島所發現的銘文比較研究後，成功地解讀了古埃及的文字。一八三二年，法國政府贊助他率領一支探險隊前往埃及，從事金字塔的實地考察研究，同時也全力收購法國博物館該收藏的埃及古物。但他在一八三二年平安返回法國後，卻突然中風，以四十二歲英年辭世。

一九八〇年代初，德國學者菲利普·范登寫了一本《法老的咒語》，書中便提及開羅博物館館長麥爾・梅非斯之死。在麥爾・梅非斯死前一週，菲利普・范登曾問他相不相信「法老的咒語」。他回答說：「我一輩子與法老的陵墓和木乃伊打交道，不是活得好好的？我不信這個邪。」一個星期後，當開羅博物館準備將圖坦卡蒙的黃金面具等古物送到倫敦展覽，以紀念圖坦卡蒙陵墓發現五十週年時，麥爾・梅非斯卻死了，死時年僅五十二歲。

半個世紀以來，無數的專家對這種類似的「意外」事件進行研究，試著從病理學、心理學、物理學等角度破解「死亡的詛咒」。

首先是病理學上的解釋。專家們發現經常與古埃及紙草文書打交道的人，不少人會感染一種病菌，致使呼吸道發炎、皮膚出現紅疹，在當時稱之爲「古埃及疹」。還有一種病菌能在木乃伊體內和金字塔裡存活三、四千年之久。這種病菌據專家推論，可能是法老或墓主爲防止、懲罰盜墓者而使用的毒物。例如，在陵墓內彩色壁畫的顏料裡，就含有砒霜等劇毒；在墓內點燃在砷溶液裡浸泡過的蠟燭，就能馬上製造毒氣，在不通風的情況下，這種毒氣可經久不散。而且，墓室本來就是細菌滋生的良好溫床，塗在屍體的油脂、松脂甚至屍體本身又是最好的養分來源。於是，那些經常接觸這些毒物的人遂容易得到怪病而死。

其次是心理學上的解釋。人們往往迷信許多經過巫術儀式寫下來的詛咒性的文字，是有魔力的。這種信念根深柢固在人們的腦海直至今日。因此，雖然科學清楚地表明咒語本身不會有任何作用，但它還是會對人們的心理產生一種暗示或恐嚇。尤其是那些不常與陵墓打交道，甚至第一次進入的人們，難免會因產生懼怕的心理而引發昏厥或疾病。

第三種解釋是認爲金字塔內存有放射性物質，這些放射性的物質被古埃及人的智者和祭司用來保護他們的聖地。當人們在埃及中部發現了鈾礦石後，已有許多人認同這樣的說法。一九六五年，諾貝爾物理獎得主路易斯・法爾茲在用宇宙射線考察卡夫拉金字塔時，就曾意外地發現塔內有一種不知名的能量。還有些物理學者認爲墓穴內部的結構是一個微波諧振腔體，對某些能源有聚集作用，認爲正是它所積聚的放射性物質，才造成人們的死亡。

「死亡的詛咒」眞的存在嗎？迄今科學家們仍在探索。不過，有一點是確定的，那就是法老的咒語並不傷害人體，否則，每年就不會有數以百萬計的遊客去參觀金字塔和法老的遺物。法老是萬民之主、拉神之子，人世間的紛紛擾擾、人們的爾虞我詐，在他面前都成了微不足道的小事，只有不懂得尊敬他們不朽智慧的人才會受到他的懲罰。

朝陽頌歌

太陽之舟上的黃燦燦者——
拉，喜愛她。
白晝之舟強大無比——
拉，喜愛她。

你的威力抵達地中海——
拉，喜愛她。
拉赫然而現，以覽其美——
拉，喜愛她。

第二章 「靜止與沉默」——獅身人面像

在埃及的大地上，一座巨大的雕像凝視著東方。它位於卡夫拉金字塔的東北處，這就是獅身人面像。這座羅馬自然主義學者普利尼伍斯口中「靜止與沉默」的神祕雕像是用石灰岩雕刻而成，端坐在埃及的吉薩高地上，磨損相當嚴重，長七十三公尺，肩寬十一・六公尺，高二十公尺。還有許多的裂痕，彷彿隨時都會崩塌。但即使如此，獅身人面像仍舊保有太古時代的力與美，充滿威嚴與神祕。

獅身人面像的由來

獅身人面像與金字塔一樣，是埃及古文明的另一重要象徵。它被太陽神祭司們奉爲冥府大門的守護神，四千多年來，忠誠地守護著吉薩金字塔群。

獅身人面像又稱爲「司芬克斯」。「司芬克斯」一詞源自於希臘語Sphinx，是指希臘神話中一個獅身美女頭的怪物，傳說牠從謬思女神那兒學到許多謎語，於是就蹲在懸崖上面，攔住過往行人，讓他們猜謎語——能破謎的人可以安全通過，猜不出來就得被牠撕個粉碎。後來，牠的有名謎題：「哪一種生物，早上用四條腿走路，下午是兩條腿，到了晚上卻用三條腿？」被伊底帕斯答以「人」而破解，氣得從懸崖跳下摔死了。

不知從何時起，在西方流傳著埃及獅身人面像是按照司芬克斯的形象雕刻的說法。其實，埃及獅身人面像誕生於西元前二六〇〇年，當時希臘民族尚不存在。所以，正確的說法應該是希臘神話中的司芬克斯形象很可能源自埃及的獅身人面像。

相傳在西元前二六一一年，第四王朝的第四任法老卡夫拉渡過尼羅河，來到吉薩高地巡視自己未來的陵寢。當他看見自己未來的陵墓前面有一座山擋著，頓時感到不悅，便命建築師將山移走。

建築師靈機一動，上前勸說道：「尊敬的法老，這座山是地平線上的何露斯哈馬克希斯神，這勇猛無敵的獅子將永遠守護您的金字塔，我們把它雕成衛士守在這裡，您就下令把它雕塑出來吧！」

卡夫拉一聽，立即轉怒爲喜，下令集中人力把小山雕成自己的頭像和獅子的身軀，將這個獅身人面像作爲陵墓聖地的衛士。於是一件不朽的藝術傑作就這樣誕生了。

獅身人面像巧妙的結合人的臉部和獅子的身體，臉部寬四公尺，鼻子原長一・七五公尺，嘴寬二・三公尺，耳長一・九二五公尺，有著一雙深邃的大眼睛。它頭戴王冠，兩耳側有扇狀的「奈姆斯」頭巾下垂，前額裝飾著傳說能噴射毒液的「庫伯拉」聖蛇浮雕，下顎垂掛著標誌國王威儀的長鬚，脖子上圍著項圈，鷹羽打扮著獅身。卡夫拉法老下令將它命名爲「拉——哈馬克希斯」。這尊巨像面貌慈祥，微露一絲神祕的笑容。此後，它像一名忠於職守的衛士，匍伏在卡夫拉金字塔前，天天凝視著旭日東昇，默默無語地觀察著人世滄桑。

司芬克斯浮雕

記夢碑

在古時候，獅身人面像有各種不同的稱呼方式。新王國時期，它被視爲太陽神，這位哈馬克希斯是上昇的太陽的化身，又是復活的象徵。人們天天來此朝拜，「日出時的何露斯神」成了古埃及人朝拜的聖跡。後來，阿拉伯人進入埃及，石像的名字變成「阿布・荷爾」，意思是「恐懼之父」，表示對它的敬畏之意。

一九三〇年代，埃及考古學者瑟里姆・哈珊來到吉薩高地做研究，挖掘獅身人面像的四周，發現了許多先人的工藝品和紀念石碑，因此推斷在西元前兩千年時，就有許多外來民族居住在獅身人面像的腳邊，這些人是來自神聖哈蘭（位於今土耳其南方與敘利亞邊境的城鎮）的朝拜者，他們在此居住了很長一段時間，並且稱呼獅身人面像為「荷爾」，當成神像來膜拜。因此，古埃及人也沿用哈爾人的說法，把這裡稱做「荷爾神的聖地」或「位於地平線的荷爾」。

到了西元前四世紀，一批批希臘人踏足埃及，他們一見到這座奇怪的巨像，便驚呼「司芬克斯」的名字，於是「司芬克斯」成了獅身人面像的代名詞，一直沿用到現在。

相傳在埃及第十八王朝時，金字塔附近黃沙遍野，羚羊和其他野生動物出沒其間，石像被沙子埋到脖頸。有一次阿門霍特普二世的年輕王子圖特摩斯來這裡狩獵，晌午時分，周圍無蔭涼去處，他就來到石像頭部陰影下入睡。朦朧中圖特摩斯入了夢鄉，在夢中忽然見到石像開口跟他說話：「啊，我的兒子圖特摩斯，這是我，你的父親，哈馬克斯——克卜利——阿圖姆。現在沙石憋得我透不過氣來，假如你能挖去我身上的沙石，我將封你為上下埃及的國王。王位將屬於你……你應遵我之命……」

王子在夢中當即應允。一會兒他醒過來，夢中的情境十分清晰，他抬頭看看石像，那石像向他點頭微笑。於是圖特摩斯立即下令手下清除石像身上的沙石。後來接二連三派大批人去清除沙石，並在石像的南、西、北三面築起土坏牆，以防沙土再次堆積，土坏上刻上圖特摩斯的名字。

沒過多久，圖特摩斯果然登上王位，成為圖特摩斯四世。新國王十分高興，決定在石像前建立一塊花崗石記夢碑，敘述這段歷史。這塊「記夢碑」經過三、四千年，至今仍在獅身人面像的兩隻前腳之間。

歷盡滄桑的守護神

經過四千多年的風沙洗禮，昔日威風凜凜的獅身人面像已傷痕累累，滿臉風霜。它的外層紅色膠泥大部分已剝落，王冠、聖蛇、長鬚也都不翼而飛，只剩下頭頂上一個四方形固定王冠的深洞，特別是眼睛以下、嘴唇以上的部分凹凸不平，整個鼻子蕩然無存。它的身上也是斑斑駁駁，留下歷史風蝕的痕跡。

獅身人面像為何淪落如此悲慘的命運？有人傳說這是當年拿破崙入侵埃及的罪行。因為他乍見雄偉的金字塔，震驚之餘不甘心這種力量的無形，他要追根究底，找出密封在這種古建築物之中的祕密。於是，他命士兵抬來大砲，對準金字塔旁的獅身人面像，轟掉他的鼻子。

這種傳說在後世得到歷史事實的平反。拿破崙雖是叱吒風雲的武將，但他從小對歷史尊敬，包括埃及的古文明。所以，一七九八年他率兵遠征埃及時，就帶了一支近二百人的科學藝術考察團，其中包括一些歷史學家和考古學家，留下了「讓學者和毛驢走在隊伍中間」的名言，他們的努力為現代埃及學的誕生打下了基礎，也平反了拿破崙的不白之冤。

至於獅身人面像的鼻子到底怎麼不見的，這其實是人為的結果。據阿拉伯著名的歷史學家馬格里齊（西元一三六四——一四三六年）記載：那時石像的獅身部分再次被沙土覆蓋，有一位名叫沙依姆・台赫爾的伊斯蘭蘇菲派教徒，因反對偶像崇拜，不滿有人來此朝聖，就爬上河丘，猛砍暴露在外的鼻子，毀壞他的面容。但是，此事發生後，飛沙掩埋了附近的農田，造成嚴重的災害，有人把它歸因於太陽神發怒了。

無視於人世變遷，世道頹靡，帶著法老王頭巾的獅身人面像，仍舊散發出威嚴沉靜的氣息，永遠面對著太陽升起的方向，靜靜的凝望著遠方……

第三章 通往古埃及文明的鑰匙——羅塞塔石碑

西元一七九八年，正在打天下的拿破崙率軍東征埃及，準備在征服埃及後再東進印度，取代英國在印度的地位。這是歐洲殖民帝國主義在十八、九世紀中彼此競爭的一回合。拿破崙在埃及和英軍遭遇，吃了敗仗，但是他的一名軍官卻從埃及羅塞塔（Rosetta）地方帶回一塊石碑。這塊石碑是一塊外形不規則的黑色玄武岩石碑，長一一四公分，寬七十二公分，在古代即已折斷；碑上是西元前二世紀托勒密王朝在一次祭司會議之後，祭司們用希臘文、古埃及象形文，以及埃及通俗文字（象形文字的草寫體）所寫的告諭。當時的《埃及信使報》便指出，在羅塞塔碑上可以找到通往古代埃及王國的鑰匙，透過它有可能「用埃及人之口來述明埃及」，因此羅塞塔碑被譽爲「通往古埃及文明的鑰匙」。

這塊石碑的出現，立刻受到歐洲學者的重視，許多學者紛紛傾情投入釋讀的行列，但許多年過去了，卻沒有什麼成績可言。直到西元一八〇九年，即羅塞塔碑發現後的第十年，「解讀的天才」——商博良

製作於西元前一九六年的羅塞塔石碑，成為破譯古埃及文的重要文獻。

（Jean Francois Champollion, 一七九〇—一八三二）開始潛心鑽研古埃及象形文字。經過長久的比較研究後，一八二二年商博良成功地解讀了埃及文字，同時開始編撰《埃及語法》。此後，神祕的埃及文明呈現出截然不同的格局。大批古代埃及的典籍、文獻資料被揭示出來，其中包括王室、宗教和醫學文獻，以及教諭詩、史詩、散文和故事等。經過後代學者不斷地投入深化埃及學的研究領域，更豐富了人們對古代埃及文明的認識。

商博良像

羅塞塔石碑在倫敦舉行的第一次國際東方學代表大會上受考察，1874年繪。

第四章 沙漠的天堂

從埃及馬特魯市折向南，一片黃沙漫漫的盡頭有一處綠地，這就是被譽爲「沙漠天堂」的錫瓦綠洲。

據記載，居魯士大帝的兒子剛比西斯於西元前五二五年，爲了徹底征服古埃及帝國，曾派遣一支五萬人的波斯大軍，企圖穿越沙漠到錫瓦綠洲去焚燬古埃及心目中最偉大的神——阿蒙的神廟。

波斯大軍在沙漠中整整跋涉了七天，來到一個被後人稱爲「幸福島」的地方。這天清晨，正當軍隊吃早餐的時候，突然狂風大作，捲起了漫天的黃沙，鋪天蓋地。頃刻之間，這支五萬人的大軍全部被這湧起的沙浪呑噬，從此永遠地失蹤了。人們傳說，波斯大軍被凶惡的風沙埋進了一個蜿蜒曲折、高達一百公尺的沙丘組成的迷宮之中。

後來，考察隊去尋找波斯遠征軍的葬身之地。他們在沙漠中只能停留五個月，翌年三月中旬必須返回，否則，他們自己也將遭到波斯軍的下場。因爲每年四、五月間，撒哈拉大沙漠中要刮五十餘天乾熱的南向季風，狂風捲起漫天的風沙，直到六月中旬才能停止。最後，考察隊終於發現了一個墓葬群和大堆人骨，但無法證實這是西元前五百多年的遺物，這個兩千年以來的歷史之謎始終沒有答案。

然而，兩千多年以來，錫瓦綠洲的名字是和亞歷山大大帝的名字緊密相連的。據說，在錫瓦綠洲周圍飛翔的烏鴉還是亞歷山大大帝的救命鳥呢！

亞歷山大大帝，這位叱吒疆場的人物，曾令許多民族聞風喪膽，其足跡甚至踏到遠古的印度，而且，他還是一個博學多聞的人，曾是希臘著名的哲學家亞里斯多德的高足。但是，在古埃及，他卻停住了腳步，並從世俗轉向神祕。他在佔領埃及之後，與波斯統治者不一樣，不曾去毀壞錫瓦綠洲上的阿蒙神廟，反而親自前往朝拜，並且在往後的歲月裡成爲阿蒙神的虔誠信奉者。

西元前三三二年初，亞歷山大大帝親自率領了一小隊軍隊，徒步走向錫瓦綠洲，他要去朝拜阿蒙神。在路上經過一個地方，亞歷山大覺得很好，就下令建城，並以自己的名字作爲城名，這就是後來的亞歷山卓城。一行人接著趕到了馬特魯，隊伍沿著崎嶇坎坷的沙石路行進了好幾天，卻一路不見人煙，酷熱的沙漠像火爐一般炙人。他們隨身所帶的水即將用盡了，沙漠中水就是生命，這時人心浮動，大家以爲死期將至。

於是，亞歷山大大帝下跪祈求神靈保佑。頃刻之間濃雲密佈，下雨如注，一下子灌滿了所有的水袋。大家沐浴在甘霖之中，感謝神靈相助，隊伍又向前行了。

幾天後，亞歷山大大帝的隊伍前進之中，忽然一場大風驟然刮起，刮得飛沙走石，天昏地暗，前面的路都被沙石埋沒了。人們又一次驚恐萬分，亞歷山大大帝只得再跪求神靈解厄。這時候，天上忽然飛來一群白頸烏鴉，盤旋在隊伍前面，指引著方向。於是亞歷山大大帝帶領大家隨著烏鴉，平安走出沙漠，並且找到了水草豐美的沙漠天堂——錫瓦綠洲，找到了朝拜之地——阿蒙神廟。

阿蒙神廟又名啓示神廟，建立於西元前五五八年，坐落於綠洲首府錫瓦鎮郊外的一塊巨大岩石上。阿蒙神廟中央一間四方形殿堂的聖龕內，供奉著一尊用金銀、名貴寶石裝飾的阿蒙神像；更獨特的是阿蒙神像的背後有一堵高牆，大祭司們用一根繩索隔著高牆來牽動神像的手臂，代表神聖的阿蒙神發出預言，回答朝覲者的詢問。

亞歷山大大帝蒞臨阿蒙神廟的消息飛快地傳到神廟，祭司們急忙趕到鎮口恭候，女孩們穿上雪白的大袍載歌載舞。亞歷山大大帝來到神廟，謙恭地進入殿堂，獻上豐盛的祭品，並跪於神像之前，他叩問道：「偉大的阿蒙神，請您指點我是何人？」

「你是我的兒子，阿蒙神之子，去吧，向東挺進。以我的名義去開拓東方！」

亞歷山大大帝聽了這神諭，十分高興。就下令立即在殿堂裡舉行加冕儀式。他自己戴上代表阿蒙神的羊頭桂冠，隆重的加冕典禮充分顯示了亞歷山大大帝的威嚴與顯赫。

從此，亞歷山大大帝就以代表阿蒙神的羊頭桂冠作爲標誌，被尊爲雙角神，並以阿蒙神之子的身分當上法老。古埃及的人們完全接受了他，因爲他的到來，使古埃及的傳統得以延續，國家得以延續。

而亞歷山大大帝的晚年更在埃及度過，完全沉迷於神諭之中，在未經過派遣使者去請教神諭以前，他從不執行任何重要的計畫。亞歷山大大帝在臨終前，只有一個希望。他忘掉了他

亞歷山大大帝頭像

的家，也忘掉了他的帝國和他所有的一切，他想到的只是他居住在埃及的那小塊綠洲，想到的只是必須把他埋葬在阿蒙神的旁邊。但他的願望並未實現，因爲托勒密一世拒絕這樣做，他堅持把亞歷山大的屍體運到亞歷山卓，埋葬在早已爲他準備好的墳墓裡。

兩千多年過去了，昔日蜚聲埃及、希臘和羅馬的阿蒙神廟已經是斷壁殘垣，但宏偉的廟門依舊，牆上法老時代的浮雕歷歷在目。從大門入廟，穿過狹長的通道，就到了當年的阿蒙神殿堂。巨大的神像已蕩然無存，牆上有一道深深的裂縫。

錫瓦綠洲，又名「阿蒙神洲」，美名爲「沙漠天堂」，是埃及五大綠洲中最著名的一個。沙漠中這個綠洲是一個有水草、可供人類生存的盆地。它四周被高大的棗椰樹所環抱。棗椰爲綠洲的主要產品和食物，營養豐富，其甜如蜜。此外，還盛產橄欖和葡萄等，綠洲內沒有河流，卻有一條地下河流把尼羅河的水引來，形成一個巨大的地下蓄水庫。相傳古代有兩個泉眼，如今仍有近百個在冒水。最奇特的是阿蒙神廟附近的太陽泉：這口泉晝涼夜熱，凌晨時水溫最高，太陽升起後溫度下降，到晌午則清涼無比。

錫瓦綠洲居住著古代埃及人、北非的柏柏爾人、邦意的遊牧民和黑人的混種，他們口裡說的是沒有文字的錫瓦語，這是一種由古埃及語、古希臘語和黑人土語混合而成的語言；居民們至今仍保持著許多古代的風俗習慣。

綠洲內法老和古希臘羅馬的遺跡很多，除了阿蒙神廟外，著名的還有一座高五十公尺、呈蘑菇狀的死人山。四周山坡上，一層又一層開鑿著深入山內的陵墓，不少墓內至今仍保存著古代的棺木和木乃伊。對外界來說，錫瓦綠洲是一塊只聞其名，卻難於造訪的神祕境地；但對於居住在那兒，自給自足、與世隔絕的人們來說，卻正是神祇所贈予的「沙漠天堂」。

夜之歌

天宇的腹中，夜已育成。
夜生於天宇之腹。
夜屬於其母。
寧靜安謐則屬於我。

噢，夜啊，賜予我安寧，
我亦贈予你安寧！
噢，夜啊，賜予我休憩——
我亦贈予你休憩！

夜晚已離去，
他的手杖折斷，
他的水罐破裂，
濁水流了出來。

夜屬於其母，黃金般的女神。
自然的寧靜則屬於我。

第五章　會唱哀歌的石像

傳說在那開天闢地的遙遠年代裡，整個地球上是一片汪洋，浩瀚無際的水面上見不到任何陸地。後來，海底冒出一座島嶼來，接著在這島嶼上建立了人類第一座神廟，這就是路克索和卡納克神廟了。在古埃及人眼裡，路克索也就成爲世界上第一座城市了。

相傳，古代埃及人在本地崇奉阿蒙神，故名阿蒙城，希臘人稱此城爲底比斯（意爲「神之城」）。底比斯爲埃及帝國時代的首都，位於埃及南部的尼羅河岸旁。古埃及在中王國末期受異族西克索人攻擊，法老王不得不由舊首都孟斐斯撤退至位置較南的底比斯。後來王室大軍在驅走西克索人之後，便正式以底比斯爲都，埃及歷史上的帝國盛世也於焉開啓。在此後歷代法老的建設下，帝國國勢鼎盛，如日中天，底比斯也因此成爲當時世界的第一名都：市街上堆滿了由世界各地運來的貨物與貢品；乘車坐船到底比斯來觀光進貢的，摩肩擦踵而過；美侖美奐的神廟宮殿與歌功頌德的雕像石碑，處處林立。底比斯遂成爲當時世人嚮往的中心。

在古代的很多文獻紀錄中，底比斯的繁華富庶，遠近馳名。然而西元前二十七年的一次大地震，卻把這個埃及名都給摧毀殆盡；底比斯彷彿剎那間從地表消失，長埋於黃沙碎石之下達一千八百餘年之久，直到一七九八年拿破崙遠征埃及，慧眼獨具的拿破崙又將底比斯挖掘而出，使之復活。

底比斯現存的建築物均由數代法老先後興建完成，在這諸多建築中，最富盛名的便是卡納克神廟。卡納克神廟歷經古埃及五十多位國王的先後經營，本身就是一座設計完美的城池。當底比斯初被發現時曾有人讚美卡納克神廟，認爲「人類能想像出來的美，似已群聚於此」。

在這座備受讚譽的神廟旁有一處空曠的田野，田野裡有一座孤零零的石像，這就是舉世聞名的孟龍石像。石像是以孟龍之名傳播世界，據說是來自古希臘的一個故事：

遠在希臘人統治古埃及的時代，那是一個叫托勒密王朝時期。每天，當太陽升起的時候，石像總會發出如泣如訴、淒楚動人的歌，人們覺得十分震驚，這個「會唱歌的石像」是神在給人們什麼啓示？於是希臘人請來祭司，探究石像唱哀歌的緣故，祭司說這是英勇無比的孟龍的魂靈在悲歌。

原來，很早以前，黎明女神奧羅拉曾與特洛伊王子提托諾斯生下一個兒子名叫孟龍。孟龍是衣索比亞

孟龍石像（金華旅行社提供）

的國王，在特洛伊戰爭中他帶著勇士們來爲他的祖父，即特洛伊國王助戰。

孟龍驍勇善戰，和希臘英雄阿基里斯進行了一場難分難捨的鏖戰，但最後命運女神支配了結局，孟龍還是壯烈犧牲。

孟龍死後，英魂牽掛著母親黎明女神。每當黎明來臨之際，他便哀怨嗚咽，呼喚女神。女神也爲失去兒子悲痛不已，她的眼淚一直流著，每天清晨，人們都還可以看到那以露珠形式存在的淚珠。

漸漸地，這石像的哀歌原來是神明顯靈的故事流傳開來，石像成了朝拜的偶像。許多人遠道而來向石像表示敬意，有的甚至在石像身上刻下讚美詩句。羅馬皇帝哈德良偕皇后曾在石像旁紮營三日，每天傾聽石像的美妙歌聲，還在石像上刻下了這一段故事。

後來，好心的羅馬人看到石像殘破不堪，便對它進行修補，以爲可以讓它恢復儀容。但是，從此以後石像便啞然無聲，再也聽不到它的歌聲了。

石像「唱歌」的祕密在哪裡呢？爲什麼那「哀歌聲」會消失呢？原來，經過漫長的歲月洗禮，石像經風化分裂出許多縫隙。大地震又抖落了部分表層，拂曉前石頭空隙受寒收縮，強勁的冷風吹迸裂罅中，發出陣陣的哨笛聲，千百個空隙好像無數笛孔，合奏出一支優美的樂章；清晨，凝聚在石像表面的露珠流入縫隙，經過陽光照射發熱，成水蒸氣衝出縫隙時，發出了低沉的響音，便會像唱哀歌似地發出聲音。但當石像的空隙塡沒修補後，它只得一聲不響地默默注視著人世的滄桑。

第六章　亞歷山卓城的傳說

被稱爲「地中海的新娘」的埃及第二大城市亞歷山卓城，相傳是在西元前三三二年，亞歷山大大帝佔領埃及後，前往埃及西部錫瓦綠洲朝拜阿蒙神，途中經過地中海濱的拉庫台漁村，看中這塊地方，下令在此建立一座大城市，並以自己的名字作爲城市名稱。

亞歷山大大帝在各地廣建亞歷山大市，但埃及的亞歷山卓市孕育了特別優秀的文化，而繼續繁榮。亞歷山大大帝不久就死了，而不知道這個城市的後來面貌，他的第一重臣托勒密繼任而統治這個地方。

托勒密王朝的國王，代代傾注國力建設，並將它發展成爲當時文明世界的文化中心。尤其學堂和藏書七十萬卷的圖書館可說是其菁華之處。在學堂學習的人們，有最著名的數學家阿基米德、有提倡太陽系以太陽爲中心而地球和各行星在周圍環繞的畢達哥拉斯等，許多驚人的發明和研究成果都被收藏在這個圖書館；但在西元前四世紀，此圖書館滅於大火，其後又遭到大地震的破壞，所以古代亞歷山卓市也毀滅殆盡了。

亞歷山卓燈塔的傳說

在埃及，除了古夫大金字塔以外，還有一個被列入古代世界七大奇蹟的東西，這就是亞歷山卓燈塔。它就聳立在距開羅以北二百公里處，僅比古夫金字塔低約十公尺，是古代世界第二高的建築物，而且，那時候它的名聲甚至遠遠超過了金字塔。

亞歷山卓法羅斯島東端的一座古城內，穿過兩道城門，可以看到一座照耀得如同白晝的中世紀古堡，它就是著名的卡特巴城堡——亞歷山卓燈塔便是佇立在這裡。

西元三三二年，希臘馬其頓國王亞歷山大大帝，在東征途中佔領了埃及。並建立了亞歷山卓市。後來，這座城市成為東西方貿易的集散地、地中海的最大海港。由於對外商品交換發達，船隻來往頻繁，迫切需要一座燈塔來指引船隻靠岸進港，因此，古代這一奇蹟就這樣應運而生了。

法羅斯島與亞歷山卓海岸陸地平行，在托勒密一世時，修了一座人工橋，把大陸與小島連接起來，成「工」字形，形成東、西兩港。在橋建成後又於岩石上修建燈塔，後來正式使用。塔有十幾層，四角豎有海神普塞頓的巨大青銅像。平台下面，正門上方鐫刻一行題詞：「生於開俄斯的台克西凡斯之子——蘇恩特拉圖斯以海員的名義敬獻給兩位救世神。」那高高矗立於岸的高大塔體，成為亞歷山卓港的標幟。

船隻駛進海岸五、六十公里時便能發現這座燈塔，燈室內裝有一個巨大的磨光金屬鏡，白天能聚集陽光，反射到數十公里之外，夜間點火燃木，指引航船進港。而燈室內裝有透明的水晶石或玻璃鏡，其作用類似今天的望遠鏡，能遠眺接近海岸的船舶，這「魔鏡」能將光芒射到土耳其的伊斯坦堡，傳說它照到哪條船，哪條船就會起火燃燒。

在十三世紀時，中國南宋時著名的地理學家趙汝適，曾詳細講述亞歷山卓燈塔的景況，他在《諸蕃志》中記載道：

「相傳古代有個奇人名叫祖葛尼（即亞歷山大大帝），他在海邊建立一座大燈塔，底層挖了兩層房屋的地方，用結實的磚頭密密地砌起來。其中一層地窖儲放糧食，另外一層放置器械，這座塔高有二百丈，上面可以通過四匹並排走的馬。塔的中央開一口大井，連結渠道直通大江作爲堤防。如果有敵國侵犯，那麼全國上下力守這座燈塔就行了，敵兵往往在燈塔前受挫。整個燈塔上上下下可容納二萬人，在裡面可以居住、防守，在外面可以迎戰敵軍。塔的頂上有一口極大的鏡子，敵國如果有兵船侵犯的話，就把巨鏡對準敵船照過去，船立即著火燒燬，敵兵也會死去。這是那奇人防禦的計策。近來有外國人來到塔邊，裝出勤勉的樣子天天掃灑地面，別人不疑有他，忽然有一天這外國人得到機會，竟偷了魔鏡扔在海中，然而不久這人便暴斃身亡。」

西元七〇年時，亞歷山卓市發生了強烈的地震，結果燈塔的燈室和普塞頓塑像塌毀。關於這件事，也有一則傳說。

相傳東羅馬帝國一位皇帝企圖攻打亞歷山卓城，但一直擔心自己的船隊會被燈塔裡神奇的「魔鏡」照見燒燬，於是派人到哈里發那邊，對他說：「尊敬的哈里發閣下，據說你們亞歷山卓燈塔下面藏有亞歷山大大帝的遺物和珍寶，你們爲何不掘開塔底找出來呢？」哈里發聽了大爲所動，即刻下令拆燈塔，然而拆除工作進行到一半的時候，市民們開始集結抗議，哈里發只得終止了拆塔。

一直到了西元八八〇年，亞歷山卓燈塔被當地政府修復。而在西元一一〇〇年，燈塔再次遭受強震浩劫，只剩下底層。從此，亞歷山卓燈塔失去了作用，僅爲瞭望台。以後，當地政府乾脆在木台上修起了一座清眞寺，後來又經歷兩次大地震，一座古代建築奇觀終在地球上消失得無影無蹤。

薩瓦里石柱的傳說

亞歷山卓市的城徽是別具一格的大石柱，這個巨大的擎天柱就是聞名遐邇的薩瓦里石柱。

西元六四一年，阿拉伯人佔領了埃及的亞歷山卓城，他們遠遠望見這根石柱聳立於四百根石柱構成的柱廊中央，狀如帆船桅杆，於是驚呼：「薩瓦里，薩瓦里！」在阿拉伯語中，「薩瓦里」意爲「桅杆」，從此，這根石柱被稱爲「薩瓦里石柱」。

在埃及托勒密王朝時期，托勒密一世自封爲埃及的國王，並把首都定在亞歷山卓市。爲了鞏固自己的統治，協調入侵的希臘人和當地埃及人之間的關係，他創立了供全體居民信仰的新神——賽拉比斯神。到了托勒密三世，在亞歷山卓城建立了規模宏大的賽拉比斯神廟，聖龕上安放著精心雕刻的賽拉比斯神像，而四周巨大的石柱構成神廟的柱廊，賽拉比斯神廟的門口則匍伏著兩頭獅身人面像。後來羅馬帝國皇帝圖拉眞時代，廟宇遭猶太造反者所毀；哈德良皇帝當政時，又在廢墟上重建了廟堂。

羅馬皇帝戴克里先統治埃及的時候，駐守在亞歷山卓的大將艾赫里起兵叛亂。戴克里先親自率領大軍遠征討伐，圍住亞歷山卓城整整八個月。攻下亞歷山卓城之後，對叛軍進行了殘酷的鎮壓。當時，亞歷山卓城餓殍遍地，瘟疫流行。戴克里先平定叛亂之後，就從別的地方調集糧食，賑濟城內的災民，安撫百姓。西元二九七年，埃及執政長官玻恩吐莫斯在賽拉比斯神廟的廣場中央建立這根石柱，以示對戴克里先感恩戴德。柱基西側石壁上刻有四行字，至今依稀可辨：

「為戰無不勝的亞歷山卓監護神，公正的戴克里先皇帝，玻恩吐莫斯謹立此柱」。

西元四世紀時，基督教傳入埃及，賽拉比斯神廟遭到蹂躪，但石柱依然存在。薩瓦里石柱位於杜廊的中央，鶴立雞群，氣宇軒昂。而到了西元一一六七年時，杜廊的一些石柱被波斯王薩拉丁手下大將拋入海中，以鞏固海防，抵禦歐洲十字軍的入侵。

從薩瓦里石柱往西數十步有一小塊窪地，在西元一八九五年，此處岩洞發現一尊賽拉比斯神像，神像是牛犢的形狀，兩個牛角之間有一輪太陽，神像兩隻耳朵朝前張開，如同兩個大喇叭，據說它在傾聽人間的呼聲。在薩瓦里石柱正南方，兩尊獅身人面像依然匍伏著，西南方向還有賽拉比斯神廟的廢墟。

幾百年來，薩瓦里石柱遺留下許許多多的軼聞逸事。因為薩瓦里石柱柱頂呈穹形，十字軍將士就以為這是龐培的骨灰罐。龐培是古羅馬勇猛的大將，後來他被凱撒擊敗，逃到埃及來避難。埃及人群起圍攻龐培，最後將他殺死，後來龐培的後代興起，將其骨灰存於柱頂骨灰罐裡。歐美人甚至稱這個薩瓦里石柱為龐培柱，此事還被阿拉伯歷史家阿卜杜·拉蒂夫記載於史書中。

西元一七九八年七月，拿破崙指揮法國遠征軍從亞歷山卓城西部登陸上岸，他們來到薩瓦里石柱前。當時剛好是清晨，晨曦中拿破崙來到石柱前，想爬上石柱頂觀察周圍地形，但他繞著石柱轉了幾圈，無計可施。這時，一位官員上前問道：「將軍是否想登上這一石柱？」

「是的，你有什麼方法？」拿破崙急切地問道。

「可以利用風箏。」官員答道。

「風箏能載我上去？」拿破崙覺得不可思議。

「幾年前有個士兵採取放風箏的辦法，在麻繩上打了結，等到風箏飛到高出石柱一倍時，再放鬆繩子，風箏落到石柱的另一邊，繩子就掛在柱頂上，從兩邊垂下來了。就這樣，有八名士兵攀上石柱柱頂，興高采烈地在上面飲酒高歌。」

拿破崙聽了，十分高興，下令如法炮製。果然，他登上薩瓦里石柱的柱頂。在上面，亞歷山卓城的地形、工事一覽無遺。拿破崙想好了作戰計畫，隨後命令手下軍官登上柱頂，部署攻城計畫。於是，拿破崙很快地攻佔亞歷山卓城。

由於拿破崙十分心儀薩瓦里石柱，想把它運往巴黎，但是隨侵略的失敗，他的企圖終成泡影。一千多年來，亞歷山卓城經歷了滄海桑田的變換，許多著名的古跡或成廢墟，或掩埋於塵土之下，唯獨薩瓦里石柱巍然挺立，見證著古代亞歷山卓城的輝煌。

第七章　神的文字——古埃及文字

在古埃及的神話傳說裡，文字是朱鷺首人身的圖特神發明的。圖特有時會變成狒狒模樣，他同時也是掌管知識與魔法的神。他總是在尼羅河畔用奇形怪狀的圖畫記錄神祇的啓示，還教導人們書寫、計算和曆法。在圖特這個文字之神的指引下，古埃及人學會使用文字，用文字記錄和表達某些事情。

圖特造字的有關傳說與古埃及人看到河邊沙地上鳥的足跡有關。尼羅河每年的漲水期過後，三角洲地帶淤泥逐漸乾涸，覓食的鳥兒常在泥土上留下腳印痕，這些足跡使寵愛朱鷺鳥的埃及人認爲是神透過鳥兒爲信使所傳達的訊息。

古代埃及人相信，圖特創造的文字用圖畫表示神的啓示，是神的文字，只有神的祭司才能理解和有權使用。祭司們對這種文字的意義諱莫如深，故意將它們的涵義弄得十分晦澀，以致大部分的埃及人看不懂這些符號。

祭司們壟斷了這些象形文字的解釋權，並使古埃及人對圖畫文字神奇的魔力深信不疑。有時，祭司們故意把表示危險動物的形狀符號畫得殘缺不全，如去掉蛇尾，不畫出某些動物的頭。形符具有魔力的概念，在人們心中根深蒂固。例如，把一個人的名字從一切雕刻或書寫中仔細鑿去或擦去，那就是有意加害於他了。古埃及人深信一個人的名字一旦用文字表達出來，就成爲這個人的組成部分，甚至能代表人身，而且死者及他的名字會在另一個世界生存，這個名字既聯繫著他現世生活的一切，又關係著他第二次生命的延續，因而非常重要。

埃及象形文字中還包括了一個完整的、有護身符作用的符號系統，其中包括何露斯受傷的眼睛，生命、甲蟲，表示豐收時第一批作物的捆束符號等等；在象形文字使用的後階段，這些象徵符號發展爲密碼或謎語書寫，並普遍使用起來。在這個時期，在土地下生活的甲蟲被用來表示「土地」，虎、牛、獅子表示「統治」，蛋表示「居於其內」的概念，蛇表示「女神」，帶翅的太陽象徵「國王」，而國王的頭銜則由神的形象組成，向人們顯示其神性。

保留象形結構的古埃及聖書體

古埃及文的象形文字有聖書體（即正規體）、僧侶體（即草書）、世俗體（比草書更爲潦草的字體）之分，其中聖書體的產生，就是迎合了人們喜歡在石頭建築上或牢固的泥磚牆上書寫紀念性文字的需要，而僧侶體和世俗體象形文字則用來書寫卷帙浩繁的宗教文獻和繁瑣的日常事務文書，較爲快捷方便，主要寫在紙草上或陶器上。

聖書體、僧侶體、世俗體之間的關係，類似漢字的楷書、行書、草書，在其發展的最後階段又出現科普特語。

聖書體是最早的象形文字形式，書寫正規，它在西元前四世紀廣泛使用。「聖書」一詞源自於希臘語的「神聖的雕刻」，因爲這種文字普遍出現在神廟和各種紀念性建築上，而且只有少數祭司通曉，而埃及人自己稱之爲「神的文字」。

僧侶體最早出現在第五王朝，一直使用到新王朝末期。「僧侶體」一詞由希臘語「僧侶的」一詞演變而來，由於這種字體通常用來書寫宗教文獻，因而有此稱呼。

世俗體是比僧侶體更爲潦草的字體，產生於西元前七〇〇年，持續使用到西元四世紀。「世俗體」一詞來源於希臘與「平民」、「民間」，在民間廣泛使用，契約、書信等等都是採用這種字體，許多官方文書也使用它，以曉喻埃及當地人。著名的羅塞塔石碑就是以聖書體、世俗體和希臘文刻寫的。

古埃及文字最後漸漸發展爲科普特語，這是唯一的一種字母文字。它出現於西元三世紀，到七世紀以後逐漸被阿拉伯語代替，此後成爲少數信仰基督教的埃及人在教堂中使用的語言。「科普特」一詞源於希臘語中的「Aegyptus」，意思是「埃及人」；後來去掉詞頭詞尾，成爲現代語言中的「Copt」，意爲「埃及人的語言」。

在托勒密王朝時期，希臘語成爲官方語言，埃及人想躋身社會上層，首先必須學會希臘語。在這種情況下，古老的埃及語逐漸發生變化，以二十四個希臘字母爲主要組成部分，以七個世俗體文字補充的科普特語產生了。也由於原音的存在，科普特語在破譯象形文字的過程產生了很大的作用，商博良就把它做爲一個重要的工具，科普特語文獻也是後人了解後期埃及的重要史料。

在後期埃及，當時外族統治者爲安撫人心，雖有大量神廟修建，但法老政權畢竟已成爲過去，本土文化的衰微已不可阻擋。於是，祭司們爲了保守古老的神聖知識和殘存的民族自尊心，也爲了維護自己的社會地位，在原有的象形文字符號上發展出更爲艱深的密碼符號系統，使象形文字更爲複雜，只有長期沉浸其中的祭司才能讀懂。這一出於維護傳統文化，使「神的文字」不流入外族人之中的初衷，讓古埃及象形文字更加與世隔絕，最後導致了它的消亡。

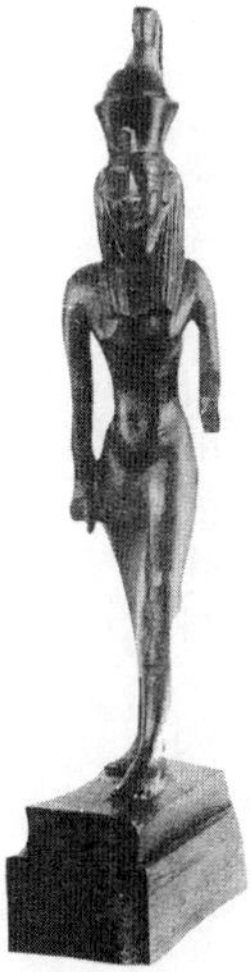

第八章 神聖動物

在古代埃及，許多動物被認爲是神明的化身，因此備受人們的尊崇，埃及的大多數神廟中，當地的男女神祇被認爲化身爲某種動物，這種動物就餵養在神廟中，當地人對這些動物奉若神明。

貓在埃及特別受到崇拜，據希羅多德說，如果埃及房子失了火，人們會奮不顧身先去救貓，然後才想到去救人、救財產。因爲比起其他任何損失來，貓的死亡會令他們更痛苦，傳說巴斯特女神就化身爲一個貓首女子，貓這種神聖動物被餵養在巴斯特神廟中，有時穆特神廟中也養著這神聖動物。

鷹也是全埃及人視爲至尊的神聖動物，在埃及，這些神聖動物嚴禁捕捉，如果將神聖動物殺害，那更是犯了滔天大罪。馬其頓人托勒密·奧萊特斯在當上埃及國王之前，還沒有與羅馬聯盟。他有一次來埃及參觀，受到埃及人的隆重歡迎。後來，一個隨從不小心殺死了一隻貓，這下子可不得了，埃及民眾一下子聚集了上千人，來到這個犯了「謀殺罪」的隨從人員房屋前，憤怒地聲討其罪行，要求將他處以極刑以平息神的憤怒。國王的特使親自出面調停，羅馬王室也來調停，甚至以武力威嚇埃及人。但是毫無用處，最後只好將那人判處死刑，才平息這場糾紛。

在埃及，諸如羊、獅、狼、蛇、豺、猿、狼、河馬、蛙、甲蟲、蠍子等，也在各個地區被看成神聖動物。但是埃及各地各省所尊崇的動物不盡相同，有時候在這個省是崇拜對象，但在鄰省卻成爲被追殺的獵物，有時會因此導致內戰的爆發。在西元一世紀時，西諾波利斯人與奧克拉其特人就曾經因爲神聖動物被宰殺而發生了一場大規模的血腥戰爭。事情是這樣的：西諾波利斯人有一次吃掉了蜘蛛蟹，這可是奧克拉其特人的神聖動物。這隻螃蟹被吃掉後，引起奧克拉其特人的公憤，他們決定以牙還牙。就抓了西諾波利斯人的神聖動物狗來，將狗宰殺獻祭，以報一箭之仇。當狗肉被吃光時，憤怒的西諾波利斯人全部出動進攻過來，於是兩個地方的人大開殺戒，混戰成一團。最後是羅馬人出面，嚴厲地懲罰了兩方，才中止了戰爭，使這場內戰停息下來。

古代埃及的神聖動物如果死了，人們會爲牠舉辦大規模的葬禮，有時候，阿比斯神牛老死了，國王要親自穿上喪服主辦其葬禮，並且將神聖的公牛製成木乃伊。阿比斯神牛的埋葬地叫「塞拉皮雍」，這是一個地下建築，裡面有許多圓頂房間，一個個拱形的圓頂把牠們隔開，每個房間裡都放著裝有公牛木乃伊的大花崗岩石棺。

在薩卡拉的神廟供奉阿比斯之母伊希斯，該神廟有兩處埋葬動物木乃伊的墓室：一個是安葬狒狒木乃伊的，牠是圖特神的象徵，現有四百多具狒狒木乃伊保存下來，此外還有十萬隻鷹木乃伊；神廟的北邊和南

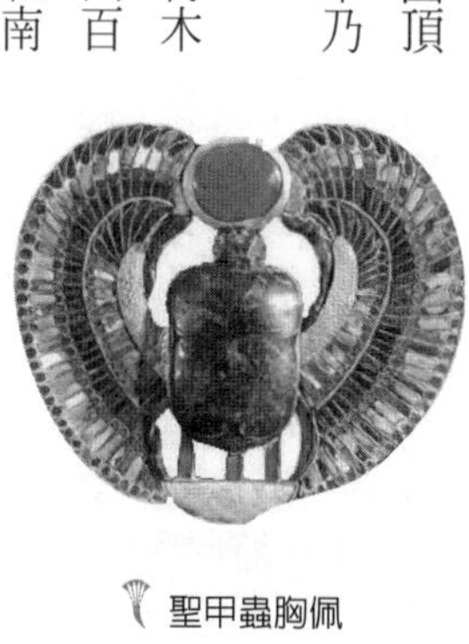

聖甲蟲胸佩

邊有更多蜂巢狀的圓頂埋葬所，是在以前墓室的垂直通道上開鑿出來的，那裡存放著五十萬隻朱鷺鳥木乃伊，牠也是圖特神的象徵。每具狒狒木乃伊都用石膏固定在木盒子裡，然後放入一間壁龕，上面的石灰岩石板上寫著牠的埋葬時間。鳥木乃伊放在封閉的陶罐裡，一排排地擺開，蔚爲壯觀。

另外，在圖納・格貝爾也有朱鷺和狒狒木乃伊的葬區，那裡是圖特神的聖地。阿拜多斯有狗木乃伊的葬區，狗是墓地之神的象徵。其他還有鱷魚、羊木乃伊葬區。

後期埃及最常見的是貓木乃伊，這些貓是專門飼養的，牠們的脖子被扭斷，賣給朝拜者做木乃伊；在做過乾燥處理後，把前腿放到屍體下面，後腿支在骨盆上，整具屍體用亞麻布裹住，通常還進行精心裝飾，帶耳環的銅貓是特別受歡迎的飾品。埃及古老的哲學概念就是透過「九命貓」的格式被保留下來，貓木乃伊總是能引發人們對埃及古老風俗的想像。

第九章 不朽的來世——《死者之書》和木乃伊的世界

「西方是長眠的國土，黑暗籠罩其上，那兒的人們沉睡在木乃伊中，不能醒來探視他們的兄弟，看不見他們的父母，他們的心忘卻了妻子、兒女。死亡，它的名字是『來吧！』，所有被它呼喚的人都得立刻向它報到。他們的心懼怕它，不論是神或人，沒人能注視它。但所有的人都在它的掌握之中，無人能使它的手指放鬆。它將兒子從母親那兒奪走，卻不先召喚走它身邊的老人。他們都懼怕它而向它求情，它卻不理會他們。它不答應那向它祈禱的人，它聽不見那讚美它的人，它是無形的，人無法送它任何禮物。」（《金字塔銘文》）

古埃及人熱愛生命，憧憬來世，他們相信擁有並準備好永久的居所，是超越生命、獲得永恆的保證。

《死者之書》

在古埃及的宗教觀念中，進入來世的路途是艱辛而漫長的，因此人們相信，藉助《死者之書》

的指引，每個人死後，都能成爲奧塞里斯，享受永恆的來生。

由於新王國時期是奧塞里斯崇拜的鼎盛期，由《金字塔銘文》和《石棺銘文》發展而來的《死者之書》盛行。《死者之書》就是把原來寫在金字塔墓室中或棺槨上的祈禱文、頌歌、咒語寫在紙莎草上，作爲死者的陪葬品。由於體積小、價格便宜，多數埃及人都能買來放在自己的墓中。後來，《死者之書》記載的內容逐漸擴大，除了增加祈禱文、詩篇等之外，還詳細地描繪了來世情況和進入來世的步驟、路線圖等。這樣，《死者之書》就不僅只爲死者而寫，也使現世的活人可以了解陰間。

古埃及人始終認爲死亡只是象徵一種新的、復甦的生命形式的過渡，而通往冥世的道路就是太陽的行程：

「通往冥世的旅途沿著太陽的軌跡，從日落後開始。當太陽漸漸消褪，太陽將世界留在自己的身後，把光線帶到了看不見的深處；在穿過死亡之國後，它在每天早晨復出，重新充滿活力。」

——《死者之書》）

當太陽沿著它的夜間旅程由西向東前行時，它便由老人變成兒童；當太陽的光芒照亮冥世時，冥世的本質便顯現出來。太陽旅程之外的地方，便是永久的黑暗之處。在空間上，冥世又根據太陽之旅所需的十二個小時而分爲十二部分，每一部分都由蛇和魔鬼守衛大門。

冥世的最上面一層是此生和來生的中間區域，太陽每晚的第一個小時從這兒走過。在到達冥世的第一門之前，死者必須先從這一層所有的動物中間穿過。

第二層是眞正的冥世，有一條河從中間穿過，這就是「原初之水」，是太陽的水上航程。作爲冥世的重要路線，它象徵著世間的尼羅河。在河的兩岸，神和死者朝太陽歡呼並伸出手來摸太陽船的纜繩。太陽神這時以羊頭人身的形象出現在船上，蛇神環繞、保護著它。

第三層是「毀滅之地」，那裡沒有陽光照耀，沒有生命氣息，聽覺與視覺都不復存在，散成碎片，人們直接面對徹底毀滅的恐怖，就像站在虛無的黑洞門口。

在「毀滅之地」中，有許多在審判中被定罪的人被捆綁、砍殺，然後丟到火裡；他們的心被從身體中撕出來，頭被放在雙腳之間。審判庭上，天平一旦傾斜，蹲伏在旁邊的怪獸就會把死者「割斷頭，割開胃，緊抓住心，把它從胸中撕拽出來，以血沐浴」。嘴裡噴火的巨蛇把這些罪人吹到火坑或火湖裡，讓他們被燃燒的紅色湖水燒灼。此時持刀的魔鬼會肢解罪人的身體，或用火把他們的身體烤到發軟。在種種不斷重覆的折磨中，罪人的肉體和靈魂同時被徹底毀滅。

而其他所有通過審判的死者則可以穿越過這個可怕的地方，繼續跟隨著太陽船的旅程，等待著新生命的復甦。在《死者之書》中便有生動的描繪：太陽神和其他神以及他們超度的死者一起，被從一個象徵時間巨蛇的身體內拉了回去，在穿越蛇腹的過程中，他們的外貌不斷發生變化，剛從蛇尾進入時，是行將就木的老人，拖著白髮，衰落不堪；而當他們從蛇嘴中出來的時候，已變成了年幼的兒童。

在古埃及的來世觀念中，還有一個很重要的思想，他們相信靈魂永遠不會消亡。每個人生來都有他的「卡」（Ka，意為「精神」或「靈」）伴隨，而且一直到人死後仍繼續存在。「卡」並非人所獨有，任何物體，包括人所製造的器物也皆有「卡」，但人們並不能看到它。他們認為，在人睡覺或主體處於昏迷狀態的時候，「卡」能離開人的身體，然後，它遊蕩著觀察和拜訪他人他地。當一個人夢見已故的老朋友，他相信，他的靈與朋友之靈相遇，因而夢境是眞實發生的事。平時，「卡」存在於人體之中，靠身體所需要的食物和飲料的「卡」來供養。人死後，只要屍體還在，也需要供養，這些東西需在墓中提供給它。假如「卡」受到冷落，以致忍飢挨餓，它就會離開墳墓，作祟於冒犯者的周圍。為了不使「卡」流浪，人們往往在路邊提供「靈室」。通常，人們在墓穴中置放死者的雕塑像，作為「卡」的寄寓所在。

另外，古埃及人還認為人體有一種構成成分「芭」（Ba）。它與「卡」相似但又不同，古人曾將「芭」譯為「魂」，其眞正的含義為「生氣」或「生命力的化身」。與「卡」一樣，它也需要營養品，與屍體也有著依附關係。他長著人手人形，但卻是鳥的形狀，一直盤旋在木乃伊上面，但它又與「卡」不同。在人生前，「芭」並不存在，只是人死後它才出現，它不是生者的一部分，但卻是死者的全部。也就是說，人死後，可以化身為「芭」，繼續存活。在古埃及人看來，死者的人格便是由「芭」和屍體所構成。「芭」與死者完全合為一體，可離開人的軀體，自由往來，白晝離開墓穴，升入天宇，伴隨死者入於冥世。

古埃及人認爲，死亡只能暫時把靈魂和肉體分離，但它們終會在來世合而爲一；而這個復活的基礎，則是一個人的「完整」狀態，因此，人死後，要把屍體精心製作成不腐爛的「木乃伊」，才有希望復活，繼續在來世生活。

木乃伊

古埃及人認爲要求得來世，最重要的是保全屍體。他們希望從棺槨中出來的是新的、改變了的身體，完全沒有生前的種種缺陷，即所謂「另一個身體」，因而古埃及人相當重視製作木乃伊的習俗。

起初古埃及人把尼羅河西岸當作埋葬之地，因爲那裡是每天太陽落下的地方，死者的靈魂也應在那裡安息。他們將屍體埋在沙漠淺墓穴裡，上面覆蓋獸皮或編織物。由於沙漠氣候乾燥，灼熱的沙子很快使屍體變乾。天長地久，屍體上面覆蓋的沙子漸漸被風吹去，屍體暴露出來，就迅速地自然分解，水分滲入沙中，皮膚、頭髮、肌腱很快風乾了，只有體內某些組織和主要器官保存下來。

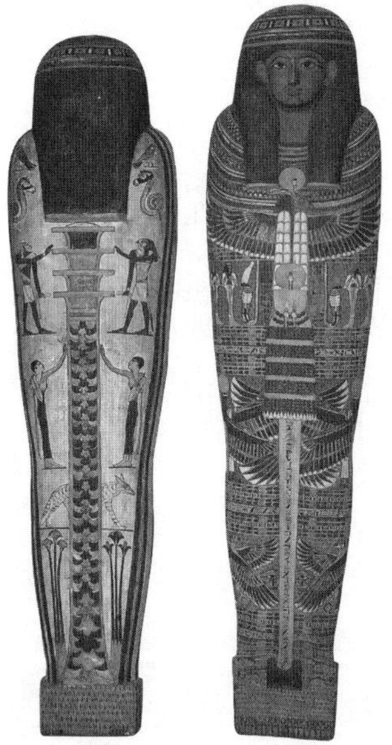

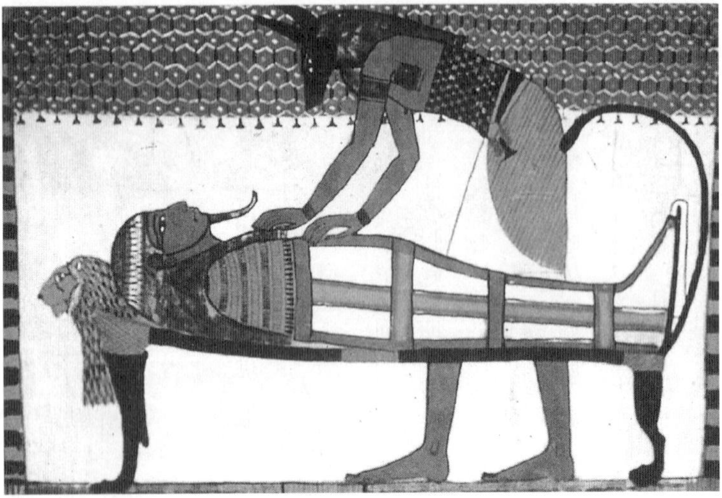

阿努比斯製作木乃伊，引渡死者到冥界去。

隨著自然因素造成的破壞，以及盜墓賊的不斷光顧，一些墓中的屍體漸漸暴露出來，埃及人便看到已成形的天然木乃伊。這使他們更加堅信，要讓死者永生，保存屍體非常重要，因爲這樣靈魂可以重新進入身體，享受世俗的歡樂。

隨著文明的發展，貧富分化日益加遽，墓葬越來越講究，出現了墓室，使屍體不與沙子直接接觸。爲防止腐爛，製作木乃伊的技術也越來越好，到了新王國時期達到頂峰，現今也有較詳盡的資料。

一般說來，人從死亡到下葬中間相隔七十天，在此期間要製作木乃伊和完成相關的儀式。七十天的間隔與天狼星偕日升有關係。直到羅馬時代，這種間隔一直是標準的期限。

首先，屍體被送到「製作木乃伊之屋」（per-nefer），在這裡進行製木乃伊的第一步。把屍體擺在專門的桌上，先敲碎篩骨，再用一個金屬鉤子將腐爛的腦子抽出來；然後在腹部的左側開一個洞，下面的器官，除了腎以外全部取走。相傳，這時木乃伊的守護神阿努比斯會幫助加工屍體。上半身膈被切除，除了「思想之所在」——心臟之外，所有的器官都從胸腔取走。將內臟清洗乾淨後，分別浸在泡鹼中，然後用熱樹脂處理，用布帶纏起來、裹住，放在四個蓬罐裡；四個罐的蓋子各自不同，分別由何露斯的四個兒子守護。

剩下的空腔以椰酒和香料清理乾淨，然後用臨時的包裹材料塡滿。最後，把屍體用一堆乾燥的泡鹼乾貯，這時腳趾和手指的指甲都要用繩繫起來，以防在乾燥過程中丟失。

完成這一切後，已經過了四十天了。接下來屍體被送到「純淨之屋」（wabet）。在那裡，用尼羅河水將屍體洗淨。然後把腦腔用樹脂浸泡的亞麻布塡滿，再把腹腔用裝滿木屑的亞麻布袋、或用樹脂浸泡的沒藥塡滿，然後將腹部的切口縫起來。屍體的表面擦上一種杉樹油、蠟、泡鹼和樹脂混合物，接下來把香料撒在上面，鼻孔塞住，然後整具屍體用溶化的樹脂塗滿。

之後，是一項用亞麻布包裹屍體的精緻工作。先把四肢分別纏起來，再包裹軀幹，裹完後常給屍體套上一件完整的壽衣，然後繼續包裹。在這個過程中要不斷地唸誦咒語，每包裹一個部位唸誦一段。到第五十二天結束，第六十八天到第七十天入棺。

在一層層地包裹木乃伊時，常常放進許多護身符，中王國時是《石棺銘文》，新王國時演變爲《死者之書》，從十九王朝開始還配有小插圖，人們相信把這些寫著咒語的紙草卷放入棺中，就能得到保佑，順利達到永生，因此成爲「萬人升天不朽指南」。其中有關心臟的咒語尤其重要，要提醒它在末日審判時千萬不可洩露主人的劣跡。與心有關的咒語經常刻在綠色的蜣螂像上，放在死者的心口。「安卡」（Ankh）——生命之符是最常見的護身符；象徵著奧塞里斯的背骨形狀的護身符要放到脖子上；赤鐵製成的枕頭護身符放在頭下面；何露斯之眼護身符有時單獨置放，有時平放在腹部的切口上。

同時，古埃及人也很講究棺槨；在中王國時期，通常棺槨的邊緣之下，是橫向書寫的供品讚頌詩，再往下在縱列的格層是墓主的名字；左邊上側，通常畫一雙圓睜的雙眼，有時眼的下面還畫上一個精緻的何露斯眼，這樣就能藉這對神眼看到外面的情況。棺材蓋的外面是努特神的巨幅圖，覆蓋了屍體的全身，護佑死者走向來世。棺材裡面，頂上畫的是一幅太陽神乘船上天圖，棺材底部是冥世圖。

另外，還有一種墓葬時尚是木乃伊面具的使用。這種面具是用廢棄的莎草紙或亞麻布做成的，方法是把它們浸泡在水裡，滲入少許石膏攪拌，然後做成不同大小的面具，晾乾後，在上面畫上圖案或鍍金，然後罩在木乃伊的頭上。

下葬的日子到了，木乃伊入棺後被放在一個木橇上，後面是裝著蓬罐的第二個木橇，僕人們扛著殉葬品尾隨其後，隨行的還有扮成女神伊希斯、奈芙蒂斯的兩個女子和死者親友、祭司，他們要一路潑撒牛奶，然後送葬隊伍才能走過。

這一行人來到了渡口，上船渡河到尼羅河西岸，靠岸後再拖拉前行。到了墓地就要舉行「開嘴大典」，這種儀式的目的是使死者重新獲得看、聽、說的能力，讓他起死回生。這個儀式的依據是奧塞里斯的傳說，據說何露斯曾爲父親被分割的屍體舉行這種儀式，此後，兒子爲父親舉行「開嘴大典」就成了傳統。

接著木乃伊的人形內棺被立起來，面朝向送葬人群，然後是燃香、祭奠，再獻上牲畜、衣服、油和食物等供品。最後，參加葬禮的人要享用一頓豐盛的大宴，有樂師和舞者在旁助興，演唱爲死者祈禱的歌曲。就在這個酒宴歌舞之時，木乃伊被緩緩地放入墓室，走向漫漫的來世路。

第十章 摩西受誡的傳說

他一生出來就被判了死刑，可是他卻活了大半輩子，並且名垂青史。他生長在豪華的皇宮裡，竟然捨身與卑賤的奴隸同甘共苦；他備受法老王恩寵，卻與法老王最討厭的奴工同進同出；他自幼接受宮中嚴格禮教的薰陶，長大後竟然成了革命分子；他雖然拙口笨舌，實際是大智若愚，所講出來的話字字珠璣；他生長在一個沒落的時代裡，在人命被視如草芥的當兒，他竟然能振臂疾呼，爲人類整頓出一套空前絕後的倫理綱紀；呱呱落地，他就遠離族人和他的宗教，但是到最後，他卻把他們組合成爲一個民族，並爲他們編撰出一套宗教教義來。

這個人就是摩西！摩西在早年的生涯裡，受盡了折磨，遭遇各種艱辛和困苦，最後才嶄露頭角，成爲歷史上的偉人。他是法律創始人，希伯來人最偉大的預言家、抗暴首領、政治家、戰地大元帥以及萬人崇仰的師表，而他的「出埃及記」更是《聖經》中膾炙人口的故事。

河嬰摩西

摩西出生於埃及，他出生的時間大約在西元前十三世紀的前期。那個時候，埃及帝國的國勢已經開始走下坡。在這不久以前，埃及的聲勢如日中天，雄霸近東地區，地大物博，赫赫不可一世。埃及帝國的強盛時期一共維持了一百五十年的光景，也就是從西元前十六世紀中葉起，一直到西元前十四世紀末期。十三世紀，北方崛起的西台（Hittite）帝國，經常來覬覦疆土，紛爭時起，埃及頗爲所苦。

當時，埃及雖然已經開始衰落，但它的國力仍不可忽視。國境之內，物質文明的發達仍爲中東地區之冠；藝術家、文士、工藝家、建築師、工程師以及各種精密行業的人仍濟濟一堂，百花齊放。可惜的是，雖然埃及國富民豐，但是國境之內卻到處民不聊生；因爲上述的這些物質享受只限於一小群人的範圍裡，大多數的埃及人仍然生活在極端惡劣的環境之中，貧富極爲懸殊。社會的組織裡，高高在上的是集權力於一身的法老；最低下的一層則是以戰俘爲主的奴隸層。而在奴隸層上面一點點的地方，是一群身不由己的人，供政府恣意差遣，採掘石塊、製造土磚，賣命地爲法老建造城堡、廟宇和紀念堂。

那一群地位僅高於奴隸的人當中，希伯來人佔其大部分。希伯來人在埃及的情況每況愈下，和以往不可同日而語。想當年，他們的祖先雅各的兒子約瑟，年輕有爲，以外邦人的身分躍居法老的諮議官並兼全埃及的總管，赫赫不可一世。約瑟把他父親和兄弟，以

西台戰車。在新王國時期，崛起於小亞細亞的西台王國，以其善造鐵兵器的優勢，成為埃及最強勁的敵手。

及以色列人由飽受饑荒之苦的迦南遷出，並經埃及法老特准，安置在歌珊之地（今蘇伊士運河以西地方）。希伯來人定居在此放牧羊群，並祀奉他們獨一無二、無形無影的上帝耶和華。幾百年的時光，埃及人崇拜偶像的宗教觀念沒能給他們絲毫的影響。

約瑟死後的三百年，希伯來人的處境眞相無法考證，只有《聖經》裡草草地記載著：「以色列人生養眾多，並且繁茂，極其強盛，滿了那地。」（〈出埃及記〉一：七），雖然聖經的記載沒有提到什麼不如意的事，但是很顯然的，在這段時間內，希伯來人的處境急轉直下，再也不是安居樂業的時代了。一般學者推定這段變化大約在西元前十六世紀中葉，也就是西克索（Hyksos）王朝衰亡的時候。

西克索王朝爲北方的一個民族，可能起源於敘利亞一帶，於西元前十八世紀的末年大舉南侵，掃掠過迦南又直抵非洲的埃及。湊巧的是，埃及那時正苦於內訌，所以西克索人得以趁埃及紛亂無暇他顧之際，順利進兵。

西克索人花費了數十年的功夫整頓了埃及之後，又以一百多年的時間進一步併呑另一個西亞王國，成爲地跨亞、非兩大洲的大國。埃及在西克索人的統治下，蟄伏了一百多年才揭竿而起，把西克索人驅逐出境。從此以後，埃及帝國漸露曙光，逐漸壯大起來。

當埃及人趕走西克索人之後，他們把滿腔的忿恨發洩在以色列人以及任何跟西克索人有牽連的外國人身上，埃及的法老一代傳一代，代代都仇視、代代都想盡辦法建造更大的建築工程來折磨這些成爲眼中釘的以色列人。而這些以色列人在埃及人的鞭笞之下，變成了勞工奴隸，但卻能繁衍擴張，聲勢愈來愈大，難怪埃及人的仇視心理愈來愈厲害了。

埃及的法老眼看著希伯來人這群外國佬，不但生活奇異，又頑固地只尊奉那唯一無形的上帝，不肯投其所好改祀法老崇拜的神祇，不禁怨入骨髓，不除不快。但是豢養廉價的奴工以供使喚，對法老來講又符合經濟效益，所以不能斷然把他們全部消滅。於是他朝思暮想，想出了一個兩全其美的辦法：現有的已經成年的希伯來男人讓他們活著，以便替他完成那些龐大的建築工程，但是希伯來人的男嬰則一律處死。這樣一來，希伯來人沒有後嗣接繼，不出幾十年就可以把他們消滅，而留下來的女人則成爲奴僕和侍妾，也相當划算。

埃及法老既打定主意，便正式發布敕令給希伯來人的產婆，命令她們在接生的時候，「若是男孩，就把他殺了」。（〈出埃及記〉一：十六）爲了怕產婆抗命，還派出部下，把希伯來人的男嬰親手丟到尼羅河淹死。

這個時候，希伯來人中最爲恪守教義的利希人約基生下男嬰之後，趕緊把他藏匿起來；三個月的時間裡，天天提心吊膽不知怎麼辦才好，忽然，她想出了一個好辦法來了。所以當「後來不能再藏，就取了一個蒲草箱，抹上瀝青和松脂，將孩子放在裡頭，把箱子擱在河邊的蘆葦中。孩子的姊姊遠遠地守著，要知道他究竟怎麼樣」。（〈出埃及記〉二：三；四）小孩的母親心裡盤算，早晚會有埃及人經過，看到小嬰兒由憐生愛，把他帶回去養，免被殺害；所以她派小孩的姊姊米利亞留在那裡看守，看到哪一戶人家把小孩抱走，以便來日追蹤或認領回來。

事情就是這麼湊巧，前來領養小孩的人竟是埃及公主。那一天，她來到尼羅河畔準備到河裡沐浴時，看見了草箱子裡裝了一個小男孩，愛心油然而生，忍不住地把他抱在懷裡逗著玩。這時，守在一邊的米利亞便走到公主面前，向她推薦一個奶媽來養育小孩。公主首肯之後，米利亞就趕緊回家把母親找來，充做奶媽。於是，約基表面上替法老的女兒養育小孩，而事實上就是養育自己的小孩。埃及公主把小孩帶到皇宮裡去，把他當成眞正的王子來提攜養育。

這個幸運的小孩就是摩西。「摩西」（Moses）一詞在希伯來文作「摩謝」（Mashe），原爲「得自水中」的意思。但現代的學者則認爲「摩西」一詞，乃出自埃及文，意思爲「小孩子」。

沙漠上的逃犯

因爲法老要強調自己爲神明授權的君王，需要利用不同於常人的生活環境來表明他「神之子」的身分，所以法老要建造那些空前絕後的神殿，宮廷裡要裝飾著奢侈的陳設，身上穿戴也要金縷衣，以極盡奢華能事來表現他眞命天子的風采。

然而，奢侈的宮廷生活、繁瑣的宮中儀禮、肉林酒池的耽宴，以及花費無度的狩獵和冶遊等等，卻還不是皇宮與平民貧苦生活的最大差異所在。更重要的是，宮廷獨處在一個小小的外島上，生活在裡面的王公貴族與大眾完全隔離開來；他們或許知道國內存在著一大群平民，但已經難以想像他們是血肉之軀。奴隸的生死與他們毫不相干，他們只要知道奴隸會爲他們建造華麗的宮殿就行了。宮中生活有時也有緊張刺激的事情發生，譬如有人稟報法老說在某處荒野地發現巨大無比的石塊，正準備動員萬人奴工前往採掘等等，大家會奔相走告一番。

少年摩西就是在這種法老的宮廷長大，並且和他的生母一家時常祕密來往。當他長大成人後，有一次「他來到他的同胞那裡，以便查看他們的重擔，他看見一個埃及人正在打一個希伯來人，也就是打他的同胞」。（〈出埃及記〉二：十一）於是憤然拔刀相助，把那個埃及人殺死了，並且偷偷將他埋在沙土裡。消息傳出後，法老聽見了這事氣忿不已，想殺摩西，因此摩西只好向東逃入西奈沙漠裡去。

摩西逃入西奈半島，正坐在一口井旁邊休息，碰巧看到兩個女人趕羊來飲水，被其他的牧羊人欺負，摩西就挺身而出，替她們打抱不平。原來她們姊妹倆正是米甸祭司葉塞羅的女兒。她們回家把她們的遭遇，以及那個「埃及人」如何解救她們的事情一五一十地告訴父親，他便叫她們請他來，並且將女兒西坡拉嫁給他，從此摩西就開始生活在西奈營地。

沙漠曠野讓摩西體驗了大自然的奧祕，他親眼看見那時而嚴峻淒涼、時而巍峨感人的現象；他敬懾於那朝陽燦爛的天空，和夜晚佈滿星斗的穹蒼；又爲那猙獰的原始峭壁、滾滾黃沙以及那即時出沒的水泉而感慨不已。摩西一面放牧羊群，一面禁不住地沉思考慮；在西奈廣大的荒野上，冥冥之中宛若有造物者在操縱一切，正如他姊姊米利亞偷偷告訴他的那樣。當初摩西生活在埃及禁宮之內，朝令相處無非是一群崇奉埃及神祇的祭司或宗教儀式，對於米利亞所說的那一位摸不著、看不見的全能上帝，覺得實在難以體會。一直到如今，經過多年的放逐，他終於有機會靜靜地來體會宇宙的奧祕；於是對於早年時候耳聞的聖音，終於慢慢地悟解出來，更進一步了解箇中眞義。

上帝顯現

摩西就這樣一面牧羊、一面讚嘆大自然的奇蹟，而來到了西奈山附近。有一天，他忽然看見一叢荊棘燒著熊熊的烈火，令他吃驚的是那叢荊棘居然沒有燒焦，而且接下來不久，它竟然開始說起話來了。說話的正是上帝耶和華，也就是亞伯拉罕的神，以撒和雅各的神；這些以色列先祖的名字，米利亞曾偷偷地告訴過他，他仍記在心裡。神的聲音呼叫他：「摩西，摩西。」他就趕緊答道：「我在這裡。」然後從火樹中傳出話來：「把你腳上的鞋脫下來，因爲你所站的地方是聖地。」（〈出埃及記〉三：五）

於是上帝又告訴摩西說，「我的百姓在埃及所受的困苦，我其實都看見了，並且準備要救他們脫離埃及的手掌。帶領他們到那塊應許之地，以兌現當初和以色列先祖誓盟的約定。」

忽然間，摩西的心靈終於開竅了。回想過去一切事情，雖然日夜思考始終想不透道理，如今豁然貫通。那一些事情好像是一片片支離破碎的彩色石礫，而西奈山的上帝顯現神蹟把它們排歸定位，形成一幅美麗的鑲嵌畫。摩西被棄於尼羅河，事後被埃及公主救起，成長於皇宮之中；日後與米利亞及其親人的來往；看見同胞被辱憤而殺死埃及監工，以及逃亡西奈半島，直到牧羊於曠野之中等軌跡，無一不是上帝早已安排好的了。他在接受這項重任之前，上帝故意先勞其筋骨，苦其心志，以便完成百年大業。

雖然摩西知道大任加身，責無旁貸，但是他仍憂心忡忡，自謙沒有能力負擔，不能完成上帝的咐託。上帝遂一再向他保證，叫他不要多疑心——拙口笨舌沒關係，他的哥哥亞倫還能言善道，可以替他說話。摩西又擔心民眾不肯服從他的領導，不肯相信他是奉上帝之差遣而來的人，所以上帝又顯神蹟給他看，把他的拐杖變成蛇，再變回拐杖；又讓他的手長出大痲瘋，再馬上醫治好。上帝對摩西說，當他抵達埃及的時候，可用手裡的這根拐杖「行神蹟」給人們看，人們就會相信他了。（〈出埃及記〉四：十七）

上帝說完話就離開了，荒野一片寂靜，摩西獨自一個人孤伶伶地站在那裡，想起擺在眼前的重擔，不禁有點迷惘了。還好，上帝已經明白指示，他的任務既然是奉命將同胞解救於水深火熱之中，上帝當然時時與他同在，會時時給他援引，用不著他多操心；他只需有恆心、毅力朝目標勇往直前就行了。

奔向自由的歷程

摩西上路了，他準備回埃及去帶出他的同胞。這時，耶和華對亞倫說：「你往曠野去迎接摩西。」（〈出埃及記〉四：二七）於是，亞倫在曠野中遇見了摩西，兩兄弟便一起回到埃及來，和希伯來人見面。因為亞倫是埃及的希伯來團體所敬重的利未族人，經由他的介紹保證，希伯來人沒有不相信摩西的道理。

於是口若懸河的亞倫站在摩西身邊，把利害關係分析給眾長老聽，呼籲大家團結起來為自由奮鬥。希伯來人的處境已經陷入水深火熱之中，不但人民沒有自由，宛如被關在監牢裡，動彈不得；更糟糕的是，他們逆來順受，只認為天命令他們受苦，卻不知道哪一天才是他們出頭的日子。於是，亞倫以其鋒利的舌劍唇槍向民眾宣布，脫離苦海的日子到了；上帝親口告訴摩西祂並沒有把他們遺忘，祂知道他們所遭受的困苦，並且決定要帶領他們逃出樊籠，爭取自由的時機已到了。

儘管亞倫說得頭頭是道，但是這些長老還是半信半疑。他們心裡嘀咕著，就算上帝真的跟摩西說了話，但上帝有沒有也跟埃及的法老說呢？萬一事跡敗露，大家豈不是都給抓去砍頭？上帝的眷顧，事實上能給他們帶來什麼好處呢？他們憑什麼相信摩西的話？就算他們相信了，誰又能叫那些如狼似虎的埃及人相信呢？想來想去，眾人還是不願冒這個險。

在這個重要關頭，摩西表演了在西奈山所學到的神蹟，神蹟的顯現終於把長老們懾服了。於是，亞倫和摩西便開始告訴大家這次行動的計畫。他們把所有的以色列人編排成一支隊伍，並且告知大家此行的目的在於爭取自由，而不是推翻埃及政權。他們沒有能力，也沒有必要去推翻埃及人，因為他們並不準備在這裡繼續住下去，他們要遠走高飛，離開埃及，回到他們自己的土地去，重新建立家園，組織一個自己的政府。

接著摩西和亞倫準備進宮晉見法老，請求法老放棄這些奴隸，允許他們自由離去。

當時在位的法老是拉姆西斯二世（Remesses II），摩西藉著上帝的庇護，昂然挺胸，神態自如地侃侃而談，由於是頭一次交談，他們不敢貿然提出正題，只迂迴地請求法老准許他們帶著希伯來人到曠野去，「走三天的路程」，因爲「耶和華以色列的神這樣說，容我的百姓去，在曠野向我守節」。（〈出埃及記〉五：一）

摩西在法老面前展現魔術，使法老相信其為神之使者，答應解放猶太人的奴隸身分。

法老聽了大不以爲然，生氣地說：「耶和華是誰？要我聽他的話，容以色列人去呢？」（〈出埃及記〉五：二）因而加以拒絕。之後，法老立即下令加重希伯來人的工作量以示懲罰。法老的用意是殺雞儆猴，先讓他們嚐嚐苦頭，看以後還敢不敢再這樣莽撞。同時，法老心裡盤算著，希伯來人吃了這苦頭後，會自起內訌。

果然不出法老所料，希伯來人吃足了苦楚後，把滿肚子的怨怒朝向摩西發洩，他們怪罪摩西只會甜言蜜語，空口說白話，以空洞的理由來欺騙他們，結果害得他們苦不堪言。

人類歷史上第一樁爭取自由的運動，在此面臨了大考驗。摩西感受到人民的挫折，需要有人來鼓舞他們的士氣。於是他先召集各宗族的領導階層來教化，經過幾次的會商討論後，終於慢慢地把他們說動，改變他們的想法，灌輸新理想，同時讓他們心中充滿信心與希望，準備為坎坷的前程努力。摩西終於使他們甦醒過來了，前一次他們擁護摩西為領袖，這次他們又一起投在他的麾下，以對上帝的信心團結在一起。

埃及十大災難

摩西既已獲眾長老的支持，便準備進行下一步驟了。他深知埃及人不會無故答應放他們走，因為沒有人肯這樣白白地把好處送走；只有當他們因武力或因其他客觀因素被迫得無路可走時，才會甘心把權利交出來。

摩西手下沒有兵力，要讓法老放以色列人走，只能想其他的辦法。於是上帝便把十項災難降在埃及，每一項災難都讓埃及承受不住，法老只好同意放他們走；但是每當災難消除之後，法老又馬上改變初衷，不肯讓他們走。上帝告訴摩西，叫他不用迷惑，因為法老之所以這樣一再變卦，是因為「我要使法老的心剛硬」之故。最後，一災大於一災，埃及吃盡了苦頭之後再也承受不了，便巴不得希伯來人趕緊走才好。

十個災難中，頭一遭是尼羅河的河水變成血水；然後是蛙災；然後是攻擊人畜的風災；接著蒼蠅成災：成群結隊的蒼蠅騷擾全埃及的家屋，只有以色列人居住的歌珊地免除災難；再接著下來，埃及的牲畜全部得了瘟疫，但是以色列人的牲畜都沒死；再接著下來瘡災；打傷人畜的雹災；遮天避日的蝗災；以及一連三天的黑暗之災。

上帝選擇這些自然災害降臨到埃及身上，是有特別用意的；他要藉著這些災害去攻擊法老的致命弱點。著名的埃及古物學家蒙特，在研究埃及法老爲何大肆建造寺廟和紀念堂來供奉諸神的問題時，他指出基本的原因在於君權神授的政治思想。法老認爲他是神，並且是奉神命來統治埃及的，法老不但自己相信，也要他的人民相信，以鞏固他的政權。「既然神派法老來做國王，那麼國境之內理當厚蒙神恩，年年風調雨順才對。淙淙長流的尼羅河會讓大地長滿了小麥和大麥，地上的牲口也繁衍生殖愈來愈多了……風調雨順正是政權維繫的關鍵所在；要是年頭不好，農作物歉收，那麼政府的威信掃地，人人蠢蠢欲動，不把政府放在眼裡。於是你爭我奪……尼羅河不再使田地肥沃，饑饉遍地。外國朝貢不再來了……神明的祭供杳無著落，而神明也將因此反目，置那些背棄神明的人不顧了。所以做爲一個法老，他的第一要務便是要使天下風調雨順，國泰民安。因此他要大肆建造神殿去祈求主宰宇宙的神明賜福給人民……」

話說上帝在埃及降災之後，尼羅河水被汙染，莊稼收成全毀，牲畜病死，全國上下哀鴻遍地，民不聊生。這已經直接威脅到法老的神權地位，事情非同小可。法老在一陣考慮之後，覺得生靈塗炭的事倒還在其次，萬一自己的王位保不住才糟糕，所以不得不破例釋放這一群燙手山芋了。

現在上帝要施行第十個災難了，這災難也是其中最殘酷的一次，直接使法老身受其害。所有埃及家族，不管是高官或平民，每一家的長子都要死於這次災難。災難降臨的時間定在希伯來人正月裡（約陽曆三、四月間）第十四天的晚上；上帝吩咐摩西和亞倫要通知眾人及早準備，預定當天晚上一聲令下立即逃出埃及。

根據上帝的指示，在這「逾越節」的四天以前，每一戶以色列人家要帶一隻羔羊回家，十四日的晚上，把羊宰殺，取些羊血塗在每戶人家的門框和門楣上。凡是門上塗有羊血為記號的人家，上帝擊殺埃及人的時候，就能辨識出來，不被誤殺。羊肉一律要燒烤吃了，並且要在那天晚上這樣地吃：「腰間束帶，腳上穿鞋，手中拿杖，趕緊地吃。這是耶和華的逾越節。」（〈出埃及記〉十二：十一）到了半夜，上帝就出手殺人了，於是所有埃及人的長子全被殺死。一時，埃及全國哭聲遍野，法老只好漏夜把摩西召來，連連催促他們快走；埃及的老百姓也巴不得希伯來人早一點離去，紛紛把貴重物品及珠寶交給他們，催他們趕快上路。於是，希伯來人立即動身起程，朝東南方直奔西奈半島而去，他們終於踏上了通往自由的旅程，踩出了第一步。

上帝吩咐摩西說：「你們要紀念這日，守為耶和華的節……作為你們世世代代永遠的定例。」（〈出埃及記〉十二：十四）流傳至今，全世界的猶太人一到春天這個時候，一定要慶祝為期七天的「逾越節」，來紀念他們祖先逃出埃及的事蹟。

海水分道

希伯來人，一家接一家，一族接一族，牽著牲口開始他們的長途行軍。他們一路上，「日間耶和華在雲柱中領著他們的路，並且在火柱中照亮他們，使他們日夜都可以行走。」（〈出埃及記〉十三：二一），然後來到了紅海。正當他們在海邊安營休息的時候，他們遭遇一件空前的大災難。

原來埃及在希伯來人走後幾天，猛然驚醒，看清楚了自己曾經吃了什麼虧。那時，暴斃的長子已埋葬，尼羅河不再流紅水，空氣裡已無蝨子和蒼蠅，一切生活恢復正常，一切景物依舊，埃及只少了一件東西：那就是以色列人的奴隸不見了。埃及法老和大臣們看見災難已過，痛定思痛之際，不禁想起幾個星期以來的怪事以及希伯來人連夜逃亡的事情，覺得其中必有蹊蹺。他們越想越不對勁，越想越生氣，會不會是希伯來人耍什麼詭計啊？眞的像他們所說的，是摩西和亞倫的上帝施降了那些災難？這十件災難，充其量是埃及常發生的自然現象，只是從來沒有過接二連三地發生罷了。於是，法老立即改弦易轍，率領大軍去追殺希伯來人。雖然他們已經先走了好幾天的路程，但法老兵車陣隊機動性大，不久就追上了那群緩緩而行的奴隸。正是在紅海邊，法老追上了摩西一行人。

當法老的軍隊排山倒海而來，摩西的領導權遭遇一大打擊。那些手無寸鐵的以色列人又有老弱婦孺，看見耀武揚威的埃及軍隊壓頂而來，無不驚慌失措，大家沒命地往海邊奔逃。前面大海無路可走，後有追兵，人人命在旦夕，他們便朝摩西抱怨呼喊。他們埋怨摩西好高騖遠，騙他們爭取什麼自由，結果卻死無葬身之地。他爲什麼要擅作主張把他們帶離埃及呢？他爲什麼不讓他們隨遇而安呢？

雖然留在埃及當奴隸很苦，但總可以保住這條老命啊！如今無路可走，只好束手待斃，一個一個地給砍頭。「難道在埃及沒有墳地，你把我們帶來死在曠野嗎？」（〈出埃及記〉十四：十一）

這時，摩西臨危不懼。「不要懼怕，」他鎮定地對百姓說，「只管站住，看耶和華今天向你們所要施行的救恩。」（〈出埃及記〉十四：十三）正說著話的時候，天色已晚了下來，所以埃及軍馬停止，準備天亮後大舉攻伐。同一時候，摩西也吩咐所有以色列人準備妥當，等待天亮立即急速行軍。終於，天色漸亮了，「摩西把拐杖伸向大海，耶和華便用大東風，使海水連夜退去，水便分開，海就成了乾地。」（〈出埃及記〉十四：二一）以色列人趕緊走到海中乾地，連那些猶豫不決的人也三步併作兩步，放膽跟著一起走了，因爲遲走一步讓埃及人追上的話，只有死路一條。

希伯來人一走，埃及追兵馬上趕到海邊。他們看見大海分道，希伯來人從容走在海底乾地上，證明乾地可以行走，遂立即入海追殺。沒想到，退了水的海水只能走人，碩重的兵車竟陷入軟土而動彈不得，於是「埃及的軍兵混亂，又使他們的車輪脫落，難以行走」。（〈出埃及記〉十四：二四）就在車輪陷在泥淖裡，前進不能、後退無法的關頭，海水回流了，埃及軍隊全軍覆沒，以色列人終於平安脫險了。

頒布十誡

以色列人看見埃及人的死屍成堆地在海邊，人人歡欣鼓舞，五體投地的信服摩西。但當他們才趕了三天路，因為缺乏飲水，便反目起內訌了。原來瑪拉的水苦澀，不能飲用，百姓們怨聲載道，雖然摩西一再告誡他們，通往自由之路不但遙遠，途中又多荊棘，但他們則心想再了不起也不會比當奴隸苦，根本沒有放在心上。對他們來說，所謂「自由」無非是免操勞役和免受鞭笞之苦罷了。而現在呢？埃及人是不見了，但是那片荒野沙漠讓人口乾舌燥、飢寒交迫，又隨時有凶狠的浪人來掠奪。究竟比做奴隸強多少？當然，摩西和長老們告訴他們，他們拋棄家園的目的是在於重新尋找一個屬於自己的家園，前途非常樂觀；但是理想歸理想，畫餅不能充飢，他們滿懷期望「自由」由天上掉下來，沒想到竟變成幻夢一場。

他們走到瑪拉，正口渴要喝水，卻發現這裡的水是苦的。雖然後來上帝告訴摩西把一棵樹丟到水裡，瑪拉的水就變甜可以喝，但往後的旅程，都在為飲水大費周章。

接下來，他們又因糧食不濟，眾人又開始抱怨摩西，責備為什麼要把他們帶離埃及，「那時我們坐在肉鍋旁邊，吃得飽足。你將我們領出來，到這曠野，是要叫我們都餓死啊！」（〈出埃及記〉十六：三）摩西聞言，把眾人訓誡了一頓之後，便向他們保證上帝「晚上必給你們肉食吃，早晨必給你們麵包吃個飽」，這就是神蹟裡的鵪鶉和瑪拉故事。

接著下來，他們又繼續向曠野推進，一路上還算順利。但是到了利非丁，又發現沒有水喝了。這次缺水使得群眾更加憤怒，害得摩西急忙向上帝求救，上帝告訴摩西把眾父老召集起來，當著他們面前用拐杖敲打一塊石頭，清水就從石頭中間流出來了。（現在的西奈半島南部的山地裡，真的有那麼一塊石頭，上面滿是小洞孔，只要敲敲它，就會流出水來。）

緊接著，這群未經戰陣的以色列人，卻在利非丁經歷了頭一次軍事遭遇戰，前來攻擊他們的是亞瑪利人，也就是當時流竄於西奈半島和阿拉伯沙漠北部一帶的一大群流浪人。由於摩西運用「手中的神杖」指揮得當，最後終於將亞瑪利人打敗，而且這次的戰役使約書亞初露頭角，漸漸成爲摩西的得力助手以及未來的接棒人。

摩西以拐杖敲開石頭，石縫中馬上流出清水，解了希伯來人之渴。

就這樣一路顛沛流離，以色列人終於來到西奈山。在西奈山上，上帝親手把「十誡」交給人類。這件歷史上獨一無二的事蹟，不但助益了猶太人的精神及物質生命，使他們形成一個特殊的民族，以便承受日後幾千年間的炎涼世態，同時又影響西方文化至深，直接或間接地左右了全世界的文化與文明。

話說以色列一行人來到西奈山的山腳下，並且在那裡安營過夜，上帝便把摩西召喚到山上去吩咐訂立誓約的事宜。上帝指示摩西說：「你要這樣告訴雅各家，曉諭以色列人，說……如你們實在聽從我的話、遵守我的約……你們要歸我作祭司的國度，爲聖潔的國民。」（〈出埃及記〉十九：

三——六）摩西受命下山，便把一切轉告眾人，「百姓都同聲回答說：『凡上帝所說的，我們都要遵行。』」（〈出埃及記〉十九：八）於是摩西把百姓的話回覆上帝，上帝便命令以色列人在兩天的時間內自行潔淨身體，以準備第三天上帝要「在密雲中」降臨山頂，正式宣布誓約的內容，「叫百姓在我與你說話的時候可以聽見，就可以永遠信你了。」（〈出埃及記〉十九：九）

第三天終於來到了。天露曙光之際，一陣雷聲和閃電，西奈山全部都籠罩在煙霧中，整座山激烈地震動著。在一陣火光閃電之後，上帝親口說出震古鑠今的「十誡」：

「我是耶和華和你們的神，曾將你們從埃及的為奴之家領出來。」

「除了我以外，你們不可有別的神。」

「不可為自己雕刻偶像……」

「不可妄稱耶和華你們神的名……」

「當紀念安息日，守為聖日……」

「當孝敬父母……」

「不可殺人。」

「不可姦淫。」

「不可偷盜。」

「不可作假見證，陷害人。」

「不可貪戀人的房屋，不可貪戀他的一切所有……」（〈出埃及記〉二〇：一——十七）

一年後，摩西帶領人馬，又繼續前進。以色列人在西奈沙漠艱難地輾轉顛沛了四十年，終於來到了他們的祖先亞伯拉罕生活的故土——巴勒斯坦。

摩西作爲猶太人領袖，帶領以色列人出走埃及，在西奈山受誡，這西奈山是西奈南部圖爾山脈的摩西山，人稱爲「聖山」。西奈山一度成爲摩西安息之地，這位偉大的猶太人領袖死後便葬於此。

西元一世紀時，基督教從歐洲傳入埃及。

西元二世紀時，一些埃及和敘利亞的基督教徒爲逃避奴隸階級的迫害，遠離城鎮，到了這偏僻的西奈山下修道。

相傳，西元三三七年，東羅馬皇帝君士坦丁大帝的母后海拉娜到此地參觀，下令修建了一座教堂。此後，修士們寫信給東羅馬皇帝要求庇護教堂，免遭外來的侵擾。東羅馬皇帝遂下令保護教堂。西元五四五年，東羅馬皇帝詔示在原有修道院廢墟上修築聖瑪利亞修道院，並派駐二百名士兵守衛。

傳說摩西就在西奈山受誡，這座山和教堂因此十分有名。後來，修道院又易名爲聖卡特琳，據說它因殉難的卡特琳女教徒而得名。修道院裡的教徒沿襲幾百年來的傳統，他們蓄長鬚、穿黑袍，每天黎明起身，敲鐘三十三下，象徵耶穌一生的壽命。

第四篇｜古老的傳奇故事

古埃及文明可分為「前王朝時期」和「王朝時期」兩大部分，前後延續了約四千年。法老們雖具神性，卻也與常人同樣有各種情感交織；埃及大地流傳的精采民間故事，也一樣令人拍案叫絕。

第一章 法老的故事

古埃及文明可分爲「前王朝時期」和「王朝時期」兩大部分，前後延續了約四千年。在前王朝時期，埃及由原始社會過渡到階級社會，再至國家的統一。

約在西元前五千年左右，埃及進入銅石並用時期，生產工具的進步和農業的發展，使人們財富增加；但貧富分化卻使原始社會崩解，埃及開始進入軍事民主制時代。後來，在頻繁的掠奪戰爭中，軍事首領的權力加強，世襲王權和世襲貴族形成，於是產生早期奴隸制和國家。

到了西元前四千年左右，在上埃及和下埃及分爲兩個王國。雙方都時刻不忘吞併對方，建立自己的天下。西元前三千年，美尼斯擔任上埃及的國王。他率領著一支強大的軍隊順尼羅河而下，征服了下埃及，埃及因此進入王朝時期。

美尼斯調色板。美尼斯（中立者）為埃及第一王朝首位法老。

從西元前三一〇〇年起，一直到西元前三三二年希臘馬其頓王亞歷山大征服埃及時止，埃及先後經歷了七個階段和三十一個王朝。因爲統治的國王被稱爲「法老」，所以王朝時期又被稱爲「法老時期」。

儘管法老和常人一樣有思想、有感情、有愛有恨、有憤怒、有七情六慾，但埃及法老仍被認爲是不同於凡人的「神」。

在本章所介紹的故事中有被神化的法老的故事，也有符合史實的歷史傳說。

◆命運

有個埃及法老，他統治著土地遼闊的國家。

一天晚上，一夥強盜闖進王宮，搶走了法老裝滿金銀珠寶的金櫃。於是法老下令：誰能找回金櫃或捉到強盜，就獎賞一千金幣。但令法老失望的是，雖然人們搜查了城鄉每一棟房子，把所有的井都掏乾了，仍然沒有找到金櫃。就好像是大地張開了嘴，把強盜和金櫃都吞了下去。

法老越來越憤怒，在無計可施下，他命令首相將全國所有的巫師和先知都集合起來，徵詢他們對這個事件的意見。他們全都來了，法老一一詢問他們，誰要是不能提供破案的辦法或線索，就立即被推出去斬首，把頭掛在王宮的牆上。很快地，就有九十九個人頭懸掛出來。法老威嚇說，除非很快能將他的金櫃找回來，否則連首相的頭也要被砍下來，湊滿一百個。

首相驚恐萬分，他的頭已是搖搖欲墜、危在旦夕。他深知法老會毫不猶豫地履行他的諾言。於是他馬不停蹄地到處搜查金櫃，不給衛士片刻的空閒。此外，他還派人滿城喊叫，誰能找到金櫃就賞金二千里亞爾，同時威脅說，如果找不到，大家都會得到可怕的報復。

由於搜查越來越急，強盜們恐慌起來，感到絞索就要套到他們的脖子上了。他們認爲比較保險的辦法是從現在躲藏的地方轉移，把贓物埋在遙遠的曠野，最好是法老的士兵都不敢去的地方。他們一共有四十人，爲了避免被發現，強盜頭子命令他們在黑夜時，一個接一個地從藏身之處潛逃，兩個人之間大約相隔一分鐘的時間。

通向曠野的路恰好就在拉馬丹的院牆旁邊。此時正是黎明前最黑暗的時候，但拉馬丹已盤坐在唸經的蓆上。第一個強盜鬼鬼祟祟地路過他家的院牆旁邊時，他正好唸完四十段經的第一段。爲了記數他唸的經，拉馬丹在身邊放了四十塊小石子。他從中撿起一塊，朝院牆上扔去，喊了一聲「一」。

第一個強盜以爲已被發現，嚇得呆立不動。過了一會兒，第一個強盜聽到第二個強盜的腳步聲，第一個強盜鬆了一口氣，暗自忖道：「一切正常，這老頭在說夢話呢！」

第二個強盜剛走近院牆，拉馬丹又喊了一聲：「二！」同時向院牆擲了第二塊石子。強盜立即貼近土牆躲避。他與同夥站在一起，也以爲被發現了，嚇得直打哆嗦。

又過了一會兒，第三個強盜偷偷地走過來。同樣，他剛走近院牆，拉馬丹就喊叫：「三！」並向院牆擲了第三塊石子。

就這樣，每一個強盜走近院牆時都會聽到拉馬丹大聲地報數，而且，從石子擊牆的聲音來判斷，拉馬丹顯然就在裡面。

當第四十個強盜——就是這夥強盜的頭子來到時，拉馬丹最後喊道：「四十！」不用說，陰謀敗露了，爲了不被砍頭或被釘在王宮大門上，強盜頭子決定坦白，以求取拉馬丹的寬恕。

於是，強盜們跳過院牆，抬著沉重的金櫃，跪倒在作祈禱的拉馬丹面前。他們吻他的手，抱他的膝蓋，求他不要向法老告發，然後他們迅速地散去。

不久，天漸漸亮了。拉馬丹對剛才發生的事仍莫名其妙。他看了看腳邊的東西，赫然發現這個法老傾全國之力到處尋找的金櫃，竟在他的腳邊！現在，他真的要成爲富翁了！真的，一千金幣的賞金就是他的了。他可以買一頭他夢寐以求的驢子，騎著牠到附近的村莊走走。他還可以買一頭母牛，他的孩子再也不會挨餓了，因爲牛奶、黃油、奶酪會多得家裡都容納不下！他讚美萬能的真主！

於是拉馬丹喜悅地做完洗手禮。當太陽升到草屋頂上的天空時，他披上白色長袍，束上潔淨的腰帶，便直奔法老的王宮去了。

法老敬畏地傾聽拉馬丹的敘述。他講到他如何祈求神靈之王幫助他找到法老的金櫃，如何在黑夜裡向他顯靈，把藏金櫃的地方告訴他。但他請求法老不要打聽藏金櫃的地方，也不必知道強盜是誰，因爲這是神靈的祕密，而他無權洩露天機。

法老無可奈何地點點頭，說：「神靈之王的願望會受到尊重，我的朋友。你不僅因爲找到金櫃可以得到一千金幣的賞金，而且，我要封你爲王宮的先知。從現在起你就到王宮來住。」說著，法老喚來侍從，把呆若木雞的拉馬丹交給一群奴隸。頃刻，王宮裡的理髮師、裁縫和鞋匠都被召來了。他們忙碌起來，有的給他刮臉，有的爲他修鬍子，給他穿上最上等的綾羅綢緞。打扮完後，拉馬丹完全變成了另外一個人，即使他的母親也認不清楚他是誰了。

法老對他關懷備至，大量贈賜禮品，還與他共商國家大計，而拉馬丹講話又總是充滿著智慧。不久他名揚四海，全國各地的名人都前來聽從他的忠告，聆聽他的預言和英明教誨。在王宮裡，他受到同法老一樣的愛戴和尊敬。

§ § §

拉馬丹在王宮裡擔任法老的先知已經好多年了。他一直受到法老的尊敬，享盡榮華富貴，可以說是無憂無慮。

一天，魔鬼易卜里斯在他耳邊輕聲說：「拉馬丹，你的好日子不長啦！不知道在享盡榮華富貴之後會發生什事呢？也許會被無情地剝去身上的衣服趕出王宮去，甚至會被扔進地牢，在那裡被慢慢地折磨死，或者會被砍頭，腦袋被懸掛在王宮牆上供烏鴉啄食。」

拉馬丹打了個冷顫。不！這一切都不能在他身上發生。他要警惕，要先發制人，在命運趕上他之前就逃跑。但怎麼跑呀？他怎麼能逃出這個戒備森嚴的王宮呢？對他來講，王宮突然變成了一座豪華的監獄。到哪兒去躲避法老呢？大家都認識他，無論逃到天涯海角，人們都會認出他，把他逮回來。

他在屋裡痛苦地踱來踱去。突然，一個念頭閃進他的腦海：裝瘋！對了，裝瘋，這樣誰也不會再要他，連法老也會避之唯恐不及。如此他就可以走自己的路，自由自在，不受任何約束，因爲人們對瘋子總是仁慈的。

這時法老正在澡盆裡洗澡，像往常一樣，周圍有許多侍候他的人，有的給他擦肥皂，有的給他按摩，有的給他往頭上灑香水。突然間洗澡間的門被撞開了，一個幽靈闖了進來，光著身子，蓬頭垢面，瞪著銅鈴般的眼睛，鬍子上塗著肥皂，手裡揮舞著一把亮晃晃的尖刀，看起來煞是駭人。侍從們嚇得丟下手裡的東西從窗子跳了出去，法老還沒來得及回過神，這個幽靈便撲上去，把他從澡盆裡拖出來，穿過浴室，一直拖到門廊。

霎時間，浴室的屋頂嘩啦啦地坍了下來，四面牆壁隨之倒塌，殘垣斷壁壓成一團。

「我的救星，我的兄弟！」法老喊叫著，「你救了我一命……你把我從死亡的魔爪中搶救出來……我怎樣才能報答你呢？」

人們從王宮的各個角落蜂擁而至。他們議論紛紛，法老向他們描述了他死裡逃生的奇蹟，他那位舉世無雙的先知是如何預見了一切，而且分秒不差地趕來救他。

人群中掀起了一陣敬畏和讚嘆的議論聲，但是，拉馬丹在人群中默不作聲。傻瓜，傻瓜，眞是一個傻瓜！他想逃避命運，但是命運卻戰勝了他。他耍了一個詭計企圖逃避命運，然而命運卻使他自食其果。傻瓜，十足的傻瓜！難道他眞的認爲誰能夠逃避命運，或者使命運有所改變嗎？魔鬼易卜里斯的聲音再次在他耳邊迴響：「命運，一切都是命中註定！命運是逃避不了的。」

他耐心地等待著周圍的喧嘩平靜下來，不聲不響地回到自己的房間。他祈禱，請求眞主饒恕他的愚蠢行爲。

有一天，鄰國的一位王子向法老的女兒求婚。法老照例徵求這位他所尊敬的先知的意見，拉馬丹隨即進行儀式詢求神諭。

不久，拉馬丹宣布贊成這樁婚事。頓時，王宮裡歡聲雷動，法老決定要舉行一次盛大的婚禮，他派人到全國各地去宣傳這樁喜事，並派特使帶著他的請柬去邀請鄰國的親王前來參加。

在經過傳統的四十個日夜的盛大節慶活動以後，大婚的日子來臨了。法老笑得合不攏嘴，站在大帳篷下迎接來賓。這個帳篷是專爲舉行婚禮在御花園中心搭起來的，對面是爲王后搭起的高台，上面點綴著各色茉莉花和玫瑰花。

拉馬丹緊挨著法老站著。法老現在待他就像親兄弟一樣，令他倍感榮寵，但是今天，出於一種難以言喻的原因，他的心裡惴惴不安。與此同時，王宮裡燈紅酒綠，歌舞昇平，四座賓客盡情歡樂，御宴一直延續到傍晚。

當太陽快下山時，一位親王跑到王宮花園，一會兒又回來了，他走到拉馬丹面前，緊緊地攥著拳頭，直截了當地問他能不能猜出他手裡攥著什麼。

拉馬丹一陣心驚，儘管他竭力想發揮靈感，但腦中就是一片空白。難道他偏偏要在今天，在眾多王親國戚面前出醜嗎？——他的尷尬處境實在可憐。他把目前自己的困境比作不成氣候的蚱蜢，傷心地嘟囔道：「你這個可憐的蚱蜢！第一次你設法逃避了（暗指法老王浴室的倒塌），這一次，你這可憐的蚱蜢，依我看，你已經落入這位親王的手中。」

「我的眞主！」這位親王喊叫起來，他張開手，一隻肥胖的蚱蜢跳了出來，「你眞是這個時代最偉大的先知。我第一次抓住這隻蚱蜢，被牠跑掉了，第二次才抓住！」接著，是一片歡呼聲和鼓掌聲。

最熱烈讚譽他的是法老王，他趾高氣揚地在人群中穿來穿去：「看吧！我跟你們說了什麼？」

第二個親王，年邁體衰，他希望向拉馬丹提一個問題。爲了對這位親王表示恭敬，拉馬丹站起來走到他面前。

拉馬丹現在完全恢復了平靜和自信，作好了回答問題的準備。但是，他剛向前走了兩步，兩腿就像木樁似地釘住了，兩眼定定地盯著一個方向。那些王親國戚一個個都轉過身來朝他凝視的方向看去。他們看到的不是別人，恰好是王后。她從高台上站起身來，好像就要離去。

人群中一陣嘩然。法老王的臉色突然陰沉起來，滿臉狂怒和憤懣。

「我的眞主！」他憤怒地喊道，抽出他那把鑲滿珠寶的匕首，「這條狗竟敢在大庭廣眾之下偷看我的王后，你要因侮辱我的王后而當眾喪生。」

說著，法老把匕首深深地刺進了不幸的拉馬丹的心臟，他倒在血泊之中。彌留之際的拉馬丹咕噥著：「命運！誰能擺脫你啊……」

◆小罐風波

有一天，埃及的法老因爲閒得發慌，便坐在大廳裡聽人們講故事。正當國王聽得入迷之時，一位大臣來拜見法老。這位大臣跨進王宮時，看見宮外蹲著一個小販，小販賣的是一些小玩具。大臣睥睨了小販一眼，便進宮去拜見法老，他見法老正悠閒地聽故事，便對法老說：「陛下，宮門外面有一個小販，他賣的盡是些有趣的小玩具，叫他進來看看吧！」

「好啊！給我去把小販叫進來！」法老興奮地說。

一會兒，小販被召進宮來，人們一看，原來是個侏儒，穿著一身破爛的衣服，手提一個竹籃，籃裡裝著各式各樣的玩具。法老看了看這些玩具，忽然看見一件東西閃閃發亮，便問：「籃子裡閃閃發光的是什麼東西？」

小販從籃子裡取出那件小東西，雙手捧著遞給法老。法老取過一看，原來是一只十分精緻的小銅罐。小販對法老說：「陛下，連我也不知道裡面裝的是什麼東西。瞧這玩藝兒，倒像是個盛菸的小爐，上面還貼著一張紙條。這是我一個朋友送的，他是一位魔法師，我見這個小罐子蠻好玩的，便一直帶在身邊，若是陛下喜歡，我願將它獻給您。」

法老將罐子還給小販，讓小販將紙條上的字唸給他聽。小販忙不迭地說：「陛下，我不識字，請您令其他人唸給您聽。」於是法老讓大臣們唸給他聽，但在場的人沒有一個人知道紙條上寫的是什麼。

這時，剛才拜見法老的大臣說：「陛下，有一個魔法師知書達禮，了解天下大事，人們常常向他求教。是否請他來看一看呀？」

法老一揮手，說道：「快去請這個魔法

師來。」

魔法師很快地被召進宮來，法老對他說：「久聞你通曉天下事，今天請你來辨識一件東西，將罐子上的紙條寫的字唸給我聽聽。你若能辨識出來，我會獎賞你的；你若辨識不出，我就讓人抽打你。」

魔法師接過銅罐，將紙條看了一遍，便大聲說道：「陛下，紙條上是這樣寫的：誰要是遇到這一罐藥，那便是遇到了千載難逢的好機會，一個人想變成某種動物，將此藥擦一點在額頭上，然後面向東方，拜倒在地，喊一聲『穆塔布』，馬上就回復自己希望變的動物。要是想由動物還原成人的模樣，只要面向西方，同樣再喊一聲『穆塔布』，馬上就回復原來的模樣。」

法老聽了，哈哈大笑起來，他獎賞魔法師和小販。

人們離去後，法老將那個大臣叫到一旁說：「我們倆來試試看吧，看看到底像不像紙條說的那樣神奇，我特別想聽聽動物之間的對話，你就陪我變作一種動物吧！」

大臣見法老要他變成一種動物，嚇得渾身發抖，對法老說：「陛下，這倒是一種很有趣的遊戲，但我感到害怕，萬一變不回人的模樣怎麼辦？」

法老說：「你怕什麼？明天我們找一個僻靜的地方試試。」

次日清晨，法老將罐子揣在懷裡，和大臣悄悄地溜出王宮。他們奔至御花園，看見各種鳥兒聚在湖邊，好像在討論些什麼。這時，大臣就建議道：「陛下，我看這些小鳥互相在說什麼似的，不如我們變成小鳥，聽聽牠們在說些什麼吧？」

「那好吧，我們就變成小鳥。」法老表示贊同。

大臣急忙說道：「陛下，您可要記住怎樣才能由小鳥再變成人啊，若不能回復人形那可就糟了！」

法老哈哈大笑，啐道：「你這個膽小鬼！只要我們記住『穆塔布』，還怕變不回人形？」

於是，法老打開罐子，用手指沾點藥擦在自己的額頭上，隨後讓大臣也擦上，然後，兩人面向東方，拜倒在地，齊聲說：「穆塔布！」

話音剛落下，他的腿一下子變成了腳爪，胳膊變成了翅膀，身子變成了鳥背，衣服變成了羽毛。兩人頓時變成站在地上的一對小鳥。

法老看了看大臣說：「好啊！你變成了一隻白色的小鳥。」

大臣看著法老，也說道：「陛下，您也變成一隻漂亮的小鳥了！」

法老又對大臣說：「我們飛到那些鳥中間去，聽聽牠們在講些什麼？」

於是，兩隻由法老和大臣變成的小鳥在湖上飛了一圈後，便落入鳥群裡。這時，他們聽到了小鳥所說的話。原來小鳥和人們一樣，也是喜歡說東道西，聽了一會兒，他們覺得無趣，便想變回人形。

他們一道朝向西方，仆倒在地，嘴裡不停地唸「穆塔布」，一遍又一遍，卻再也無法變回人形。現在法老是一隻小鳥的模樣，自然不能回到王宮去。他倆無可奈何地站在草地上，你看我，我望你，誰也想不出辦法來；只好在湖邊轉來轉去，餓了就啄些野果子吃，睏了就找個樹洞睡覺。

三天過後，他們思念自己的家人，便一道飛回城裡，歇落在王宮的屋頂上，聽宮裡的人在講什麼。宮裡一片哭聲，有的人大聲喊道：「陛下這麼多天沒有回來，一定是被妖怪擄走了！」

他們看到這種情景，聽到人們的話，眼淚止不住地往下淌。

十天以後，他們又飛回王宮，隔老遠就看見王宮院內站滿了人，鼓聲四起，像過節一樣熱鬧。他們飛到近處一看，才知道正在舉行任命新法老的儀式。新法老威嚴地坐在高台之上，兩旁站滿了全副武裝的士兵。人們齊聲祝願：「塞拉爾特陛下，臣民衷心祝願您長壽，願偉大的拉神保佑您永遠安康！」

法老和大臣看到這豪華的場面，聽著人們的讚頌，氣得渾身發抖。此時他看見新法老竟是長期以來想奪取王位的宿敵——塞拉爾特，才知道讓他變成動物乃是蓄謀已久的陰謀。

於是，法老和大臣商量如何才能變成人的模樣，然後設法奪回王位。

大臣對法老說：「我們可以去偷聽他們的談話，也許能聽到破解這魔法的法子！」

法老同意了大臣的意見，兩隻小鳥又飛進了城，落在一座亮著燈的宮殿房頂上。他們朝下一看，房裡擠滿了人，其中一個人在講話。這個人不是別人，正是當初破解魔咒的魔法師，他正在抗議新法老獎賞不公。

法老聽見魔法師大聲對新法老塞拉爾特說：「陛下，要不是我故意將回復人形應向東方朝拜講成西方，你哪來的機會當上法老？」

法老和大臣一聽，急忙轉身，飛到城外的空地。他們倆面向東方，仆倒在地，虔誠地喊道：「穆塔布！」話音剛落，奇蹟便出現了，他們倆變回了人形！

法老高興地擁抱大臣，摸摸口袋，見那罐子還在，便和大臣一起朝王宮走去。

他們進入王宮後，看見塞拉爾特得意洋洋地高坐在寶座上，接受臣民的參拜。但當人們看見法老回來後，便紛紛圍過來請安，簇擁著法老進入宮殿。法老回來的消息一下子傳遍了整個王宮，也很快傳遍了京城；人們擊鼓跳舞，歡欣慶賀，王宮沸騰起來，京城也熱鬧起來，人們廢除了塞拉爾特。

法老重登王位，向眾人訴說了自己的遭遇。他講完後，大聲問眾人道：「諸位，你們說現在應該如何懲罰這個魔鬼？」

眾人憤怒地吼道：「殺死他！殺死他！」

法老說：「塞拉爾特，你願當眾被處死，還是變成一隻小鳥？你自己選擇吧！」

塞拉爾特顫抖著聲音說：「我願意變成一隻小鳥，請求陛下饒我一命。」

於是法老從衣袋裡取出小罐子，扔給塞拉爾特，令他變成一隻小鳥，並且將他關進鳥籠，掛在王宮前讓過往的人們觀看。

從此以後，法老不再貪玩，認眞地管理國家，而且遇到事情都會找大臣們商量，冷靜對待，再也不去做自投羅網的事了。

◆三王子和小龍女

從前，有一個法老王，他有三個兒子。他們結束了學業後，又接受了戰術訓練，武藝十分高強。一天，法老把他們叫到跟前說：「我已經兩鬢斑白，年過花甲，力不從心了，等有朝一日我去世了，你們當中的一個人就要繼承我的王位。為了知道由誰繼承王位最適合，我得考驗你們一下。現在，我命令你們分別去旅行，並把重大發現帶回來。那時我再作決定，你們就騎馬出發吧！願拉神保佑你們！」

大王子拉過馬，備上馬鞍，吩咐奴僕們準備好行李，帶著帳篷和生活用品就出發了。他在世界上到處旅行，後來轉到了阿拉法特山。那天晚上，他們搭上帳篷準備在山腳下就寢；到了夜裡，一個妖怪從山洞中鑽出來將大王子喚醒，站在他身旁，向他問候。

大王子看到這個又大又醜又可怕的妖怪站在他身邊，十分恐懼。但是，那個妖怪請他別害怕。牠說：「唉呀，您今晚是我的客人，我豈會傷害自己的客人？我沒有羊可宰供您食用，深表歉意。這樣好了，我負責看管山裡的黃金，我可以請您分享，只要您和您的奴僕拿得了，您的牲畜馱得動，你們要多少都可以！」

說完，妖怪拉著大王子就進了山，牠把大門和裝滿黃金的山洞指給他看。大王子大喜過望，叫來僕人，命令他們把行李全部丟掉，然後，把每頭駱駝、驢子和馬的身上全部馱上黃金。當一切安排就緒時，大王子心想：「這下子我可以繼承父親的王位了，我的弟弟不可能帶回這麼多財寶！」他高興地命令旅行隊伍起程回國。

再說二王子，就在大王子出發那天，他也帶著奴僕、衛兵、牲畜到世界各地旅行。後來，他也來到了阿拉法特山。他在山腳下發現了哥哥丟棄的帳篷和行李，驚愕地忖思著：「莫非我哥哥遇上什麼災難了？不然，他爲什麼要把帳篷和行李全部遺棄在這兒呢？」於是，他吩咐手下們就在這裡駐紮，查查他哥哥到底遇到什麼災難。

當二王子進入夢鄉的時候，那個妖怪又從山洞裡鑽了出來，同樣把他喚醒，並願意給黃金。二王子在妖怪的指引下像大王子一樣把所有行李丟掉，把每匹駱駝、每頭驢和每匹馬的身上都馱了黃金。當一切安排就緒時，二王子就命令他的旅行隊伍啓程回國了。這時，他想：「我帶回的黃金恐怕是最多的了。」

那天大王子和二王子走了以後，三王子阿里就沐浴更衣，虔誠祈禱，然後便準備行裝。他不帶奴僕和旅行隊，只帶一匹母馬和匕首，獨自一人騎馬去旅行。

他騎著馬向前走啊走啊，最後，他也來到了阿拉法特山。他在兩個哥哥曾經住宿的地方發現了他們遺棄的行李和帳篷。他忐忑不安地想：「我兩個哥哥發生了什麼事故？這些都是他們的東西呀！可是這裡既沒有他們的奴僕，也沒有他們的衛兵，活的、死的都沒有。」想到這裡，他停下來，把戰袍鋪在地上，就躺到地上。他想先睡一覺，養足精神，以便第二天能好好調查兩個哥哥的去向。

夜裡，那個妖怪又從洞裡鑽了出來，把他喚醒，站在他身旁，向他問候，小王子阿里並不害怕，反而過來向妖怪問候表示善意。他說：「我能爲你做些什麼嗎？」

妖怪受寵若驚，馬上回禮說：「您太客氣了，世上哪有禮從外來的道理？我是專門爲您效勞的，因爲您是我的客人！您的兩個哥哥也曾在我這兒作過客。我感到遺憾的是，我沒有羊可宰供您食用，不過，我可以讓您像您兩個哥哥一樣，隨心所欲地從山洞裡拿黃金。」說完，妖怪便領著小王子阿里進到黃金洞。洞裡面的黃金依然堆積如山，大王子和二王子拿走的黃金猶如滄海一粟。

這時，小王子阿里明白他兩個哥哥爲什麼遺棄帳篷和行李了。

「不過，」他對妖怪說，「黃金我不想要，有七首的人不需要黃金。」

妖怪不解地說：「那就請您下令吧！您要什麼，我就給您什麼！我剛才說請您隨便拿黃金，那是因爲我想考驗您的品德。從您簡單的一句話裡，使我明白了，您是一位高尚的人，不像您的兩個哥哥一樣貪婪。現在請您閉上雙眼，如實地告訴我您想要什麼？」

小王子依言閉上眼睛，說：「我想要克薩國王的女兒，因爲她是全世界最可愛的姑娘。」

妖怪一跺腳，地面上便發出隆隆的聲音。小王子睜開雙眼一看，根本沒有他想要的姑娘，妖怪只給他一個戒指。他說：「您得冒許多危險爲了得到她而奮鬥，這樣一來，當您得到她時，您才會感到她可愛，她才會愛您。這個戒指是她父親的，您把它給她，國王一定會將她許配給您作妻子，因爲他把這戒指交給我是作爲她生命的抵押品的。」

小王子把戒指戴在自己手指上，他由衷地感謝這個妖怪。妖怪再次請他坐下，又跺了一下腳，接著，奴僕們便送來了金絲編織的桌布，外加不盡其數的珍饈美食，小王子吃得十分痛快。他在這裡做了三天三夜的客，然後騎上馬，佩帶上匕首，只拿著一只戒指作爲禮物，沒有要什麼金幣和財寶，就告辭妖怪，朝著最終的目的地去了。

小王子騎著馬奔馳，不久就來到海邊。突然海上刮起了一陣暴風雨，小王子被捲到了海裡。小王子不會游泳，掙扎了幾下後，直直地往下沉，一直沉到了海底碰上了礁石。這時，正在礁石上唱歌跳舞的人魚看見了他。她們發現他既文雅又漂亮，就異口同聲地說：「從來沒見過這麼可愛的小伙子，咱們快把他送到龍女那兒去吧！」說著，她們拉起他一起游進了一個大洞穴，然後把他放在一塊露出水面的大石頭上，好讓他重新呼吸新鮮的空氣。

一會兒，小王子甦醒了過來，他發現自己在一個滿是珊瑚和珍珠、綺麗無比的大洞穴裡。洞穴裡有一個金光閃閃的寶座，上面坐著一位十分可愛的姑娘。這個姑娘頭髮烏黑，眼裡綻放著藍寶石的光芒，膚白如雪，身材婀娜；但是她沒雙腿，只長了一條魚的尾巴。

就在小王子看傻的時候，她吩咐把美酒和鮮果搬了上來。姑娘問他叫什麼名字，他回答道：

「我叫阿里，是法老王的小兒子。」

「我是龍女。」她盈盈淺笑，「我要你作我的新郎。」

阿里仔細地觀察龍女，發現她比人間的任何絕色美女都漂亮。但是，他卻說：「我要娶克薩國王的女兒，她是人世間最美麗的公主，而妳現在卻用這美麗的大海來迷惑我。」

龍女微微一笑，說道：「我認識她，並且十分了解她。雖然她有美麗的外表，但有哪個男子眞正了解她的內心呢？」

小王子說：「難道她的內心不像她的外表一樣美嗎？」

龍女對他說：「你若不相信的話，可以親自去看看。不過你得男扮女裝去，這樣你才能了解她的內心。」

說完，龍女又對小王子說：「請你回頭三次，然後，你就可以去找你的心上人了！」小王子依言做了三次的回頭，驚訝地發現自己居然變成了一個姑娘。然後，侍女們帶著他浮出大海，她們把他放在一隻海豚身上，對他說：「這隻海豚將作爲你的坐騎，你可以騎著牠去找公主。」

小王子騎著海豚，來到海岸。他傷心地流下眼淚，想著：「我現在變成了姑娘，只有那位龍女才能使我恢復原形。」

小王子登上海岸，走進王宮。克薩王問小王子從何處來，他支吾著不知如何回答，於是，克薩王便吩咐侍從把他帶到後宮去作他女兒的侍女。

從此以後，小王子一直在後宮侍候公主。他爲她梳頭，爲她張羅吃的和穿的。這個公主的確是絕代佳人，她的美色令阿里神魂顛倒，但是他並不喜歡她。因爲她表面上是個善良可愛的公主，背地裡卻經常虐待侍女，而且驕縱任性。

有一天，在阿里汲水到罐裡時，突然發現罐裡有一條魚。那魚兒把頭露出水面，對他說：「你已經看見那位公主了吧？你喜歡她嗎？」阿里回答說：「不！我不喜歡她！」那魚接著又說：「那麼，我請你把頭往後轉三次，這樣你就可以重新變回男子的模樣了！」阿里依言照辦，果然馬上恢復原形，而且，還穿著那件絲綢戰袍，佩帶著金光閃閃的匕首。

小王子阿里到市場買了一匹好馬，他想離開這個國家。他騎上馬，一直跑到大海邊，驚訝地發現龍女的侍女們正在驚濤駭浪中玩耍。她們對他喊道：「喂，我們的小姐正等著你呢！你快去吧！」

阿里一聽這話，立刻翻身下馬，縱身躍進海裡。她們簇擁著他游到海底的洞穴中，來到龍女的寶座前。這時，他再看到龍女時，竟覺得她比公主漂亮多了。她舉止文雅，待人和藹可親，她的侍女們都十分尊敬她。

於是，小王子便娶了龍女。龍女指示奴僕們造了一艘金銀打造的船，她和小王子坐在船尾的寶座上。她的侍女們把船拴上粗繩，在海裡拖著它向前航行。過了好久之後，他們來到了小王子的父親——法老王的國度。法老王和人們看見大海飄來這艘金銀船，都感到十分驚喜！他們來到海岸迎接小王子和龍女。

小王子把他的新娘抱到了岸上，準備把她放在沙石上。就在龍女的魚尾巴碰觸到沙石的一剎那，突然銀光一閃，她的魚尾變成了一雙修長的腿——她完全變成了人類的姑娘！

法老對他三個兒子帶回的東西作了比較：大王子和二王子全都帶回了大量黃金；而小王子卻帶回來一艘金銀船和一個龍女。他命令兒子每人講述一下自己的探險經過。

等他們三個人講完後，法老王作出結論，說：「喜歡黃金的人就叫他和黃金一塊生活吧！」說完，他從寶座上走下來，把王位讓給小王子阿里，叫阿里繼承了王位。法老說：「黃金畢竟是黃金，誰都能得到它。而阿里卻得到世界上最好的妻子！這就表明：阿里是一個出類拔萃的人！」

◆拉爾賽夫的預言

埃及法老古夫聽說有一位無所不知的預言家，於是便召見了他。這位預言家叫拉爾賽夫，法老和氣地讓拉爾賽夫坐在寶座邊。法老很想知道他能不能長久統治著埃及，便詢問道：「你知道將來的世界會怎麼樣吧？」

預言家沉思了一會兒，說：「尊敬的陛下，我多麼希望您能長久地統治著我們的世界。但是我得到有關拉神的旨意，有一個名叫莉第吉特的女人將會懷孕，懷著一個男孩。拉神意欲讓他成為國家未來的統治者，向人間頌揚拉神的英明，讓拉神的榮光永存於世。他將是國家的主宰，而且還要成爲太陽神最大的祭司呢！」

古夫法老聽完這起悲傷的預言，頹然地跌坐在寶座。拉爾賽夫見狀，十分不安，忙勸慰法老道：「尊敬的陛下，請別見怪。這預言雖然是經我這凡人的口講出，但是，這是千眞萬確的事，也是命中註定的。請您放寬心，這男孩是拉神創造的，他們將在您的兒子之後統治這個國家，他是在您的王朝之後建立一個新王朝，請您不必擔憂。」

古夫法老依然怏怏不快地問：「那個女人什麼時候生孩子呢？」

「在冬天的第一個月的十五日，那女人將生下男孩。」拉爾賽夫恭敬地答道。

「好，在那一天，我將趕到女人的所在，阻止威嚇我的王位和我的王朝的事發生。」古夫法老說。他的腦海裡已產生了一個兇險的計畫。

拉爾賽夫平靜而堅決地勸阻法老：「陛下，請您冷靜一些，不必多費神，這是命中註定的事，誰也無法阻擋！」

法老黯然淚下，喃喃道：「我尊重神的旨意，但是，我想我總可以爲保衛我的王位做點什麼。我怎麼忍心讓王國從自己手中丟失呢？爲了王國的統一昌盛，我付出了巨大的犧牲，爲了臣民的安居樂業，我廢寢忘食，我……我將到神那兒去，給他獻上祭品；爲了我和我的民族，我要親自向祭司祈禱，我將走遍天涯海角，找到那個懷孕的女人，她不會逃出我的手掌心。」

「陛下，您不應該如此做，預言是不可改變的，不容有半點懷疑，請您不要費力傷神！」拉爾賽夫仍然勸阻法老。

但是古夫法老不聽他的規勸，執意找尋那個懷孕的女人。法老派遣了許多使者、守夜人，在各地安插許多密探，四處明查暗訪，尋找一個叫莉第吉特的女人；他下令把冬季第一個月要生產的女人都集中到王宮來，以爲這樣就可以挽救自己，阻止預言的實現。

然而，古夫法老的一切努力都是徒勞的，他雖然集中了所有在冬季第一個月分娩的婦女，卻始終未找到那個叫莉第吉特的懷孕女人。

正如拉爾賽夫預言所說，莉第吉特誕生這個男孩的日子終於來到了。在這緊張的時刻，只有作祭司的丈夫和一名侍女守在她的身邊，她感到腹部一陣劇痛。拉神的忠實祭司驚慌失措，不知如何是好，只有面向遙遠的太陽神祈求，希望拉神幫助自己的妻子，挽救她和嬰兒的生命。

萬能的太陽神聽到了自己忠實的奴僕的呼喚，立即召來伊希斯女神，她是埃及專管婦女分娩的神，對她說：「快去吧，妳們快去把莉第吉特從痛苦中解救出來吧！她即將生下的男孩，長大後將統治整個國家，他將爲眾神修築廟殿，唱讚歌頌揚你們，在你們的祭壇上將擺滿他奉獻的祭品。」於是伊希斯女神奉令來到祭司家門口。

「偉大的女神啊，我的救星，快去看看我可憐的妻子吧，她要分娩了，無情的痛楚正折磨她呢！」祭司上前懇求道。

女神疾步來到莉第吉特的床邊，撫著她的肚腹，溫婉地說：「不要再折磨你的母親了，孩子！」話音剛落，莉第吉特沒有絲毫痛苦，孩子就出世了。

新出生的男嬰有一腕尺長，骨骼粗壯，胸膛寬厚。他的王國的名字用金字印在身體上，頭上還戴著一頂純寶石的帽子。

伊希斯迅速爲嬰兒擦洗身子，然後把他放入紅磚做的池子裡，並說道：「你將成爲世上最偉大、最富有、最有才幹的國王！」

一切安排妥當後，伊希斯步出房外，對等候在外的祭司說道：「感謝萬能的拉神吧，你已擁有了無價之寶，神明已爲他大開天門，賦予他尊嚴和力量，這個男孩將成爲強大無比的統治者！」

這一切的事情，古夫法老都不知道，這樣，神祇保護住了這個男孩和他的母親。古夫法老終其一生沒有找到他們，而且終生感到憂傷和不安。

又過了若干年，古夫法老辭世了。人們把偉大的古夫法老葬在他那高大堅固的大金字塔裡。在祭司們爲他舉行隆重的葬禮完後，人們又把古夫的屍體運到金字神廟，這座神廟位於河岸附近，叫做「河谷神廟」；另一座神廟位於金字塔附近，叫「吉薩神廟」。

古夫法老死後，他的兒子們繼承了王位，一個王子接著一個王子，最後，王朝由古夫法老最小的孫女——赫尼特卡伍絲繼承。

後來，女王的王朝被推翻了，莉第吉特的兒子烏瑟卡夫長成強壯無比的男子，他統治了全國，建立了古埃及歷史上的第五王朝，成爲太陽神——拉神的忠實奴僕。

就這樣，依舊長壽健存的拉爾賽夫的預言終於實現了。

◆賴拉爾殺魔記

在古夫法老統治埃及的時代，京城流傳著許多關於魔鬼王的可怕故事。這個魔鬼王能變幻成各式各樣的形狀，有時他變成人形，偷偷地潛入城裡，把許多人家可愛的兒女捉去。這些少年被他帶回山裡的堡壘中，魔鬼王和他手下的魔鬼們把他們戲弄一番後，就毫不留情地吞食了他們。這種魔鬼的「盛宴」，即便神聖的皇室子女也不能倖免。

有一次，法老的大臣努特便失去了他兩個美麗的女兒，她們被魔鬼捉去了。

古夫法老聽到這個可悲的消息時，他憤慨地召集了所有的文武大臣，商量怎樣殺死這個可怕的魔鬼族。法老說：「大家知道，可惡的魔鬼們在我們神聖的國土上無惡不作，大家都對牠們恨之入骨。你們當中有誰敢去魔鬼的堡壘殲滅牠們？」

臣子們個個面有難色，你看我，我看你，誰都不敢挺身而出，氣氛奇異地僵凝著。突然，人群裡傳來一個微弱的建議：「叫賴拉爾去罷，他是一個勇敢的人，而且他的妹妹也被魔鬼捉去了。我們可以把這個危險的任務交給他。」

眾大臣頓時鬆了口氣，紛紛表態支持。於是，古夫法老便指派賴拉爾去完成這件任務。行前，法老召集宮裡的智囊，研擬了一個前進魔鬼堡壘的計畫，他們說：「如果想辦成這件事情，首先要行動詭密：最好喬裝成一個旅行家，把盔甲和武器隱藏在不使人懷疑的行囊中，揹在背上。」

於是，賴拉爾就喬裝成一個旅行家。在他出發前，他到神廟裡向偉大的拉神祈禱，請神明護佑他如願殺死魔鬼王，平安地歸來。接著他便踏上旅途。

不久，他終於到了魔鬼王的堡壘下。那些魔鬼顯然是選擇了最險峻的山嶺作爲牠們的巢穴，山的每一邊都有巨大的岩石和黑暗的森林阻隔。賴拉爾四處碰壁，還差點兒掉到無底深淵。

正當他開始覺得心灰意冷的時候，忽然有一個老人出現在他的面前，和藹地說：「我是天上拉神派下來的，我來幫助你消滅那些作惡多端的魔鬼。」

語罷，老人贈給賴拉爾一甕魔酒，這種酒使人喝了力氣大增，魔鬼喝了卻要中毒。老人說：「你要想辦法使魔鬼王喝一點酒，只要牠沾了一滴酒就會立即癱瘓，屆時你會很容易地取了牠的性命。」說罷，一道神奇的光照耀大地，老人隨即消失不見。

賴拉爾很受鼓舞，繼續攀爬危巖峭壁。他來到一條山溪邊，看見一個美麗的少女在溪邊洗滌一件沾有血漬的衣物。女孩悲苦地哭泣，淚珠滴滴答答地落入潺潺的溪流，賴拉爾走近一看，原來女孩正是他的妹妹！

兄妹相見，抱頭痛哭了一番。當妹妹知道哥哥是來殺死那可惡的魔鬼王時，她歡喜得不得了，於是引領著哥哥來到一幢以鐵鑄成的大宮殿前。

「這個人是個旅行家，他旅遊到這兒，想在這借宿一晚。」妹妹告訴守衛說。

衛兵不疑有他，便讓賴拉爾進入宮殿。

賴拉爾隨著妹妹，通過一條長長陰暗的走廊後，來到一處寬敞幽深的大廳堂裡。在廳堂的一頭赫然見到可怕的魔鬼王正斜倚在寶座上睨著他們。魔鬼王身材巨大，赭紅的皮膚上佈滿了一條條的青筋，頭上一叢叢的白髮倒豎著。

賴拉爾並不畏懼，謙恭地一揖，大聲地說：「我是一個旅行家，旅行到此，很高興看到尊敬的大王，我願意與大王同樂。」

魔鬼王暗自高興，就命賴拉爾坐下，一同吃一桌就要端上來的筵席。魔鬼王咧開牠的血盆大口，拍拍牠血紅的手掌，喚來一群美麗的少女，她們都神情呆滯地端著豐盛的食物和飲料。賴拉爾定睛一看，認出她們都是城裡被捉的女子。

酒至半酣，賴拉爾拿出魔酒，很客氣地請魔鬼王嚐了一些。魔鬼王啜飲了之後，立即被美酒吸引，還召來了眾魔，大夥兒盡興狂飲。不一會兒，魔酒果然起了作用，賴拉爾驚疑地看著那些魔鬼一個個倒在地上喘息掙扎。這時候，老人又出現了，他對賴拉爾說道：「不用害怕！你可以砍去魔鬼王的四肢，砍去牠的頭，快完成你的任務吧！」

於是賴拉爾很快地穿上盔甲，提起劍，朝魔鬼王走去。他舉起劍，用力砍去，劍砍在魔鬼王的頭上，格格作響。魔鬼王的頭一離開身體，就疾飛到空中去，鼻孔裡發出沉腐臭味的濃煙和猩紅的火燄，燒灼那勇敢的賴拉爾雙眼。

賴拉爾頓時陷入一片闇冥，他狂吼一聲，即刻將利劍擲向看不見的天空，寶劍瞬間貫穿了魔鬼王的腦袋，這一次那可怕的頭顱落到地上，再也不能為非作惡了。

老人牽引著賴拉爾到了尼羅河畔，掬起河水洗濯他的眼睛。現在，賴拉爾的眼前是一片無垠的綠洲沙城，在他的後面，跟著一群快樂的少年，他們都是從那駭人的鐵宮歷劫歸來，從此可以平安地走在城裡的街道上。

◆魔術書

在古王國時期，有一位法老王，他統治著埃及，公正廉潔，日理萬機，廢寢忘食地為民操勞。因此，拉神便賜給他一個溫柔美麗的公主，名叫艾芙妮。後來，拉神又賜給他一個聰明伶俐的王子，取名叫奈費爾·卡·卜塔。

年老的法老王很高興，他希望王子和公主早日成為有知識、有教養的人，以便日後接替他治理國家。於是，法老從全國各地選來最優秀的老師，教育王子和公主。

艾芙妮公主酷愛陶冶情操的書籍，她努力培養自己具有高尚的情操。奈費爾王子廣泛閱讀文史哲理，終日如癡如醉地刻苦鑽研，博覽所有能弄到手的書籍。終於，他成為那個時代最偉大的學者，上通天文、下知地理，又能閱讀神聖的書籍、巫書，以及刻在神殿石柱上的古文；他既懂咒文，又能寫魔符，因此法老和臣民百姓無不以他為榮，盛讚他高深的學識以及威力無比的魔法。

由於法老希望自己的後代永遠保持王室血緣，因此主張把艾芙妮嫁給奈費爾王子。艾芙妮公主對弟弟淵博的知識和深得人心的名望感到敬佩，她十分願意與之婚配。

於是法老王爲王子和公主舉行了盛大的婚禮。婚禮結束後，王子和公主住進金碧輝煌的宮殿；從此在公主的精心照顧和關懷下，王子以更多的精力埋首鑽研知識，增長才幹。

一天，奈費爾王子像往常一樣，前往位於孟斐斯城的卜塔神廟。他正全神貫注地觀看神殿柱上的雕刻古文，突然從背後傳來一陣竊笑，王子轉身望去，看見一位身穿白亞麻布袍的老祭司，正站在一旁，嘴角帶著一抹笑意。奈費爾王子納悶地問道：「您爲何這樣笑我呢，陌生的長者？」

「噢，眞對不起，可敬的王子。您是偉大法

老的兒子，明天，您可能成爲一國之長呢，我哪敢取笑您呢！」長者說著笑了笑。

「到底使您發笑的原因是什麼？告訴我吧！」王子正色地說，「別害怕，我保證您不會受到任何懲罰。」

「是的，我的王子。我是感到好笑，因爲像您這樣的大學問家，竟然會站在這裡浪費時間，讀那些既沒有用又沒有力量的東西。」老祭司終於講出了令他發笑的原因。

「您知道嗎？智慧神圖特保藏著一本世界上最偉大、最神奇的魔術書，那才稱得上是稀世珍寶呢，只要擁有了它，您就能具有和諸神同樣的力量。那裡寫著兩套咒文，如果誦唸第一套，就會使天地、山川、海洋，甚至地界都被魔法籠罩，而您就可以隨心所欲地變成天空飛的鳥，在地上爬的蛇，更可以使用神通的魔力，讓深海的魚浮上來。如果您誦唸第二套，即使您死後進入棺木，也能保持活著的姿態；更重要的是，您還能看見白天的烈日以及夜晚皎潔的月亮。」

一聽到智慧神的魔術書，王子眼睛發亮。

「可敬的長者啊，我早聽說過這本神奇的書，但是，我不知道怎樣能找到它，也沒有誰願意帶我去藏書的地方！」

「智慧神是眾神明中無所不知、無事不曉的神，魔術書是他親筆撰寫成的，藏在極其祕密的地方。」老祭司鼓動著奈費爾王子，「偉大的王子，我的小主人啊，但憑著您在魔術方面的聰明才智、高超的技藝，您能夠得到這本書！」

王子高興地叫起來：「尊敬的長者，太好了，我早就盼望得到魔術書，快！快告訴我有關它的一切吧！」

老祭司收斂笑容，沉默片刻後說道：「王子啊，我只有小小的要求。請爲我修造一座墓地吧，我死了之後，希望能爲我舉行隆重的葬禮，讓人們視我爲富有的祭司，最後讓我的靈魂平安地在天國歇息。王子啊，我想，這得要破費一百塊金子呢！請您給金子吧，我會告訴您魔術書的一切。」

奈費爾王子立即命人取來一百塊金子，交給老祭司。

老祭司收藏妥金子後，又對奈費爾王子說：

「尊敬的王子，我的主人，

魔術書藏在底比斯城的附近，古夫泰城的一條河中央。

大河中央有一只鐵箱子，鐵箱子裡有一只銅箱子，

銅箱子裡有一只檀香木箱子，檀香木箱子裡有一只象牙烏木箱子，

象牙烏木箱子裡有一只銀箱子，銀箱子裡有一只金箱子，

在金箱子周圍纏繞著無數條蛇、蠍子和其他各種的爬蟲，

還有一條令人膽顫的永生之蛇！牠們時時刻刻守護著魔術書。」

老祭司一口氣講完，喘了口氣，繼續又說：「多少人都曾想得到魔術書，但都失敗了，所以這是件危險艱難的事，您必須時時警惕，小心翼翼地行動才行。」

王子手舞足蹈地跑回王宮，把有關魔術書的消息告訴妻子艾芙妮公主，並計劃著即刻要啓程出發至古夫泰。

「放棄罷，親愛的丈夫，神祇的珍寶我們怎能奢望呢？我的心告訴我，在南方，等待我們的只有災難和悲傷。」艾芙妮公主憂心忡忡地勸說。

但是王子不打算輕易改變自己的主張。他離開妻子，來到父王法老面前，請求法老給他一艘大船，他要帶妻子一起南行，取回那神奇的魔術書。

法老和王子一樣，渴望早日得到神明的寶物，便欣然同意了兒子的請求。

於是王子帶著公主坐上雄偉巨大的御舟，踏上尋寶的征途，晝夜不停地駛向古夫泰。

一路上，風浪平靜地翻湧著，天空不見一隻鳥兒飛掠，死寂的白霧在御舟旁氤氳著，彷彿預告著此行的危險。不久，他們終於來到了目的地。

奈費爾王子指揮水手們先把船上的沙子鏟出來，在河裡鋪成一片長長的沙灘，把御舟停放在沙灘中央。然後，他唸起神奇的咒語，抓起一撮沙子往河中撒去。剎那間，沙粒變成無數把利斧，將河水劈成兩半，很快地水底露出來了，那兒果眞端放著一只碩大無比的鐵箱子，王子興奮得喊叫起來。

狂喜過後，王子定睛一看，才發現鐵箱旁盤纏著一條粗大凶狠的蟒蛇，箱子附近還浮游著成千上萬條的蛇蠍，牠們不時吐著烈燄般的蛇信，發出嘶嘶的聲音，忠實地守護著鐵箱。

王子跳下御舟，小心翼翼地跫步過去，對著看守的蛇蠍喃喃地唸出咒語，頓時，這些蛇蠍立刻癱軟下來，懶洋洋地不能動彈。王子得意地睨了牠們一眼，伸手欲拿箱子。倏地，那巨蟒眼睛迸閃出一道紅光，旋風似的向王子襲來。原來智慧神向大蟒蛇施了魔法，奈費爾王子的魔法對牠根本起不了作用，牠依然凶猛、敏捷，有巨大的殺傷力。

現在，王子要全力對付大蟒蛇了。他拔出身上鋒利的短匕首，迅速向大蟒蛇砍去，腥臭的鮮血噴灑出來；但忠心的大蛇仍頑強地緊纏住王子，王子被勒得喘不過氣來，持著匕首的手狂亂地東揮西砍，利刃劃過，蛇頭頓時落地。王子喘了口氣，然而定睛一看，蛇頭很快地和蛇身重新連接一起，大蛇復活了。

王子清楚，光憑蠻力是殺不死大蛇的，於是他大喝一聲，撲過去將蛇身砍成兩截，然後迅速地掬起一把沙子撒在斷開的地方，蛇身被沙子黏住，斷頭接不起來。就這樣，巨大凶猛的蟒蛇，終於喪生在奈費爾王子手中。

王子興奮地砸開箱子。正如老祭司所說，鐵箱子裡有一只銅箱子，打開銅箱子，看見裡面有一只檀香木箱子；打開檀香木箱子，看見裡面有一只象牙烏木箱子；打開象牙烏木箱子，看見裡面有一只銀箱子；打開銀箱子，看見裡面有一只金箱子；打開金箱子，王子終於看到了智慧神圖特親筆書寫的魔術書！

王子欣喜若狂地捧著珍寶直奔御舟，會同妻子一起觀看。當他倆將魔術書展開的剎那，這神奇的書宛如一雙羽翼，帶著他們翱翔宇宙，使他們的視野變得無限遼闊，現在他們看清了天上人間的一切，聽懂了所有動物的語言……。

奈費爾王子與艾芙妮公主相視一笑，滿足地闔上書，揚起風帆準備返回北方。

在此同時，偉大的智慧神已經知道有人盜走了他的魔術書。他暴跳如雷，怒不可遏，急匆匆地趕到萬能的眾神之父拉的面前。

「萬能的拉神啊，大膽的奈費爾王子發現了我的魔箱，竊走了記載我聰明才智的魔術書。」圖特神控訴道，「還有，他凶殘地殺害了保護魔箱的衛士——勇敢的大蛇和牠的伙伴們。英明的天父，快去懲罰那狂妄的法老之子吧！」

「我早知道這一切。」拉神沉吟了一會兒，表情威嚴地下令，「去吧！圖特，他們任由你的處置。」

此時的尼羅河上不時傳來意氣風發的喧囂，御舟日以繼夜地行駛。突然間，歡愉的氣氛戛然而止，勝利的船隻如今籠罩在一片死寂的陰翳下，天色變得漆黑，伸手不見五指，船隻如同被釘在水面上一樣，一動也不動。

「卑鄙的竊賊，休想拿魔術書回到你的家鄉！你不配享有這樣的榮光。」圖特神出現在天際，大聲喝斥道。

船上的水手們愕然惶恐地聽著，個個驚懼地直打哆嗦；艾芙妮公主戰慄地緊偎在夫婿的懷裡。

雖然恐懼與驚嚇已凍結了他火熱的心，不過奈費爾王子仍強自鎮定地握緊匕首，隨時準備應戰。

這時，雷霆一陣轟鳴，電光石火之間，一股駭人的力量將艾芙妮公主高高舉起，狠狠地丟進河裡。公主尖聲呼救，但深沉的河水毫不留情地將她吸捲下去，很快地便奪走了她的生命。

奈費爾王子急忙口唸咒語，讓艾芙妮的屍體浮上水面，水手們慌忙將公主的屍體撈起，把她放在甲板上。奈費爾淚流滿面，哀慟地對愛妻誦唸復活咒語，使得死去的艾芙妮能開口說話。

「奈費爾，我親愛的夫婿，把魔術書放回原處吧，否則憤怒的神祇將命河水吞噬你呀！」公主規勸著王子，然後永遠不能講話了。

奈費爾無可奈何地向水手發出命令，返回古夫泰！

在古夫泰，奈費爾王子將妻子的屍體製成香屍，以法老繼承人的名義爲艾芙妮公主舉行了隆重的葬禮。葬禮結束後，御舟再度揚帆向北疾駛。

這一次，再也沒有歡悅的笑聲，深沉的悲哀籠罩著船帆，奈費爾頹然地獨坐在船艙內。失去了愛妻，他傷心極了，心都碎了。但是，他依然不願放棄魔術書，他決心要用自己的魔法與智慧神抗衡。

船隻靜靜地劃過公主香消玉殞的地方，河岸的枝葉立刻停止在和風中作響，空中的飛鳥倉皇躲避，一陣悶響不知從天上還是水底傳來，王子的身體瞬間被舉到半空中，他知道神祇的憤怒又來鞭笞他了。匆促中，他將魔術書綁縛在胸前，決意不讓智慧神得逞，即使他死了，也不與魔術書分離！

智慧神大怒，推起一股無形的力量將王子推入水中，滾滾河川像是張著大口的巨獸，倏地吞噬了他年輕的身軀。水手們驚慌失措，但是誰也無力救王子。

不久，王子的屍體在北方的孟斐斯浮起來，那本神奇的魔術書牢牢綁在他胸前！

法老王沉痛地爲奈費爾王子舉行隆重的葬禮，把金棺放到王室墓地裡。至於那本魔術書，他怎麼也不能理解？爲何一本能帶給人奇妙智慧的魔術書竟也會溺死人？因此他不忍卒睹，遂將魔術書放在愛子棺槨旁的大理石床凳上，讓奈費爾王子能繼續誦讀自己鍾愛的魔術書。

◆三條真理

古代埃及的法老是神的子孫，是拉神遣派至人間來統治人類的，作爲國王，法老的權威來自神的天威，因此每個臣民必須絕對聽從法老的命令。法老是天神的兒子，死後當然也成爲諸神中的一位。

有一位法老，他統治國家時，埃及王朝正處於鼎盛時期，臣民們對他都非常崇拜和忠誠。子民們都夢想著能見到偉大的法老，如果能伏在他腳下，吻一下他的腳印，那是一件終身榮幸的事情。

一天，這位法老頒布了一條命令，規定每個人犯罪之後，無論重罪輕罪都得判處死刑，但是只要他能夠說出三條法老駁不倒的眞理，那罪行就可得到赦免。命令一下達，許多人又高興又擔心；

高興的是自己只要犯了罪就很容易見到偉大的法老，擔心的是見了法老後說不出三條眞理就會送了命。不過還是有許多人爲了一睹法老的尊容而寧願賠上性命——何況，只要對神虔誠，人死後靈魂還是可以與神一起永生。

一次，一個士兵犯了罪，被抓住判了死刑。他照例被送到法老面前，如果他能說出三條駁不倒的眞理，法老便會赦免他的死罪。

士兵來到法老跟前，也像其他見到法老的人一樣跪伏在地上，親吻法老腳下的腳印。

「你能說出三條眞理嗎？」法老問。

「聖明的神啊，我能夠。」士兵從容地回答。

「喔？」法老大感興趣，微微坐直身軀，「你說吧！」

「偉大的王啊，您是威力無比的拉神的子孫，是拉神讓您來統治人類的。」士兵的語氣帶著虔誠。

「這確實是一條無可辯駁的眞理！」法老高興地說。

「尊敬的法老呀，您是寬厚仁慈的，您對虔誠敬神的子民們是寬恕的。」士兵說出第二條眞理。

法老沉思了一會兒，發現要駁倒這一條眞理很不容易，就點了點頭，表示同意這句話。接著又說道：「你現在講一講第三條眞理吧！」

士兵抓了抓頭皮，苦思良久才說道：「尊敬的法老，您頒布的這條法律是英明無比的，使臣民們有機會一仰聖容，這是偉大的拉神的旨意。」

「你說得對！」法老同意了，「我的這條命令確是拉神的旨意，你說的眞理全都是不可辯駁的！」

就這樣子，那個士兵被赦免了死罪，獲得了自由。

◆空中造屋

以前，埃及有個名叫阿布努瓦斯的人，此人非常聰明，經常用過人的機智去駁倒他人。

有一次，阿布努瓦斯造了一幢房子，卻始終找不到買主，讓他著急萬分。有一位爲富不仁的奸商聽說了，便想趁機以低價買進房子，商人對阿布努瓦斯提出了一個要求：「我只要買房子的上面部分，以及靠在牆邊的樓梯。」

阿布努瓦斯稍微思索了一下，便說：「好吧，那你就買下房子的上面部分和樓梯吧！」於是買賣成交了，商人每天從樓梯上去，住在房子的上面部分，而且暗自爲自己佔到便宜竊喜。

過了好多天，阿布努瓦斯來到房子前，對商人說：「你把房子的下面也買了吧！」

「不，我不要房子的下面部分，我只要上面的部分。」

於是，阿布努瓦斯回去僱了幾個工人，來到房子前面對商人說：「我要拆除屬於我的下面部分，你自己把上面部分撐牢，以後不要說我事先沒有說過而怪罪於我。」

商人聽了，沒有什麼辦法，只好以阿布努瓦斯出的價格買下了整幢房子。

從此，這個商人對阿布努瓦斯懷恨在心，決定要陷害他。一天，商人趁進宮的機會，對法老說民間有個阿布努瓦斯，因爲可以在空中建屋子，所以人們都尊稱他爲神之子。法老當然不甘心「神之子」的尊號落在一個凡人身上，便召見阿布努瓦斯，命令他說：「我要你三天之內在空中造一座房子，如果你沒有辦法達成，我就下令處決你。」

「尊敬的陛下，我會按您的吩咐去做的。」阿布努瓦斯畢恭畢敬回答後，就氣定神閒地出了宮。

阿布努瓦斯回家後，絞盡腦汁苦思，終於想出了一條妙計。

他取了一張紙和一點漿糊，做了一隻風箏，在風箏上縛了一個鈴鐺和一根長繩。起風時，阿布努瓦斯把風箏放到天空，繩子一端繫在王宮花園的樹上，不讓風箏被風吹走。

第二天早晨，臣民們都聽到了從空中傳來一陣又一陣的鈴聲，大家抬頭一看，看到高空中有一個黑點，他們十分驚奇，因爲這種東西是他們從未見過的。

這時，阿布努瓦斯去見法老，報告說：「尊敬的陛下，房子已經造好了，請您打開窗子看一看吧！」

法老一聽，便打開窗子，阿布努瓦斯指著天空上的黑點，問：「您聽到響聲沒有？」

法老說：「我聽見了。」
「這是木匠師傅在做屋頂，但是做屋頂的木板不夠用，請您給一點木板，叫人拿上去。」
法老很驚奇，問：「人怎麼上去？」
「喔，不要擔心！那裡有路。」阿布努瓦斯回答說。
於是法老叫來僕人，對他們說：「你們去搬點木板來，跟阿布努瓦斯去。」
奴僕們把木板搬來了，阿布努瓦斯指了指連繫著空中房子的繩子說：「這是通向房子的路，現在你們走上去吧！」
奴僕們面面相覷，但是怕法老王的懲罰，只好硬著頭皮攀上繩子，但卻怎麼努力也爬不上去。
「我們不會走這種路呀！」他們嚷道。
「不行，你們一定要走上去！法老的聖旨你們敢不聽？要是木板不送上去，房子無法造好，他可是會動怒喔！」阿布努瓦斯一本正經地說道。
奴僕們只好一而再，再而三地攀爬繩子，企圖走上去。這樣反覆了好幾次，還是無法成功。最後他們只好哭喪著臉回去向法老報告：「請陛下賜罪吧，我們實在無法從繩子走到天上！」
法老聽了，本來十分惱怒，但他冷靜地想了一想，叫道：「世界上沒有人能從繩子走向天上去呀！」
這時，阿布努瓦斯問法老：「尊敬的陛下，如果您知道這一點，爲什麼還要叫我在天上造房子呢？」

法老無言以對，沉默了一會兒，只得讓阿布努瓦斯出了王宮。

阿布努瓦斯走到大樹前，解開繩子，讓風箏飛走。他又一次用智慧戰勝了權貴。

◆法老的天命

幾千年前的埃及土地上，法老接受拉神的旨意統治著人間，人們建築了富麗堂皇的神廟，虔誠地供奉神殿裡的神祇，日夜祈禱，懇求太陽神賜福人類安居富足。萬物的主宰——拉神賜予人間無數的金銀財富，讓法老擁有廣闊無垠的土地，埃及人在土地上栽種了亞麻、小麥、蠶豆和橄欖，放牧無數肥壯的牛羊豬鵝，過著幸福安足的日子。

但是後來古埃及的人們對神祇漸漸不那麼敬重了，他們對神廟的供奉逐漸稀少，甚至公然蔑視太陽神拉的權威。拉神十分惱火，決定讓埃及人遭受一百五十年的災難，以懲罰那些不敬神的人們。

拉神隨即發布了讓埃及遭受一百五十年苦難的命令，並遣派三位天神到人間去任法老，給世人製造苦難。然而，這三位神祇只有兩位聽命下降人間，另一位則在遠地無法如期趕回赴命。

兩位天神下降塵世後，分別到埃及任法老。他們大肆揮霍浪費，窮奢極侈的過著糜爛的生活，完全不顧百姓的死活；而且還修建宏大的宮殿和直指天際的金字塔，貧苦的百姓不僅受盡折磨，還要交納各種稅賦。人們被隨意捕抓，動不動就被殺死或遭受酷刑。在這兩個法老在位期間，民不聊生，荒廢的土地上滿目瘡痍，被殺死及餓死的人們屍骨遍野，慘不忍睹。更加令人們憤懣的就是，法老突然間命令封閉神殿，不准百姓敬神祈禱。

兩個法老使埃及人民備受蹂躪。後來又立了一個新國王，這個法老就是當初來不及赴命的神祇，名叫拉美西斯，現在輪到他到人間任法老懲罰人類了。法老拉美西斯（西元前一一八四——前一一五三年在位）對自己的使命一無所知，卻成爲人間的國王，開始統治埃及這片國土。

拉美西斯對前兩任法老荒淫無度的作爲相當不以爲然，更反對他們封閉神殿不敬神，於是，他一上任立即大修神殿，並且天天祈禱，求神祇賜福他的子民。拉美西斯勤於政事，體恤臣民，輕苛減賦，廢除酷刑，力圖改革當時腐敗的現象。

但是埃及這個國家還是災難不斷，飽受一連串外患侵擾，天災人禍不但沒有減少，反而更頻繁、更凶猛。拉美尼斯憂心忡忡，跪倒在太陽神殿，大聲地向天上吶喊：「萬能的天神之父啊，您怎能不理會拉神之子的祈禱？怎麼才能使他的子民解脫災難與不幸呢？」

拉神面色凝重地端坐在天上傾聽他的控訴，當夜便派了神使走入拉美西斯的睡夢中。

「拉美西斯啊，你在人間只剩下六年的壽命，在第七年你將死亡重返天界！」

拉美西斯猛地驚醒，懊惱地在宮殿走來走去，他覺得天神之父太不公平，他的父親和叔叔作惡多端、荼毒百姓，不敬神不祈禱，卻活得如此長壽，而他自己虔誠敬神、愛民如子，現在卻那麼短命。他越想越惱火，決定向神明問個究竟。

拉美西斯召來祭司們，讓他們日以繼夜地唸咒，以便使自己的靈魂能與天神會見。祭司們輪番唸了七天七夜的咒語，法老拉美西斯終於見著了夢中的神使。他譴責拉神太不公正，好的人間法老沒有好報，難道拉神是盲目的？不分善惡到如此地步？

「拉美西斯，你息怒罷，」神使解釋道，「你做的善事正是你短命的原因呀，因爲你現在是違反天命行事的——埃及要受一百五十年的苦難。這一點，你的父親及叔父都知道，而你卻不明就裡。」

拉美西斯聽到神使這番話，他知道自己的命運已經確定了，從此，他改變自己以前的生活。他覺得將時間花在敬神與祈禱上已經失去意義，既然天意如此，太陽神早已安排好人類的命運，建殿敬神有什麼用處呢？他的生命只有六年了，現在應該好好享受生活，抓緊時間縱情狂歡才是。

從此，拉美西斯封閉了神廟，取消了對神一切的供奉，甚至命人搗毀了神像。法老叫百姓不必理會神的一切，因爲神是虛妄的。

同時，他下令製造許許多多蠟燭和油燈，一到夜裡就把蠟燭和燈點燃，於是黑夜就如同白晝一般明亮，這樣，他剩下的六年壽命就變成十二年了。

每天夜裡，皇宮內外通明，拉美西斯晝夜不停地飲酒作樂。他也像父親和叔叔一樣，讓他先前鍾愛的子民爲他建築大金字塔，而且比以前任何一任法老更宏偉壯麗；他又強索埃及所有的美女以供他狎樂，徵集天下珍饈美味讓他享用……

埃及人更加陷入水深火熱之中，憂憤到了極點。許多皇室成員幾次曾企圖毒殺他，結果他們全都遭到殺害。日子一天天過去，終於到了第七年，法老拉美西斯死去。埃及從拉美西斯的父親到叔父再到現在，整整煎熬了一百五十年。

拉美西斯死後靈魂升上了天界，他完成了拉神的使命，最後又變成天神永生在天界。

◆籃子屠城計

在希臘史詩《伊里亞特》中，敘述著特洛伊戰爭的情形，故事的內容是敘說三位女神因爲互爭美麗的頭銜，而在人間挑起了希臘人與特洛伊人的血戰。這場戰爭打了十年，都分不出高下，最後由希臘將領奧德修斯想出了木馬屠城計，才攻陷了特洛伊城。

無獨有偶的，在古埃及，很早便有了這種類似木馬計的攻城謀略。

話說第十八王朝的圖特摩斯三世（西元前一四七九——前一四二五年在位）在位之時，有一次，雅法城（巴勒斯坦）的王臣反叛朝廷，法老王遂召來英勇善戰的將領圖梯。

「圖梯，你立即率領步兵團，去剿滅那些萬惡的雅法叛徒吧！」接著，法老又令一名侍從取來他的王杖，夾放在圖梯的輜重中間，以便讓王者的威能可與大軍一同去滅敵。

現在，圖梯率領著軍隊出發了，太陽神的萬丈光芒照耀著他們，使大軍的盾牌、長矛熠熠生輝。將士們越過原野，將領們雄糾糾地指揮部隊向前推進，埃及人整齊畫一地往前走，揚起的塵土遮天蔽日。

這時，圖梯將領派遣的使者已先行抵達了雅法城，對反叛的王臣們說：「看啊，法老陛下的大軍來攻打你們了。不過，你們還有機會，快出城與我們英明的圖梯將軍談一談吧，說不定你們可以免於一場大戰！」

雅法城的首領和長老們在聽完使者的遊說後，都同意和平解決這事，首領並決定親自赴約談判。

在此同時，圖梯即命令部屬在遠遠的地方紮了一座大帳篷，並準備了二百個裡面裝有繩索和木鐐銬的大籃子；另外他還做了一個更大的籃袋，在底層放了一副銅鐐銬，又將法老的王杖放在其間。接著，圖梯下令將這些籃子和籮筐全運進去帳篷內，然後在上面鋪滿了草料。

等到一切準備就緒之後，圖梯就命使者通知雅法城的首領。於是，雅法叛軍的首領浩浩蕩蕩地領著一些隨從出城，卻不知他的御者早已被收買成爲法老的擁護者了。

圖梯舉行了盛宴，熱情地款待大家。就在大家酒酣耳熱之際，圖梯對雅法首領說：「我軍準備了許多糧草，你不妨趁士兵們還沒喝醉的時候，吩咐他們帶馬匹去餵料。」

雅法首領一聽，覺得這主意不錯，就下令隨從帶來馬匹，準備餵草料。一會兒，一大群人牽著馬來到這些籃子前餵食。突然，有一個眼尖的士兵發現草料裡有一根閃閃發光的大杖，就立即跑去報告首領。

「這一定是我們偉大法老的王杖了！」圖梯佯裝驚訝地說。

雅法首領一聽，大感興趣，急忙對圖梯要求道：「我早聽說這根有名的王杖了，據說圖特摩斯這根杖名叫『圖特奈費爾』，神通廣大。百聞不如一見，我很想仔細看一看，你帶我去看看吧！」

「可是……」圖梯故意遲疑了一會兒，說：「據說這根杖是法老王的『卡』魂（即靈魂），隨便看不太好吧？」

「這是千載難逢的機會啊，」雅法首領苦苦請求，說：「懇求你做件好事，把它取來給我看看吧！」

最後，圖梯勉爲其難地答應了，便命令手下將法老王的大杖抬進來。

片刻間，那根金光閃閃的大杖被抬進圖梯的大帳篷中，雅法首領看得目瞪口呆。圖梯從座位上站起來，拿過法老大杖，走近雅法首領。突然，他一把揪住雅法首領的衣服，大聲說：「看看我呀，雅法敵人！這就是神奇可怖的雄獅，賽克亥特神之子！他的父親拉神賜給他無比威武和精力的圖特摩斯的大杖！」話音剛落，圖梯的手高高舉起，揮杖擊中雅法首領的腦袋，雅法首領頓時倒地身亡。雅法首領的隨從也隨即被圖梯的手下殺死了。

接著，圖梯將雅法首領的屍體裝進那只籃袋裡，用銅手銬銬在他的手腳上。同時，他吩咐手下把那二百只籃子騰空，叫二百名士兵鑽進籃子裡面，空隙用繩索和木鐐銬塞滿，籃子上用封條封住，然後加上繩網和扁擔。他指派所有強壯的步兵，一共六百名將他們抬著。

緊接著，他叫來雅法首領的御者，囑咐他說：「你的主人現在已經死了，因爲他違反神聖的圖特摩斯法老。現在，正是你戴罪立功的時候！」御者感恩戴德，立即領命回到雅法城去了。

御者回城之後，直奔王宮找到首領的妻子，告訴她說：「尊敬的主母，報告您一個好消息！塞特神已經把圖特摩斯連同他的妻子兒女都交給我們了，我們勝利了！看吧，他們進貢的第一批禮物到了。」於是御者帶著他的女主人登上城頭看那兩百只籃子。

女主人不知計，滿心歡喜地叫全城的人來觀看圖特摩斯被活捉的壯觀景象。城裡的老老少少都很高興，以爲獲得了勝利，便放棄防守，打開城門迎接這些「貢品」，準備接受敵軍的投降。這時，躲在籃子裡的精銳士兵立即割開封條，蜂擁而出，而且動作迅速地將還沉浸在勝利喜悅中的居民們抓住，很快地將他們捆綁起來。於是，整個城的人民都被俘虜了，叛軍們投降了，雅法城被圖梯不費一兵一卒地智取攻克。

不久，法老接到圖梯的捷報：「尊敬的法老啊，請您高興吧，因爲您的好父親拉神已經將雅法敵人連同他的人民及他的城池都交給您了！」

法老圖特摩斯三世十分高興，他派人將俘虜押解回來，讓他們成爲神廟的男女奴僕；同時，也重賞了圖梯以及御者。此後，圖特摩斯三世的統治十分鞏固，再也沒有叛逆的城市了。

埃及女王

古埃及的女性通常有著清楚的角色定位，她們負責料理家務和養育小孩，有時也要從事粗重的勞動工作。不過，在法律上，女性擁有和男性相同的權利。妻子若是遭到丈夫的虐待，甚至可以提出控訴，令丈夫接受審判。

在政治上，古代埃及就有三位傳奇的婦女，她們的故事不僅讓人們津津樂道，而且名垂青史。

◆女法老——哈特謝普蘇特

在埃及的諸多建築中，有一座頗負盛名的卡納克神廟。這座神廟係由許多個神殿所構成，神殿之外，還有獻禮廳與多柱堂等建築。不論在神殿或是獻禮廳中，都可看到大小不一的石雕像，所雕者或是神話人物，或屬帝王英姿。這樣的雕像在卡納克神廟裡約有八萬多尊，由這個龐大的數字，便已能想像出神廟氣勢之大。卡納克神廟之美，在於神廟內一根根拔地擎天的巨柱；時至今日，廊柱上的屋頂雖已崩塌，但石柱依舊完好矗立；當置身巨柱之下，陽光穿柱而過，陰影斜躺地面，一時間，彷彿這些石柱也有了生命，柱與柱之間，乍見人影晃動，也不知是哪位法老王的魂靈不散，依舊遊走於神廟之際，依依不捨這人間華屋。也許就正是那位在石碑上刻著「曉喻世人，我築此廟，斗量赤金，如量黃沙……卡納克有此建築，乃使世人眼界大開」的帝王！

在卡納克神廟石碑上刻下如此豪語的帝王，也是埃及歷史上最富傳奇色彩的女法老——哈特謝普蘇特女王（西元前一四七九——前一四五八年在位）。按照埃及的傳統，君主必須是男性，但她卻獨攬大權，自立爲王。

哈特謝普蘇特是埃及偉大法老王圖特摩斯一世的唯一嫡出女兒，由於古代埃及非常重視王位繼承者的純潔性，因此哈特謝普蘇特便嫁給同父異母的兄弟圖特摩斯二世，與他並行統治。但哈特謝普蘇特有著堅韌的性格，一開始便把實際的大權掌握在自己的手裡，圖特摩斯二世成了名義上的王。圖特摩斯二世登王位五年便亡，亦沒有生下兒子，於是，王位的繼承又出現問題。最後，人們選定一個也叫圖特摩斯的王族青年與哈特謝普蘇特一道統治。但是，哈特謝普蘇特並不滿足於此，她把這位青年送到卡納克神廟裡當僧侶，並派人監視，從而使自己成爲唯一的埃及女王。她的這種作法激起朝臣的不滿，尤其是那些支持圖特摩斯的人，眼看就要釀成一場宮廷傾軋。

在這種情況下，聰慧的哈特謝普蘇特便抬出了阿蒙神。她宣稱：阿蒙神爲產生一位埃及的神聖統治者，裝扮成圖特摩斯一世的模樣，到阿莫斯王后的臥室裡去。阿莫斯王后並不知情，便把他當作自己的丈夫來接待。阿莫斯王后懷孕末期，由兩位女神領到產房。孩子生下之後，另外幾個女神把她獻給阿蒙神，阿蒙神承認她是自己的女兒。——哈特謝普蘇特講述這個故事，意在證明自己的當政純粹出自神的旨意，而且自己便是神的親生女兒。

然而，圖特摩斯三世及其追隨者不甘示弱，亦抬出神來對抗。他們說：在圖特摩斯三世還是一個小孩時，便在卡納克神廟任僧侶。在一次節日中，他跟其他僧侶站在一起，僧侶們抬著太陽神乘坐的船，環繞著廟宇行走。忽然，這隻船停在他面前不動了。他換了一個位置，站到別的地方，船繼續環繞廟宇行走，可是，當走到他面前時，又停住不動了。這種情景接連發生了三次。於是，僧侶們聲稱，按阿蒙神的意志，他應成爲埃及的國王。

儘管雙方都抬出了神諭，爲贏得統治權尋求依據，但最後還是哈特謝普蘇特勝利了，她平穩地統治埃及十七年直到辭世。

哈特謝普蘇特雖是女兒身，其治績武功卻十分突出。她追求和平政策，努力健全經濟體制，不喜對鄰邦征戰，而且還開採了新的土耳其玉礦，派遣商務探險隊遠征朋特。

她曾誇下豪語，聲稱「凡淪爲廢墟者，我一一重建」。因此連卡納克神廟在內的大小建築，她均下令予以整修。最後，她爲自己在底比斯尼羅河西岸的沙山上，構築了一座莊嚴華美的陵寢。爾後的埃及王們亦步亦趨，也把他們的陵寢修建在附近。這些帝王陵寢總計多達六十餘座，後人因之稱爲「帝王谷」。

雖然在她的祭殿內，壁畫中的她藉由假鬍子和各種王權象徵，讓自己呈現出男性的形象；但她傳奇的一生，實比男性法老更讓後人感佩。

◆一代佳人──娜芙蒂蒂

西元一九一二年十二月某日，一支德國考古隊在上埃及的特勒阿瑪納荒涼的荒漠裡考察。他們在一處古城的遺址挖掘，突然，一個工人氣喘吁吁地跑到帳篷裡，叫醒正在小憩的考察隊長，向他報告發現了一座房屋的地基。

隊長急忙趕到現場，指揮大家小心翼翼地挖掘房屋周圍土渣。後來大家意外地發現了一個如同人體膚色的脖頸露於地面，考古隊員戰戰兢兢地清除附著在上面的塵土，一個倒置著的眞人般大小的女子胸像赫然呈現在眼前。雕像眉目俊秀，安詳端莊，又濃又黑的眉毛下面有著一對用銅料鑲成的眼眶，眶內用雪花膏作眼白，閃亮的水晶石作眼珠，配上鮮紅的嘴唇和嘴角邊一絲微笑，使雕像顯得更爲動人；雕像頭戴綴有彩帶的淺藍色王冠，細長的脖子下面掛著色彩繽紛的胸飾；可以看出，這是一位身材苗條、雍容華貴的古典美人。考古學家們研究發現，她，就是三千多年前古埃及歷史上大名鼎鼎、才貌蓋世的娜芙蒂蒂（Nefertiti）的雕像。

娜芙蒂蒂意爲「絕代佳人」。關於她，還有一段曲折浪漫的故事。

娜芙蒂蒂從小就聰明貌美，通曉天文等科學。她的

娜芙蒂蒂頭像

父親是朝政大臣，協助法老管理朝政。娜芙蒂蒂一出生，祭司們便預言她以後會成爲王后，並且大有作爲。果然，她很小就幫助父親處理朝政，推行改革，顯露出超凡的政治才華。

在娜芙蒂蒂十一歲時，她已經出落得如出水芙蓉般俊麗無雙。有一天，王子阿肯那頓到娜芙蒂蒂家拜訪老臣，看見了娜芙蒂蒂，驚豔之餘，竟呆得說不出話來，回家便得了相思病，天天哀求法老王把娜芙蒂蒂許給他。法老最後應允了，當年就爲王子和娜芙蒂蒂舉行婚禮。翌年，法老去世，王子阿肯那頓繼任了王位，這就是古埃及第十八王朝的阿肯那頓法老（西元前一三五二—前一三三六年在位）。

阿肯那頓繼任法老後，極力推行改革；不論在政治、社會以及文藝等方面都積極改革。同時，他又是一位才華橫溢的詩人，而娜芙蒂蒂的聰明才智也在此時展露開來，幫助丈夫料理國事。他們將埃及治理得井井有條，閒空時就吟誦詩歌，生活得十分美滿幸福。

阿肯那頓是埃及歷史上有名的「異教法老」，他反對當時非常盛行的阿蒙神和其他諸神，而唯崇阿頓神爲國神，他所創立的新宗教更是世界史上首度出現的一神信仰。他還把首都從底比斯北遷至特勒阿瑪納，並在此地製造出許多風格新穎的藝術作品。當然，這些都是受到了妻子娜芙蒂蒂的啓示。王后不但是位傑出的女政治家，同時也是個賢內助，她總是幫助丈夫推行政策，讓埃及人過著平安富足的生活。

王后娜芙蒂蒂生了六個女兒，可惜沒有一個兒子。不久，阿肯那頓法老去世了，娜芙蒂蒂十

阿肯那頓和娜芙蒂蒂奉阿頓神為唯一神。阿瑪納時期的藝術獨樹一格，享譽世界。

分悲傷。她立了圖坦卡蒙（西元前一三三六—前一三二七年在位），當時這個法老才十二歲；娜芙蒂蒂將三女兒嫁給他，國政大事還是由她掌控。

三年後，年幼的法老在阿蒙祭司和貴族勢力的壓力下，不得不終止阿肯那頓法老所推行的宗教改革，恢復了原來阿蒙神及眾神的地位，並將首都遷回底比斯。絕代佳人娜芙蒂蒂十分失望，不久便去世了。

娜芙蒂蒂死後，圖坦卡蒙法老叫人按她本人的面貌精心雕成石像，將它放在前法老的墓前。沒想到這雕像沉睡了三千多年後，如今被德國考古隊發掘出土。

而在圖坦卡蒙統治的九年內，大部分時間均是由軍隊將領荷倫赫布和老臣阿伊掌握大權。這兩人在圖坦卡蒙以十八、九歲之齡早逝後，繼續治理埃及。圖坦卡蒙的木乃伊顯示出他頭顱有傷，因此有些專家認爲他可能遭阿伊謀殺；若不是他那座保存安好、金碧輝煌的陵墓在西元一九二二年被發現，他幾乎已完全被遺忘了。

◆埃及豔后——克麗歐佩脫拉

約在西元前五〇年，埃及有一位美貌的女王叫做克麗歐佩脫拉七世（西元前五一——前三〇年在位），正確的說，她是古埃及末代王朝——托勒密王朝的最後一位統治者。羅馬的英雄凱撒與安東尼，都先後拜倒在她的石榴裙下，甘為俘虜；而她卻利用男人的絕大權力作後盾，企圖稱霸世界，但不幸失敗，最後親手斷絕自己的生命……傳說中她就是這樣的一個女王。

黑暗的托勒密王室

克麗歐佩脫拉誕生於西元前六十九年，她是托勒密十二世的女兒。托勒密王室，建都於埃及尼羅河西畔的亞歷山卓港，其始祖為希臘馬其頓之王——亞歷山大的第一重臣托勒密。此人建立了托勒密王朝，並繼承亞歷山大大帝的雄偉意志，衍生了具有令人驚嘆的高度文化與教養的王族。

然而，君臨該城的希臘人與托勒密王權比較，卻有著更崇高的教養和文化，而這時托勒密王權卻已日漸式微，頗有高處不勝寒之感慨。

一代接著一代，這個王室為了保存血統的「純粹」，年長的女兒與兒子結婚，分別稱呼托勒密、克麗歐佩脫拉，以共同統治王朝，並使其成為慣例。但是，這也成為親子兄弟與夫婦之間權力鬥爭的來源，造成結婚與殺戮的醜陋歷史。

克麗歐佩脫拉，便是誕生在這樣一個沾滿家族血腥的歷史漩渦當中。她的父親托勒密十二世，即是在歷經夫婦親子廝殺而險些絕後的王室中，勉勉強強繼承嗣位的。

這位君王，人們稱呼他爲「奧列地斯」。奧列地斯有「吹笛者」的意思，據說他喜歡在宴席上吹笛子，從這個稱號就可以得知他在政治上是無能的，始終只會阿諛奉承以討好羅馬人。

克麗歐佩脫拉雖然誕生在如此恐怖不安的家庭之中，但她自幼即秉賦聰穎、才能非凡。

身處在當世無與倫比的學術文化中心，她學會了藝術、科學、哲學等所有的學問，可以說集高度的教養於一身，她也學會把她的知識以各種語言來表現。在托勒密王朝的所有統治者之中，她是第一個也是唯一學會埃及的文字與語言，這也表示她的才華與興趣是非常廣泛的。而且，她的興趣並不僅止於學問，能說埃及語的她，也對太古時代就流傳下來的「祕教」十分有研究。

埃及的哈托爾女神，原本就是「自由之愛的女神」，傳說這尊女神身上的鎖鍊會使碰到它的人心生愛慕；信仰哈托爾女神的克麗歐佩脫拉，據說還具有催眠術和心靈感應的超能力。至少多數的羅馬史學家相信，凱撒和安東尼都是中了她的魔力才拋卻政治的，因此，他們均汙蔑她爲「尼羅河之蛇」。

當克麗歐佩脫拉這樣過著她的少女時代時，羅馬卻興起征服埃及的預謀。

雖然羅馬的元老院對此舉表示否定的態度，但埃及的豐富地下資源，以及一年可收穫三季的豐饒土壤，卻不得不讓羅馬人萌生覬覦之心。

克麗歐佩脫拉的父王托勒密這時已獲知羅馬的意圖與動向，思考著無論如何也要想辦法保護埃及。他想到一個計策，就是把埃及的軍隊八千騎兵借給羅馬的掌權者龐培，以表順從之意。意思是希望依靠龐培的庇護，以保住埃及。

這個時候，托勒密十一世之弟所統治的吉布洛斯島遭受到羅馬的奇襲，這位克麗歐佩脫拉的叔父吉布洛斯王勇敢地迎戰羅馬軍。然而孤軍難敵羅馬強大的軍力，終究難逃敗北之辱。一旦兵敗，這位吉布洛斯王就慷慨服毒就死，因他不願被俘虜到羅馬遊街示眾，寧願以王者之尊選擇死亡。

托勒密十二世卻對弟弟的危險完全坐視不顧，在他的腦海中只盤旋著這個念頭：被羅馬敵視就糟糕了。後來，雖然他倖免於觸怒羅馬，但在亞歷山卓城，素以榮譽為生命的希臘市民的眼睛是雪亮的，這種有失王者信譽的醜態，實在斷無饒恕之理。市民們遂憤而發動叛亂，驅逐托勒密十二世。由克麗歐佩脫拉的姊姊貝勒尼克四世和大祭司亞魯克勞斯結了婚並即位。

另一方面，逃亡到羅馬的托勒密十二世想盡辦法要恢復王位，他不斷地賄賂羅馬的政治家。當然，他沒有財源。所以賄賂的金錢都是借貸而來的，於是這樣巨額的債務就日漸增大。事到如今，若不早一日恢復埃及王位，他實在已無計可施了。

終於，托勒密十二世說動羅馬出兵，成功地攻陷亞歷山卓城。亞魯克勞斯戰死，貝勒尼克四世也依父王之命被處以死刑，托勒密十二世再度復歸王座。

這個時候率領羅馬軍隊的將軍，就是於十數年後在凱撒死後，與克麗歐佩脫拉結婚的安東尼。

千辛萬苦奪回王位的托勒密十二世，出人意表地不久就離開了人世，身後遺留十八歲的克麗歐佩脫拉、十一歲的托勒密十三世等四個小孩，另外還賒欠羅馬大銀行家高斯一大筆債務。

不久，依照先王遺旨，克麗歐佩脫拉與托勒密十三世結婚成爲共同統治者，於是形式上的國王夫婦就此誕生了。

凱撒登陸埃及

克麗歐佩脫拉初次會見凱撒是在西元前四十八年的十月，那時凱撒五十三歲，克麗歐佩脫拉年方二十二。

當時，羅馬首屈一指的執政官裘理斯·凱撒，正在追戰著他的政敵（即羅馬政治家三巨頭之一的龐培），而帶了三千二百名士兵一起登陸埃及。克麗歐佩脫拉聽到這個消息，馬上感覺有必要會見凱撒。

這個時候的克麗歐佩脫拉，已被她的弟弟，也是她的夫婿托勒密十三世驅離王座，並逃出亞歷山卓。她從上埃及逃到巴勒斯坦，然後再逃往亞斯卡隆，藏匿在支持者的家裡。

自從父王死後，克麗歐佩脫拉與弟弟托勒密十三世成爲共同統治者，一起治理國家。然而與接受高深教育而聰慧伶俐的十八歲女王相比，又是夫婿又是弟弟的托勒密十三世，才不過是十一歲的兒童。宦官波斯堤諾、希臘修辭家狄奧多特和軍人阿吉拉斯三人，便趁機操縱這個小孩，使他做一些蠅營狗苟的勾當，並專在自己的利益上打主意。

克麗歐佩脫拉屢次忠告弟弟，要注意這三人，弟弟不但不聽，反而把她驅離亞歷山卓城。

克麗歐佩脫拉蟄伏在沙漠的一隅，不覺已經兩年，她在亞歷山卓原安置有幾名密探，因此，這次才能得到凱撒登陸埃及的情報。她開始計劃趁此機會再度恢復女王寶座。

另一方面，在亞歷山卓的王宮，正進行著如下的密談——

是否要接納亡命的龐培，或者拒絕他？如果一旦要接納，則是擺明了與凱撒為敵。如果拒絕呢？以當年父王蒙受其恩惠的觀點來說，就是以怨報德。但最後的決議還是確立了：就是先佯裝接納龐培讓他上岸，然後再伺機殺死他。

於是，凱撒登陸亞歷山卓之後，狄奧多特送來一件小小的禮物。那是刻有徽章的一枚戒子。

「這不是戴在龐培手指上的戒指嗎？」凱撒如此驚喊著。

然後僕從又端來第二件禮物，那就是龐培的首級！一瞬間，凱撒恍然大悟，知道舊敵龐培發生了什麼事情，於是放聲痛哭，淚水滂沱。

為討伐政敵龐培才登陸埃及的凱撒，照理在龐培死亡之後，就沒有什麼理由再逗留埃及了，可是他以對前王所欠的債務需要交涉回收為藉口，滯留在宮廷不打算班師回國。

原來天才戰略家凱撒，目睹亂糟糟、雜亂無章且內爭不斷的埃及王室隱藏著千般弱點，就企圖藉此機會一口氣把羅馬的權限擴大到這個王朝。

在托勒密這邊，則處心積慮，希望盡快把羅馬軍趕出埃及，而百般擬定策略，例如故意停止給羅馬軍的供糧，在亞歷山卓城散佈流言煽動市民對羅馬軍的反感等等。不久，軍備、兵力都比羅馬軍佔優勢的埃及軍就會同亞歷山卓的民眾，層層包圍了凱撒逗留的宮殿。

克麗歐佩脫拉的策略

十月中旬，黃昏時刻。亞歷山卓港被波浪拍打岸壁，海面一隻小船靜靜駛來，在靠宮殿這邊的峽岬角靠岸。船中坐著一個希臘商人打扮的男子，旁邊放著睡袋模樣的一件行李。當時的旅行者，習慣將旅遊必備的用品捲在毛氈裡面攜帶著行走。

小船中的男子，一直等到夜幕低垂，才將行李扛在肩上，步向宮殿，因他形跡可疑，馬上就被羅馬士兵圍住，盤問他如何通過埃及軍封鎖的海線。他回答說是用錢買通埃及士兵，偷渡過來的。

「我是克麗歐佩脫拉的使者，有緊急要事求見凱撒將軍，當面奉告女王的旨意。」

假扮商人的男子原來就是克麗歐佩脫拉的心腹阿波羅多，他立即被引進凱撒的寢宮。阿波羅多恭敬地向凱撒行禮後，便將攜帶的行李拋在凱撒的腳下，然後開始鬆解捆綁的繩子，繩子的最後一個結一經解開，毛氈一翻開，竟從裡面跑出了嬌小玲瓏的窈窕淑女，笑盈盈地端立在凱撒面前。這個女子，便是潛藏敘利亞沙漠不知去向的克麗歐佩脫拉。

凱撒當下著實吃了一驚，但眼前這個女人有美麗知性的容貌、優雅的身姿及富於魅力的嗓音，她和凱撒侃侃而談。當天晚上，凱撒便決定站在克麗歐佩脫拉這一邊，完全地支持她。其時，凱撒五十三歲，據西元前一世紀作家所寫的凱撒自傳的記述，他是「高大、白皙，手足矯健，有著炯炯有神的黑眸子」的人，並且擁有敏捷與知性、優雅與纖細的感覺，是相當富於魅力的男性。

一方面，克麗歐佩脫拉二十二歲，「捲髮巧梳理，並挽了一個髻，豐滿的身材，嬌柔的體態，其優雅的程度令人不容置疑」，況且，她能講流暢的羅馬語，能以精練的語句和凱撒進行完美的外語對談。

口無遮攔的羅馬史家，指稱此時克麗歐佩脫拉以虛僞的愛和魔術迷倒凱撒。但別忘了，這個時候宮殿外有托勒密的大軍團團包圍，虎視眈眈的共同敵人正在外面伺機而動，因此他們根本沒有必要採行這種虛假之愛的理由存在。

翌日天亮，凱撒馬上叫出托勒密十三世，質問他：「爲什麼違反前王的遺旨，把姊姊從共同統治之座趕下來？」

凱撒旁邊竟然坐著失蹤的姊姊克麗歐佩脫拉，當托勒密十三世看到她的霎那，便明白了一切。他怒擲王冠，大罵姊姊，

埃及豔后克麗歐佩脫拉密會羅馬英雄凱撒，與之結盟。

然後衝出宮殿。至此，凱撒與托勒密十三世終於正式決裂。

凱撒放火焚燒敵軍的船。當時封鎖亞歷山卓港海面的敵船有：埃及護衛船三十二隻、船艦三十八隻，以及龐培留下的羅馬槳帆軍艦五十隻，都成爲凱撒火攻的對象。

埃及的十一月常吹襲強勁的北風，火勢燃燒到木造船，被風吹到陸岸邊，火花紛飛，不久就延燒到岸邊的倉庫，然後繼續蔓延，燒盡民家，逼近宮殿，最後圖書館也著火了，火勢更加熾烈。亞歷山大大帝後繼者歷經好幾代所匯集的智慧結晶，一瞬間也化爲飛灰。

此時，克麗歐佩脫拉身在宮殿之中。從面海的窗口，眼見轟隆作響的大火，燃燒及吞噬埃及船和亞歷山卓街市，她的子民倉皇奔逃，眼前慘烈的景況讓她淚如泉湧，心如刀割。

在混亂中，侍從加尼墨地斯策動，擁立克麗歐佩脫拉的妹妹亞奴西諾耶就女王之位。

對克麗歐佩脫拉來說，這樣又多了一個至親敵人登場了。

加尼墨地斯是個相當英勇的戰略家，他向羅馬軍發動奇襲，羅馬軍陷入大混亂，凱撒在危急之際跳下海，好在有他平日穿著的紅色披風作替身，敵軍的弓箭便朝著飄浮在水面的紅披風發射，而使凱撒脫險。

揀回一條命的凱撒，馬上調來大批羅馬援軍，準備與托勒密十三世決一死戰。兩軍一陣激烈地廝殺，托勒密十三世連人帶船沉沒於尼羅河底。凱撒趁勝追擊，令人搜索少年王的屍體，當天，少年王穿著黃金鎧甲的屍體被發現。「與其說是已死的君王，不如說是睡著的小孩較適合。」托勒密王朝血淚斑斑的悲劇，在這裡又再度重演。

少年王死後，克麗歐佩脫拉就與更小的么弟十一歲的托勒密十四世結婚，並即位爲女王。但此時，克麗歐佩脫拉已懷了凱撒的孩子了。

克麗歐佩脫拉前往羅馬城

亞歷山卓城平穩下來之後不久，也就是西元前四十七年春天，這時自凱撒踏上埃及國土已經過了七個月。

克麗歐佩脫拉這時陪著凱撒往尼羅河上游去旅行。尼羅河整年都有從地中海吹來的北風，要溯源而上，只要張滿帆，船隻便可逆流而上，一點都不會有困難。

克麗歐佩脫拉所乘的王室御船「達拉美哥斯號」，在船內有連柱的大廳和宴會場、美麗的庭院、還有奉祀維納斯女神和戴奧尼索斯（酒神）二神的神殿，船長九十一公尺，船寬約十三公尺，高十八公尺，是不折不扣的「尼羅河上浮動的宮殿」。

克麗歐佩脫拉在這次巡遊中，企圖給凱撒一種「豐裕埃及」的印象。一年可收穫三季穀物的豐饒大地，以及尼羅河上游各處壯大宏觀的神殿和金字塔，讓凱撒爲埃及不可測知的神祕力量傾倒。

凱撒重新對此國的豐裕富庶刮目相看，同時也見到了以統治者君臨此國的克麗歐佩脫拉的權力竟如此之大。而且克麗歐佩脫拉並非單純的統治者，她的權力根源來自於埃及女神伊希斯一樣的神性，可說是集神權、人權於一身的帝王，對人民而言，她是不可侵犯的絕對權力者。

「有克麗歐佩脫拉的神性和埃及的富裕，再加上羅馬強大的軍事力，則稱霸世界的藍圖清楚浮現，再也不是夢了！」

羅馬共和國的最高指揮官燃起了激烈的野心，他說：「將權力與支配的力量發揮到極致以建立超國家的組織」，那就是世界皇帝的絕對權力。

歷史家都認爲煽動凱撒燃起這種野心的人就是克麗歐佩脫拉。的確，凱撒自從遠征埃及之後，判若兩人。從羅馬共和國的最高權力者到世界帝國的皇帝，凱撒的這種夢想，由於有了克麗歐佩脫拉的神性之助，而更加擴大了。

何況，現在二人之間，已經有將來可繼承世界皇帝之位的兒子凱撒里恩了。克麗歐佩脫拉此時正充分享受著作母親的喜悅；爲了凱撒里恩，她一定要與凱撒攜手合力建築大帝國。她不希望凱撒里恩將來再捲入險惡的王權爭奪戰的漩渦之中，而且以埃及女王的身分，不如以世界皇帝之妻的地位，來替兒子的將來打算。終究要當第二代皇帝的凱撒里恩眞是包含無限希望的可能啊！

但是就在凱撒離開羅馬到埃及的七個月之中、他和克麗歐佩脫拉過著華麗奢侈、如夢似幻的日子的同時，羅馬各地卻不斷地發生叛亂，政治、社會的紛爭更是層出不窮，民怨開始沸騰，逼得凱撒不得不暫時撇下克麗歐佩脫拉和新生兒，自己回到羅馬。途中，凱撒與敘利亞的蓬多斯軍會戰，大勝。他以有名的「我來了，我看見了，我贏了！」的連捷快報送達羅馬，然後光榮地凱旋告歸。

然而，羅馬市民對凱撒的反應冷淡。他回來後的當務之急是鎮壓叛亂，甚至爲討伐龐培派的餘黨而遠征非洲。

翌年，在羅馬，凱撒主持四次的凱旋式。在這以前，由於激烈內戰的結果，羅馬人口已從三十二萬人減少爲十二萬人。這時凱撒以政治意圖爲目的，舉辦華麗堂皇的凱旋儀式。

第一天是加利亞戰勝紀念日。第二天是埃及戰勝紀念日，這天克麗歐佩脫拉的妹妹亞奴西諾耶被牽著遊街，受到市民的同情；後來，她終能倖免一死而流亡到亞洲屬國去。

第三天是蓬多斯國戰勝紀念日。第四天爲非洲戰勝紀念日。

不少戰利品成列遊行，凱撒正意氣風發地向市民宣布：「這麼多財富，我祇想與羅馬市民一起分享而已。」就在這時，傳來埃及女王克麗歐佩脫拉登陸的消息。

克麗歐佩脫拉並非不知道凱撒已有第三位妻子卡布路妮亞存在，只是已經二歲的凱撒里恩有必要得到羅馬市民的承認。

大家預想不到的美麗訪問者一到，羅馬市民情緒沸騰，各種流言沸沸揚揚。總之，對克麗歐佩脫拉的批評中傷比讚美要來得多。

自凱撒離開埃及迄今，克麗歐佩脫拉一直耐心等待凱撒的召喚。當初凱撒與克麗歐佩脫拉有過約定，說等待時機成熟就會叫她到羅馬來，而凱旋慶典正是最佳時機。

自埃及歸來後的凱撒，開始相信自己是天神之子，其獨裁的傾向急遽增強。這一陣子他偶而會發作羊癲瘋，但他連這症狀都認爲是他爲神之子的印證。他在羅馬元老院會議場後面，建築莊嚴的神殿以供奉他自己信爲祖先的威奴斯神，並且還在神殿裡面收藏著一尊克麗歐佩脫拉像。

但凱撒的這個主意在羅馬市民間引起極不好的風評。人們認爲這裡不是埃及，是施行共和制的羅馬，而且過去也未曾有過在神殿內放置國王或政治家雕像的例子。於是羅馬人開始謠傳凱撒中邪，被埃及女王矇騙蠱惑到如此的地步，以致忘了羅馬了。

尤其，凱撒命令亞歷山卓城的天文學家西里格明斯訂立「儒略曆」，這個曆法的施行，使羅馬人覺得厭煩，由於改行新曆產生誤差，竟使西元前四十六年那一年有四百五十五天。

運河的挖掘、東方風格的大劇場建築，凱撒一個接一個地著手他的大事業，但這種好大喜功的作風都建立在羅馬市民的財富損失和勞動犧牲上。支配者與被支配者，絕對王權下的埃及的政治結構，原封不動地移進共和制的羅馬。結果是人人怨聲載道，唯獨凱撒一人越加耽溺於獨裁權力，陶醉在他世界帝國的美夢中。

在此同時，克麗歐佩脫拉蟄居在台伯河畔，與世隔絕。人們開始謠傳克麗歐佩脫拉與凱撒不和，凱撒遠征西班牙，爲的就是要擺脫克麗歐佩脫拉。

其實，凱撒是何等敏銳的政治家，他早已察覺到羅馬市民對克麗歐佩脫拉的反感，所以計劃以遠征西班牙的勝利來使自己的獨裁權力更加提高，其後再來安排克麗歐佩脫拉與凱撒的正式相認。

可惜，凱撒的計畫最終還是沒有辦法實現，因爲在不久的未來，他將遭到暗殺而身亡。

安東尼之戀

西元前四十四年三月，發生了凱撒暗殺事件。主謀者是以葛修與布魯特兄弟為中心的元老院共和派。

遭暗殺時，凱撒說：「布魯特啊，連你也是嗎？」這句話成為歷史名言，因為他所信賴的布魯特是凱撒曾經熱戀過的雪維拉夫人的兒子，而凱撒自己都幾乎相信他是自己的親生兒子。

這個人為何要殺害凱撒？他後來這樣說：「凱撒的傲慢、寬容、高潔、才能，一切都是我憎惡的對象。尤其，他輕蔑共和制的態度最令我無法忍受。」

一方面，在得知凱撒被暗殺的消息後，克麗歐佩脫拉匆匆離開羅馬，回到亞歷山卓的王宮。現在在她王座旁邊坐著的是三歲的凱撒里恩，他的稱號為托勒密·凱撒，亦即托勒密十五世。克麗歐佩脫拉認為，三歲的小凱撒同時擁有凱撒和亞歷山大後裔的血統於一身，理所當然應為世界帝國的統治者。

在羅馬，凱撒亡後的主導權由屋大維和安東尼二人分享。屋大維是依照凱撒遺言分得凱撒四分之三遺產的外甥。但安東尼想要比屋大維先行一步，把因凱撒遇刺而未能實行的世界帝國的初步目標——巴爾的亞遠征付諸實行；而他，就在這個時候，想到了克麗歐佩脫拉。

於是安東尼派遣使者邀請克麗歐佩脫拉到自己的領地塔爾索來會見，女王接受了邀請。

克麗歐佩脫拉躺臥在金銀綴飾的華船中央，此時船隻越來越靠近強大的羅馬勢力範圍，在猶如維納斯的麗人心中，正感覺到如風中殘燭般搖搖欲熄的滅亡預感。她到底要怎樣去突破這個危機才好呢？——她決心把安東尼拉攏爲自己人。

安東尼是極爲單純的男人，男子氣概十足，有引人注目的容貌。他有純樸無邪的一面，也有深情、豪放的一面。

克麗歐佩脫拉一行到達時，他剛好在塔爾索的市場當裁判。愛的女神維納斯乘坐黃金船溯流而來的消息一傳開，民眾們都紛紛溜走，最後只剩下安東尼一個人在場。克麗歐佩脫拉在塔爾索的街外搭帳篷布幔，招待安東尼過來參加宴席。女王的自尊心使她不願意主動去會見，所以就採用了這個方式。

歡迎安東尼的豪華饗宴連續了兩天，克麗歐佩脫拉甚且還贈送他一些金銀的食器和美麗的地毯。第三天，由安東尼回敬招待克麗歐佩脫拉，他已被埃及女王迷惑，成爲愛的俘虜。

女王在塔爾索約莫停留了十幾天之久，每日都在豪華的酒宴中度過。在女王返回埃及後不久，安東尼便難耐相思之苦，隻身前往亞歷山卓市訪女王。

有一天，他倆相約去釣魚，但是那一天怎麼釣都釣不到。安東尼不忍叫人掃興，便暗中叫人將魚鉤在釣鉤上，假裝眞的釣到魚。

但冰雪聰明如克麗歐佩脫拉不會沒發覺他的小伎倆，也暗中叫人潛水把燻熟的魚掛在安東尼的釣鉤上。釣上了燻魚的安東尼著實錯愕了一下，隨即便與克麗歐佩脫拉相視大笑。

那時，克麗歐佩脫拉便趁機說：「把魚竿給我吧！你應該去釣都市、王國或大陸那種大魚才對！」

克麗歐佩脫拉對已成為愛情俘虜的安東尼提出兩個要求：第一是有關以前和她爭奪王權被捕而在凱撒的凱旋式中被牽著遊街示眾，後來寄身於神殿的妹妹亞奴西諾耶，克麗歐佩脫拉要求安東尼將她殺死。第二是與凱撒會戰時，以身著金鎧甲的溺亡屍體被撈上來的托勒密十三世，聽說他並沒有死亡，反而正在腓尼基招兵買馬，準備奪回王位，她也要安東尼一併將他殺死。

只要是克麗歐佩脫拉的要求，安東尼即便是丟了性命都在所不惜，於是欣然接受她的要求。

安東尼和凱撒一樣，把政治和現實都忘得一乾二淨，一心一意沉湎在克麗歐佩脫拉的溫柔鄉裡，不管在羅馬發生暴動或在加利亞發生叛亂，他一概不聞不問，視若無睹。

西元前四〇年春，安東尼的妻子菲爾維亞聯合她的兄長在羅馬舉兵反抗屋大維而陷入苦戰的消息傳來，安東尼慌忙離開埃及向羅馬啓程。回到羅馬，安東尼以妻子的叛亂與自己無關為辯解，向屋大維提出妥協和解之議。其間，安東尼之妻菲爾維亞大受打擊，抑鬱而終。

接到妻子的噩耗後，安東尼再娶屋大維的妹妹屋大維亞為妻。而克麗歐佩脫拉卻不知安東尼的不忠，她在亞歷山卓為安東尼生下一對孿生兄妹。

將這喜訊送達羅馬之後，克麗歐佩脫拉在埃及度過兩年半的焦躁日子。後來知道了安東尼在羅馬與屋大維亞結婚的事情，克麗歐佩脫拉內心激起絕望與嫉妒的怒火，而且漸漸地由焦躁變成嫌惡，後來便完全放棄對安東尼的愛和信賴，至此恩斷義絕。

潰滅的夢

西元前三十七年，克麗歐佩脫拉接到一個消息而陷入沉思之中。三年多來杳無音訊的安東尼，突然派使者前來，傳達欲再見面的意願。

在她的內心深處，不忠實的男人應早已忘卻。但，他是她孿生兄妹的父親，這卻是不爭的事實。幾經內心交戰，克麗歐佩脫拉還是與安東尼再會。

曾經為了自己政治意圖而一度離去的男子，回頭再會晤曾經熱戀過的麗人，怎經得起潛伏心底已久的戀慕火燄？和克麗歐佩脫拉破鏡重圓的安東尼，不久就率領羅馬和埃及共十餘萬大軍，為懸宕已久的巴爾的亞戰爭出發。此時，克麗歐佩脫拉隨同軍隊旅行到半途，才發現自己有身孕，於是她便自己折回亞歷山卓。

季節即將邁入冬天。由於寒冷之故，安東尼的巴爾的亞遠征終告失敗。

克麗歐佩脫拉不久平安生下與安東尼的第三個孩子，還未來得及欣喜，便接到情報：安東尼兵敗逃命到腓尼基（敘利亞北部），在那裡等待她的救援。勇敢的克麗歐佩脫拉即刻帶著剛出生的嬰兒，船上滿載救援物資，向腓尼基出發，將安東尼帶回亞歷山卓。

「事到如今，唯有集中兵力打倒屋大維和奪取羅馬才是上策。」克麗歐佩脫拉對忘不了征服東方之夢的安東尼說。對她來說，安東尼現在已是一顆她手中的棋子。

首先，克麗歐佩脫拉指使安東尼攻入亞美尼亞，俘虜了國王；其次，再攻下米底亞，逼迫國王的女兒尤塔巴與自己的孿生兒子亞歷山大・托勒密交換婚戒。而且這兩次的凱旋式居然是在亞歷山卓市舉行的，在過去從來未曾有過在羅馬境外的國家舉行凱旋式的先例。至此，羅馬的人們終於認清了安東尼被操縱在克麗歐佩脫拉掌中的事實。

不久，安東尼送出妻子屋大維亞的離婚書，羅馬人民被觸怒了。屋大維更是大為震怒，當場在羅馬元老院及參議院，作了「斷定安東尼為國賊，向埃及女王克麗歐佩脫拉宣戰」的決議。於是，屋大維率領大軍前往埃及。

到了開戰前夕，埃及卻開始內訌，戰略步調不能一致。克麗歐佩脫拉主張本國的軍隊擅於海戰，所以應該把戰鬥帶進海戰較有利；但投靠埃及軍的反屋大維派的元老議員卻悉數反對女王的意見。就這樣紛紛擾擾地到了西元前三十一年八月，安東尼軍中接連發現瘧疾患者，再加上安東尼的塑像因雷電風雨倒塌，埃及聯軍士氣大挫，倒戈投降敵方的士兵陸續增加。直至八月底，先有過三、四天的暴風雨，之後雙方終於進入決戰，這就是世上所說的「阿克提姆海戰」。

敵方軍船作半圓形的佈陣，顯示欲包圍安東尼之勢。隨著羅馬軍的移動，海上出現一道通路。就在這個時候，高揭克麗歐佩脫拉旗幟的埃及船隊，從敵船的間隙中穿梭而過，以非常驚人的速度在海面上揚長而去。剎那間，兩軍愕然，戰鬥停止。霎時，又見一艘軍船以猛烈的速度追趕埃及船而去。把博命拚戰的友軍棄之不顧，追在克麗歐佩脫拉後面的人，正是安東尼。

這種卑劣的行爲，到底是臨時起意還是事前計劃，沒有資料可證明。但是安東尼在追到克麗歐佩脫拉之後，登上了她的船，就三天三夜一直呆坐在船首沉默不語卻是事實。

爲什麼克麗歐佩脫拉在這個關鍵時刻要背敵逃亡，仍然是個謎。也許，她早已看出己方即將兵敗，伺機逃亡罷了？也許，十六歲的凱撒里恩和三名幼兒的臉龐此刻正浮現在她腦海裡吧？

絕望與焦躁，克麗歐佩脫拉淒慘地回到亞歷山卓市的宮廷，她趕忙叫來凱撒里恩，準備了大筆財富，囑託教師羅屯陪同逃亡到遙遠的印度。然後把殘存的軍船集結在蘇伊士灣，打算與屋大維再戰，她對安東尼已經沒有什麼期待了。

安東尼，這個時候隱匿在華洛斯島度過孤寂的冬天，過著徹底絕望與頹喪的日子。他但願能在阿地內或亞歷山卓做一個平凡的市民，而且如有可能，他寧願與克麗歐佩脫拉過著平凡恬靜的生活。但命運煞是無情，克麗歐佩脫拉殘存的軍船，在一夕間全部被敵軍殲滅，令安東尼連最後的希望也完全的斷絕了。

克麗歐佩脫拉之死

曾經夢想過打造世界帝國的女王，現在終於決心親手了結自己的夢了，她懇求屋大維以自己的生命換回兒子的王位。

「妳可以救妳自己的性命，也可以保住妳的王位，我可以接受妳的一切條件。」屋大維冷酷地說，「但是，這些都必須以安東尼的生命作爲交換。」

克麗歐佩脫拉作夢也沒想過要背叛那只想過隱居、恬靜生活的失敗丈夫，來使自己延命。她和安東尼在亞歷山卓宮殿徹夜長談，決意執行毫無勝算的最後決戰。

翌日，安東尼佇立城頭，眺望著埃及軍船向屋大維軍出擊的戰況。可是，忽然間，埃及艦隊一齊將划槳抽出水而豎立於船上，這表示他們投降的誠意。安東尼不敢相信自己的眼睛，只覺得一時頭腦混亂，認定克麗歐佩脫拉出賣了他，他狂怒地踏進宮內。

克麗歐佩脫拉吃了一驚，她並沒有做過一絲一毫背叛的行爲。但她百口莫辯，只好由兩個僕人保護逃進事先建造的靈廟之中，然後叫人通知安東尼說自己已死。

原本氣勢洶洶的安東尼，在突然接到克麗歐佩脫拉死訊之時，倉皇得六神無主，絕望之餘遂命令奴隸埃洛斯拿劍將他刺死。然而埃洛斯拿起劍反刺向自己，安東尼怔怔地看著這一幕，他感謝奴隸埃洛斯以死勸諫他的懦弱，於是也舉起劍刺向自己的腹部。

但，他自刃失敗，在劇烈的痛苦中翻滾，懇求有人趕快了結他的生命。

此時，克麗歐佩脫拉的僕人出現了，他不忍見安東尼的痛苦，告訴他克麗歐佩脫拉還活著。垂死的安東尼猛地燃起一絲力量，他希望能在深愛的克麗歐佩脫拉懷中度過生命的最後一刻。

因爲無法打開緊閉的門，克麗歐佩脫拉就用一條繩索繫住安東尼，想從窗口把他拉上來。奄奄一息的安東尼竭盡最後的力氣，把手伸向克麗歐佩脫拉。

她抱著已經冰冷的安東尼：「我的夫君，我的主人，我的最高指揮官？」不停的哀嚎聲響徹屋內。連哈托爾女神都掩面，不忍見到那痛惜死去的丈夫而悲慟欲絕的女王。

安東尼死後，克麗歐佩脫拉窩居廟中，等待屋大維的來訪。無論如何要辦好安東尼的葬禮，她心裡明白，爲了這件事，恐怕連王者的尊嚴都不得不放棄了。在屋大維造訪的時候，她只穿一件單薄的衣裳，披頭散髮，眼窩塌陷，跑到這個男人面前，跪倒在他腳下，苦苦哀求准許舉行安東尼的葬禮。屋大維看到原本風華絕代的女王，現在卻憔悴不堪，他同情這三十八歲的女王，因而准許她的請求。

至此，克麗歐佩脫拉的未來是一點希望都沒有了。幾天之後，她就要被送到羅馬，在凱旋式中被繫著鎖鍊，於羅馬街道中示眾。她絕不能受那種屈辱，那麼她唯有選擇死。

「請將我埋葬在安東尼的旁邊。」她在給屋大維的信中這樣寫，「至於使用哪一種毒物既不痛苦，又能保持美麗的容顏，在這方面亞歷山卓城的研究是比什麼地方都進步的。」

克麗歐佩脫拉命人找一條蛇藏在裝無花果的竹籃，帶進神廟裡。

屋大維接到克麗歐佩脫拉的信之後，立刻派護衛趕到神廟。但，當他們撬開緊閉的大門進入時，克麗歐佩脫拉已經香消玉殞。埃及女王頭上戴著托勒密家的王冠，穿著合於王者身分的希臘式華裳，胸掛佩飾，躺在黃金做的床台上……。

這個一生都在拚命摸索倖存之道的女王，用她的死保住了兒子的王權，也保住了埃及的名譽。

克麗歐佩脫拉七世，傳說中的「尼羅河之蛇」，到底是妄執權力自取敗亡的女王？還是被沾滿血腥的黑暗王室之宿命所玩弄的女人？人們沒有一個定論。只是，誰都不能不承認，她是一位具備卓越政治力、堅守捍衛國家立場的埃及女王！

求愛的咒歌

向您致敬，拉——眾神之父，
向您們致敬，七哈托爾，
您們飾以鮮紅的頭巾！
向您們致敬，諸神。
天宇和大地的主宰！
讓她，其女，跟隨我，
猶如牛之逐食，
猶如侍女之追逐兒童，
猶如牧者之追逐畜群，
倘若您們不讓她追隨我，
我要向布西里斯（城市名）放火，
將它化為灰燼。

第二章　神怪傳奇

古埃及神怪傳奇故事的抄本大部分是用口語寫的，文字本身並不十分優雅，不過故事本身的趣味性和它年代的古老（相當於中國的夏商朝！）卻足以蓋過文字上的缺陷。同時，就其中隱含的一些母題來看，對後世文學和民間傳說也有相當的影響，例如〈十隻白鴿〉、〈貓交朋友〉等；又如〈兩兄弟的故事〉中各種神奇的變化，使現代的讀者不禁要拿來與《天方夜譚》相比。

神怪傳奇故事大部分是編造的，但故事中的背景必然會反映出其文化生活的實際情況，所以現代的讀者不但可以欣賞故事本身，也可以藉故事的鋪陳來瞭解古埃及人的生活和思想。

◆十隻白鴿

埃及有個商人，他的妻子不幸早逝，留下了十個兒子和一個美麗的女兒。因爲這個商人經常要到遙遠的異國去做生意，所以商人又娶了一個妻子來料理家務。然而，他卻不瞭解，後娶的女人是個邪惡的巫婆。她非常憎惡那些孩子，處心積慮地想趕走他們。

有一天，商人要出遠門。他剛出門，後母就用符咒把十個兒子變成了十隻白鴿，趕著他們飛向空中；然後再將女兒趕出屋子，把她關在後院一個又髒又臭的地方。

不久，父親回來了，他急著要見見孩子們。後母對他說，兒子們都已離家，外出謀生去了，女兒一會兒就會回來看他。

說著，她匆匆離開房間去找女兒。女兒蓬頭垢面地坐在後院的羊群中。

「過來洗洗乾淨，再進去看妳父親。」後母對她說，一邊偷偷地在臉盆的水裡投了一劑魔藥。女孩把臉浸入臉盆，急於要洗淨臉龐好去見父親。但在她洗完臉之後，原本美麗的容顏竟變得醜陋不堪。她的父親嚇呆了，根本認不出眼前的女孩就是他女兒。

「妳是哪兒來的妖怪？快給我滾出去！」父親氣急敗壞地吼著。

想不到久未謀面的父親竟如此凶暴地對待她，女兒心如刀割，哭著跑出屋子，她跑呀跑呀，一口氣跑到一條河邊。她疲憊不堪地倒在河邊休息。

夜幕降臨了。女孩走投無路，只好繼續坐在河邊，雙手抱住膝蓋，嗚嗚咽咽地啜泣。忽然，天空響起一陣拍翅聲，十隻白鴿一隻接一隻翩然在她身旁降落。牠們一著地，倏地變成了十個英俊的青年。

女孩馬上認出他們是她的十個哥哥，欣喜地跑上前去擁抱他們。哥哥們問她爲什麼哭，女孩便告訴他們後母如何虐待她，還使她在父親眼裡變得如此醜惡，以至於將她趕出家門。

「在我們眼裡，妳還是如同過去一樣美麗，」哥哥們替她擦乾了眼淚，安慰她說，「既然現在妳無家可歸，不妨就到河那邊與我們生活在一起。在那裡，我們安棲在親王的花園裡。我們會照顧妳的。」

他們告訴她，只有從傍晚到黎明這段時間裡，他們才能回復人形。女孩當然願意與哥哥們一起生活，可是，怎麼渡過這條河呢？她不會游泳，也沒有翅膀，不能像哥哥們那樣飛過去。但是，她不能一個人孤零零地留在這裡，於是連夜用草編了一張網。第二天曙曉，她的哥哥們又變成十隻白鴿時，女孩躺在網裡，由十隻白鴿合力啣著飛過了河，在王宮附近安全地把她放了下來。然後，牠們又翩然而去。

女孩漫無目的地走了一陣，由於徹夜未眠，又累又睏，便在御花園牆頭伸出來的一枝桐樹的樹蔭下躺下來，蜷縮著身子，很快地熟睡了。

這時，有一位老婆婆進入她的夢鄉對她說：「如果妳想要破除魔咒，讓妳的十個哥哥恢復人形的話，妳必須用妳現在所睡之處上空的那棵桐樹的葉子爲他們做十件外衣。外衣做好後，當鴿子在妳身邊降下來時，妳就套在他們身上。但從妳開始做外衣的時刻起，一直到做完爲止，妳必須保證不說話，否則，妳就永遠破不了後母的魔法。」夢是如此逼眞，當她醒來時，女孩還清楚地記得老婆婆說話的神態，她的話就像銀鈴般在她耳邊縈迴。

女孩急於要讓哥哥們恢復人形，立即撿起桐樹葉，開始按要求製作外衣，從那時起她就不再開口說話了。

一天，正當她坐在河邊專心地編織外衣時，宮中的國王看到了她，被她恬靜的神態所吸引。他下來向她致意，女孩沒有回禮。他試圖和她交談，但她怎麼也不吭聲。國王以爲她是個啞巴，因而沒有介意，可是他卻爲她神祕的氣質所吸引，每天都來看她。最後，他決定娶她。女孩並沒有反抗，任由國王把她領進宮，舉行盛大的婚禮，並向人民宣布她爲新王后。

成爲王后的女孩，繼續一聲不響地爲哥哥編織外衣。

就這樣，日子一天天過去了，大家都熱愛這位嫻靜的新王后，唯獨首相——一個覬覦國王龐大財富的老傢伙，他痛恨這位新王后。因爲在沒有後嗣的情況下，國王把他的財富全權託付給他。可是現在國王娶了妻，首相暗想，不久就可能有繼承人，到時候他不就丟失了一切權力和地位？——想到這裡，他感到非常痛心。難道沒有什麼法子嗎？辦法只有一條：在王后爲國王生出繼承人之前就把她除掉。

首相開始挖空心思地策劃，企圖實現他的陰謀。他鬼鬼祟祟地暗中監視王后的一切行動，不久便發現，每天在國王安歇以後，她就悄悄地溜出王宮，朝著御花園疾步奔去。他小心地跟在她後面。雖然他看得非常清楚，她只是到花園圍牆邊撿起一籃桐樹葉，全是爲了繼續編織她的樹衣；但他卻陰險地散佈惡毒的謠言，說王后有一個情人，每天深夜她都到御花園牆邊與他幽會。

不久，謠言傳到國王的耳朵裡。國王怒從心頭起，要首相說明情況。首相佯裝出氣忿難平的樣子，對國王聽到這樣的謠言深表歉意，並假裝對王后忠誠，不願做任何進一步的說明。

這位國王更加惱怒，他威嚇說，除非他得到滿意的解釋，否則他就要懲處首相。首相只好裝出勉爲其難的樣子，加油添醋地控訴王后的不貞。國王竭力壓抑住勃發的怒氣，鐵青著臉回到寢宮。

那天深夜，他就站在窗邊，在那裡他清楚地看到王后用面紗罩住臉，偷偷溜出王宮，迅速地消失在圍牆邊。國王悲痛欲絕，然而他不能無視於王后的不貞，只得像對待所有的奸夫淫婦一樣，宣判用火將她燒死。他不忍見心愛的人受到如此酷刑，便授權首相監督行刑。

首相的高興就別提了，這正中他的下懷。這樣，第二天天一亮，他就派人發布公告，王后是個淫婦，根據國王的命令，當天傍晚要把她扔進火場。

王后多麼渴望在國王面前痛斥首相呀，因爲她完全瞭解首相的邪惡用心。但她明白，要是她一開口，哪怕是爲了維護自己的榮譽和生命，她十個哥哥就永遠擺脫不了後母的符咒。因此，她聽從首相手下的劊子手把她帶到宮外的市場，默默地看著命運對她的安排，同時加緊手上的動作，爭取在天黑前把十件外衣都做完。

市場上的人漸漸多了起來，他們從遠近各地來觀看行刑。劊子手開始動手挖火坑。

傍晚，太陽慢慢撤下山，劊子手們劃了第一根火柴，點著了火種，準備引燃一堆木頭。但火剛剛點著，便飛來十隻白鴿猝然下落，使勁揮動牠們的翅膀，一下子就把火給搧滅。市場圍觀的民眾嘩然，又是鼓掌，又是歡呼，讚揚十隻鴿子的舉動。但這卻引起劊子手們的恐慌。黃昏已慢慢地降臨，然而連一根木柴也沒有點燃。他們怎麼交差呢？首相可是一會兒就要來監督行刑的呀！

在混亂中，王后的父親也來到市場。他一直向後妻詢問女兒的去處，當後妻最後告訴他，被他趕出家門的便是女兒時，他立即出來尋找女兒，要把她帶回家去。現在他被市場的喧嘩聲給吸引了，但作夢也沒想到這個火坑是給女兒挖的。他站在人群中好奇地觀看劊子手們與十隻白鴿的爭鬥。

最後，劊子手終於把火給點燃了。這一回，十隻白鴿沒有企圖把火搧滅，牠們在王后的身邊低迴盤旋。她已經將十件外衣完成了，在鴿子一隻隻地在她身旁降落時，她一件一件地爲牠們穿上。他們立即恢復了人形，不再是鴿子了。

父親立即認出他的十個兒子，喜出望外地跑上前去擁抱他們。王后就站在眼前，他也認出她就是自己美麗的女兒，因爲後母使她變醜的符咒已經失效了。

由於鴿子不再搗亂，火坑中的木塊很快地燃燒起來。首相的劊子手們走向王后，要把她捆綁起來，扔進火坑。但王后此時可以開口講話了，她的父親和十個哥哥緊緊地保護著她，她要求見國王，向他控告首相。

國王本來就深愛王后，現在她變得如此美麗，所作所爲又讓他對她更加佩服。他邀請她的父親和十個哥哥都住進王宮，並下令重新舉行隆重盛大的婚禮，正式確定王后爲他的妻子。

首相的結局怎樣呢？根據國王的命令，他被捆綁起手腳，扔進了他爲王后所準備的火坑。

◆父親的祝福

從前有個樵夫，他有一個兒子和一個女兒。女兒長得美麗善良，兒子卻粗野自私。雖然樵夫靠著打柴爲生，但是他勤勉工作，因此全家人過得很舒服，從沒有挨餓受凍。

時光流逝，父親越來越老了。有一天，他從樹林裡砍柴回來，便躺在床上，什麼也不想吃。不久，家人就知道他快要死了。

「我的孩子們，到這兒來。」老人用顫抖的聲音喊兄妹來床前，「我馬上就要死了。我死以後，你們要得到我的財產呢，還是我的祝福？這兩樣你們只能挑一項。」

「我希望得到你的財產。」兒子忙不迭地喊道。

「我寧願得到你的祝福。」女兒哀痛地說。

父親把手放在女兒的頭上，祝福了她，便撒手歸西了。

家裡悲痛了好幾天。舉行了葬禮之後，母親得了病，幾天後也死去了。於是，兄妹倆孤零零地留在世上。

過了幾天，哥哥來到妹妹住的地方說：「原來屬於父母的一切東西，現在全歸我了。妳必須把它們通通收拾好，堆在屋外，我好把它們運到村子那邊我自己的家裡去。」

妹妹按照哥哥的吩咐辦了。哥哥把所有的東西通通拉走，一件也不留。站在旁邊的鄰居看到屋裡空了，就勸這個哥哥說：「你一定要給你妹妹留下點東西啊，不然你叫她在空蕩蕩的屋子裡怎麼活下去？」但狠心的哥哥仍是不爲所動，把東西全部搬走，撇下妹妹沒有吃的、用的，也不管她怎麼活下去。

鄰居們雖爲這個女孩叫屈，但他們也很窮，根本幫不上她什麼忙，只好搖頭嘆息而去。於是妹妹在小屋的地板、屋樑上仔細尋找，看看她哥哥是不是有什麼東西忘了帶走，她好拿來賣點兒錢；但她只找到一顆大南瓜籽，她決定把它種在屋後邊。

很快地，南瓜長得好大好大，而且結了許多又大又綠的大南瓜。「父親給的祝福應驗了，看我的運氣多好！」妹妹高興地又叫又跳，摘下幾個最大的南瓜，拿到市集上賣了個好價錢。

從此，她靠著賣南瓜賺了不少錢，生活漸入佳境。

這時，哥哥聽到妹妹靠南瓜賺了很多錢，頓時暴跳如雷，他說：「明天早上我就去她家，把她的瓜秧給拔了。可恨的父親，她爲什麼靠賣瓜發財呢？她要祝福，不要財富，我一定要讓她只能得到祝福。」

第二天一早，他怒氣沖沖地衝到妹妹屋前，在門口大聲喊叫：「喂，我的南瓜種在哪裡？」

「它就在屋後水井旁邊。」妹妹回答說，「你問它做什麼呢？」她擔心哥哥會毀掉南瓜，便跑出屋來，站在瓜秧旁邊。瓜秧上長滿綠葉，結著鮮美的瓜。

哥哥從腰裡拔出刀子，嚷道：「我要把南瓜秧砍掉，連根拔出來，妳無權在妳的院子裡種這麼好的瓜！」妹妹一時情急，就用右手抓住瓜秧，叫喊說：「我不能讓你這麼做！你想要毀掉我的瓜，就得把我的手一起砍掉，因爲我絕不鬆手。」沒想到凶暴的哥哥冷笑一聲，衝向他來不及躲開的妹妹，一刀砍下了瓜秧和她的手掌。

妹妹嚇得驚叫起來，她萬萬沒想到她那自私的哥哥會做出這樣的事來。可是他卻頭也不回地揚長而去。鄰居們跑出來救她，幫她把手腕包紮起來，並且安慰她。妹妹說，她再也不能在村子裡住下來了，因爲她害怕哥哥還會再來找碴。於是她跑到森林裡去。

妹妹來到森林深處，她只帶了一個小飯罐，到了晚上，就精疲力盡地躺在一棵大樹下。突然，她聽見什麼東西沙沙地響，抬頭一看，有一條蛇直向她爬來。妹妹嚇得說不出話來，這時，蛇卻說話了。

「救救我吧，姑娘，救救我！」蛇喊，「把我藏在妳的罐子裡，我的仇敵在追我呢！」

妹妹雖然驚訝聽到蛇開口講話，但還是彎下腰把罐子放倒，讓蛇鑽了進去。蛇盤在罐底上，小聲嘶嘶地說道：「妳要是從太陽底下救我，我會從大雨裡救妳！」

她還來不及問這究竟是什麼意思，從草叢裡很快又鑽出一條大蛇來。這蛇抬起頭，像是要咬人似的問她：「妳看見有條蛇過去了嗎？」

「看見了。」她指著林子深處回答說，「牠往那邊去了。」於是，第二條蛇火速地往樹林深處爬竄過去，轉眼就不見蹤影。

「牠已經走了。」妹妹對蛇說，蛇爬了出來，停在她的腳邊。

「妳別怕，我不會傷害妳的。」蛇說，「告訴我，妳一個姑娘家爲什麼跑到森林裡來？」

妹妹將事情的經過詳細地告訴了蛇，蛇說：「跟我來吧。到我家去，我設法保護妳。妳從太陽底下救了我，我會從大雨裡救妳的。」於是，妹妹跟著蛇在森林裡穿行。不一會兒，他們來到一個寬闊的湖邊。

「我們休息一下吧，」蛇說，「我得睡一會兒，妳洗個澡，恢復一下體力。」

湖水碧藍又清澈，妹妹下去湖裡洗了個澡。突然，她低頭看了看右手，驚訝地發現，這隻手完好得和原來的一樣。

「我太高興了！」她喊著。

「好啦，現在我們到我家去吧。」蛇又說。牠伸直身體，開始在路上爬行。「我想讓我的長輩都見見妳，他們會感謝妳把我藏在罐子裡，救了我的命。」

於是，妹妹又跟著蛇走，因爲她沒有其他地方可去了，而且她現在明白，蛇只會給她帶來好運氣。他們走啊走，最後來到森林深處的一個蛇國。她受到非常有禮的招待，每天，她都得到精美的食物。在她待在這裡的時間裡，蛇族們未曾讓她害怕過，蛇的長輩對她謝了又謝，謝謝她救了牠們的同族。

後來，妹妹打算再回到人間去。她去跟蛇辭行，說她一定得走了。

「妳要走，我們很難過。」蛇說，「妳先去向我的父母告別吧，他們會送妳許多寶貴的禮物，不過，妳都別要，只要我父親的戒指和我母親的首飾盒就好。這樣妳會終生受用不盡。」

果然，當妹妹向蛇的父母告辭時，牠們拿出非常貴重的衣服、金銀珠寶，堆在她面前。但妹妹只要蛇父母的戒指和首飾盒。

兩條蛇說：「妳怎麼知道它們？一定是我兒子告訴妳的吧。不過，妳救了我們的兒子脫離死難，不管妳要什麼，我們都會給妳的。」蛇的父親遞給她戒指說：「當妳餓了，向戒指要食物，它就會給妳準備好。」蛇的母親拿出一個小小的雕花首飾盒說：「妳如果需要衣服和房子，告訴盒子，然後打開它，就能如妳所願。」

「謝謝你們！」妹妹感激地說著，小心把盒子藏在懷裡，把戒指戴在手指上。現在，她向所有蛇告了別，離開蛇國，向一座城市走去。

這個城市正是法老的宮殿所在地。一天，法老的兒子——王子看到遠處地平線上有一座他從未見到的華麗房屋，後來打聽到那是一位漂亮女孩的家，有一百個僕人，過著安適的豪華生活。

王子決定去看看，當天傍晚，太陽快下山了，天氣涼爽，正適宜出門時，王子領著隨從朝那座房子走去。大家都渴望看看這彷彿是一夜之間出現的奇蹟。——這當然就是在湖水裡恢復了右手的妹妹的家。她兩天前來到城郊，向首飾盒要了一座漂亮的房屋和華麗的家具，要了僕人和珠寶。她還向戒指要了美味可口的飯菜。

王子見了溫婉的妹妹，便愛上了她，決定娶她爲妻。妹妹也很喜歡王子，於是，他們經過法老的同意，舉行了盛大的婚禮。婚後，妹妹向王子訴說了自己的故事。後來，王子命人打聽哥哥的下落，那狠毒的哥哥已經花光了錢財，賣盡了家產，現在淪爲乞丐了。

妹妹和王子回到王宮，長久幸福地生活在一起。她再也沒有見到她狠毒的哥哥。幾年後，王子登基成爲法老，便下令全國人民都不得殺蛇，因爲他賢慧的妻子能平安地來到他的身旁，全虧了蛇的幫助。

◆妖怪和鼓

從前，埃及某地有一片美麗的湖，湖水清澈見底，四周綠樹紅花，景色非常怡人，但人們卻很少到這裡來，因爲這片美麗的湖經常有鱷魚和妖怪出現。

一天清晨，一群小姑娘在這美麗又充滿危險的湖邊玩耍。這些孩子平常都很辛苦，因爲今天剛收割，她們才有機會到湖邊追逐歡笑。

湖岸邊滿佈著許多紋理好看的石塊，有的大些，有的小巧玲瓏，非常可愛，不一會兒，每個孩子都撿了自己喜歡的石塊準備帶回家去。這時有個小姑娘撿到了一塊特別好看的水晶石，她怕被別的孩子偷去，便把它放在靠近湖水的一塊岩石上。當她們玩得盡興準備回家時，這個小姑娘把她放在岩石上的水晶石忘了，直到走了段路後，才猛然想起。

「噢，我那美麗的水晶石！」她叫了起來，「我把最好的石頭放在岩石上了，姊妹們，跟我一道回去拿吧！」

但同伴們誰也不願同她一塊回去。

「妳已經撿了這麼多，」她們說，「少一塊有什麼關係？」

「不！我一定要那塊，因爲那是最好看的一塊。」小姑娘執拗地說。

「那妳自己回去拿好了，」最年長的同伴說，「我們又餓又累，都想快點回家。」

小姑娘爲了那美麗的水晶石，只好一個人朝湖邊走去。爲了壯自己的膽子，她嘴裡哼起自己編的歌：

我忘了我的石頭，晶瑩剔透的石頭。
那美麗的藍色岩石，像月亮一樣閃耀……

當她來到岩石旁邊，赫然發現岩石上坐著一個妖怪，她大驚失色，轉身想逃。

「過來，小姑娘，再爲我唱一遍！」妖怪說。

小姑娘提心吊膽，兩腿哆哆嗦嗦地向前邁了一步，又唱了一遍歌曲。

「妳有一副金嗓子呢，一定是偉大的拉神賜予的。」妖怪說，從身旁撿起小姑娘放在那兒的水晶石。

「妳再爲我唱一遍，我就給妳石頭！」

小姑娘只得又唱一遍，妖怪伸手來給她石頭，她走上前去要接時，手臂卻被緊緊地抓住了。

「哈哈！」妖怪嗥叫著，「被我抓住了，我可不能再放妳走。我叫妳什麼時候唱，妳就得什麼時候唱。」牠一手抓住小姑娘，另一隻手從岩石裡拿出一面大鼓，把孩子往鼓裡一推，立即把她封在裡面。

「聽著！」妖怪喝道，「以後我什麼時候打鼓，妳就得唱歌，要不我就打妳。」說著，牠把鼓往腋下一夾，就往附近的一個村莊走去。

牠在村民們聚會的草棚下坐了下來，高聲呼喊：「村民們，大家聽著！拉神賜給我一只神奇的鼓，只要你們給我送來燒雞或烤鵝，我就可以爲你們表演打鼓，讓你們跳舞歡樂。」

人們給牠送來食物，牠貪婪地狼吞虎嚥，一點也沒留給飢腸轆轆的小姑娘。接著，牠開始打鼓，孩子就在裡面唱了起來。

「這鼓眞是拉神的禮物呀，你看它唱的歌多好聽！」村民們說著便都快樂地跳起舞來。他們哪裡知道是妖怪把一個可憐的小女孩封在鼓裡，強迫她唱歌的呢！

人們一直跳到精疲力盡，才停下來，妖怪便又揹起鼓向另一個村莊走去。同樣，牠又在村民的聚會地點坐了下來，叫村民們給牠送酒喝。

喝足了酒後，牠又開始打鼓，隨著節奏鮮明的旋律，鼓內傳出了悅耳的歌聲，人們好不詫異。然而妖怪選錯了地方，這裡正是小姑娘居住的村莊。她的父母一下就聽出這是自己女兒的聲音。

「我們怎麼辦呢？」父母不知所措，「牠那麼魁梧，而且是個妖怪，如果我們觸怒了牠，牠會吃掉我們的。」於是，父親把家裡釀好的好酒一壺一壺地送給打鼓的妖怪，還奉承連連，說從來沒有聽過這麼好聽的歌聲，這是他們對牠表演的酬謝。

酒越喝越多了，而鼓聲卻漸漸零落。最後，妖怪身子一軟便醉倒在地上。這時天色已晚，大部分的村民都回去了。小姑娘的父母悄悄地摸到妖怪身邊，迅速地把鼓皮揭開，把被塞在鼓裡的可憐女孩救了出來。母親把她帶回家，藏在小屋裡。父親說他還有點事沒做完，便獨自離開了。

小姑娘的父親先到森林中抓了兩條大毒蛇放在鼓裡，又用點火煙燻的方式，從附近樹叢裡捉來一大群黃蜂塞到鼓裡，最後還捉了八隻蠍子放進鼓裡。

黎明時分，妖怪醒來。牠本來打算立刻上路，但一些村民請求說再讓他們聽一聽那美妙的歌聲。牠便又打起鼓來，可是這一回無論再怎麼用力敲打，也沒有歌聲伴唱了。村民們哈哈大笑，說牠的鼓一文不值。妖怪訕訕地走了，決定到一個沒有人的地方把鼓打開，好把小女孩抓出來狠狠揍一頓。

牠把鼓往腋下一夾，來到樹林中一塊荒無人煙的空地。

「現在，我要教訓妳一頓，看妳唱不唱！」牠氣急敗壞地吼著，揭開鼓蓋。

成群的黃蜂頃刻飛了出來，在牠的肩上亂螫；蠍子鑽了出來，在牠腳上亂咬；兩條毒蛇也爬了出來，在牠手上狠狠地咬。即使是妖怪，也受不了蜂、蠍、蛇同時攻擊，不一會兒，牠就倒在地上死了。

◆葫蘆娃娃

埃及一座高山山腳下的一處村莊裡，住著一個農婦。她早年喪夫，上沒有父母、下沒有子女，整天過著孤獨的生活。上了年紀的她爲了養活自己，不但要擔水、砍柴、做飯，還要下田耕種，非常勞累。她多希望有個兒女，幫自己做事，跟自己作伴啊！

人們都說，皚皚白雪覆蓋的山巔住著一個法力無邊的精靈，他最能體察人間的苦痛，並幫人排憂解難。所以，農婦每天總是仰望山頂，祈求精靈賜給她一個兒女。日復一日，她的虔誠終於感動了山上的精靈。

一天，正當農婦在葫蘆地裡鋤草時，一位陌生人出現在她面前，微笑地說：

「我是山上精靈的使臣，今天奉精靈的命令來指引妳；妳要悉心照料這些葫蘆，以後必有厚福。」

農婦還沒有從驚愕中醒悟過來，那陌生人已經化爲一陣白煙消失了。她不敢違逆精靈的旨意，從此便更加細心照料那些葫蘆。很快地葫蘆成熟了，農婦小心翼翼地將它們摘下，掏掉裡面的瓤籽，拴在屋內的樑上晾乾。她挑出最好的一個放在灶邊，希望它乾得快些，以後好用它來舀水。

次日，農婦像往常一樣到田裡去。掛在灶邊的葫蘆搖身一變，變成一個活潑可愛的小男孩，只見他跳起來摸摸樑上的每一個葫蘆，那些葫蘆一下子全變成了小男孩。他們開始嘰嘰喳喳地滿屋亂跑，盡情地玩耍。玩了一會兒，他們有的開始掃地、整理屋內，有的去林間砍柴。只有那個灶邊葫蘆變出來的小男孩沒有做事，他站在一旁笑著，並指揮其他男孩做事。大家都叫他基台。等事情都做完，基台把他們一個個揹到樑上，使他們重新變回葫蘆，然後，他又回到灶邊，變成葫蘆。

勞累了一天的農婦拖著疲憊的身軀回到家裡，推開房門，驚呆了——桌椅整齊有序，水缸是滿的，灶邊堆了許多砍好的薪柴。這是誰做的呢？滿腹疑惑的她顧不得做飯，跑去問鄰居。鄰居說：

「今天一整天，我看見許多小男孩在妳家裡跑來跑去，他們可是妳的親戚？」

農婦更驚訝了，因爲她根本沒有親戚。她回到家裡，裡裡外外找尋，卻看不見半個人影。她心裡想：「莫非是山神顯靈，派人來幫忙？」

第二天一早，農婦又扛著鋤頭下田了，傍晚回來，又發現有人來幫忙過。於是她又去訪問鄰居，鄰居又說：「還是昨天那群小孩來幫妳做事啊！」

農婦確信，一定是山神派來的孩子，決定親眼看個究竟。所以次日，她假裝要到田裡去，走了一段又折回來，躲在屋後偷覷。當她發現葫蘆一個個變成小男孩時，她興奮地衝到房前，摟過幾個小男孩，激動地說：「好孩子，原來是你們幫我做事，眞是太感謝了！今天你們別走了，就在這裡吃飯、睡覺吧！」就這樣，這些小男孩就長期留在農婦身邊，幫她耕田，跟她作伴。很快地，農婦的糧食滿倉，牛羊成群，變成最富有的人家。

人越有錢往往越吝嗇，農婦也是。開始，農婦非常善待孩子，每天都弄些好吃的給孩子們吃，可是如今，孩子們漸漸長大，飯量也變大了，她很不願意多給孩子們吃飯，而且經常打罵他們。一天，她不小心被基台台絆倒，便厲聲叱道：「你這個廢物，整天不做事，就只會傻傻地待在灶邊，小心我把你這個破葫蘆踩個粉碎。」

基台一聽到「葫蘆」，就咚地一聲倒在地上，變成葫蘆，其他的孩子見此情景，也紛紛變回了葫蘆。原本熱熱鬧鬧充滿生機的房子，立即陷入一片冷清和死寂。農婦面對冷清的空房，頓時悔恨交加，意識到他們可能不會回來了。

不管她如何後悔，如何呼喚，小男孩再也不回來了。因爲神靈把葫蘆娃娃召喚走了，這是給農婦的懲罰。後來，農婦只好一個人孤單地生活著。她的年紀一天天大了，再也沒有力氣耕田，土地上長滿雜草，牛羊走散。最後，她在窮困潦倒中結束了自己的一生，這是吝嗇貪婪者的最終結果。

◆勇敢的海森

海森從小就膽量很大，大家給他取了個綽號叫「勇敢的海森」，海森聽了非常高興。

海森與媽媽住在一起，每天早晨醒來，他都要練一練身體，然後問媽媽：「我是不是所有勇敢的人中最勇敢的？」媽媽總是高興地鼓勵說：「是的，我的孩子。」

但是一天，一個沒有子女的鄰居勸海森的母親說：「妳如果總是讓孩子認爲他是最勇敢的人的話，他一定會驕傲自滿起來。爲了避免妳兒子成爲狂妄之徒，妳最好讓他知道世界廣大，天外有天，比他勇敢的人多的是。讓孩子學得謙虛一點。」

海森的媽媽覺得有理，就聽從鄰居的話。當第二天海森又提出他那個老問題時，媽媽破例地回答說：「我的孩子，你要知道世界是無窮無盡的，勇敢的人不計其數。」

「那麼，妳不再認爲我是最勇敢的人了，媽媽？」海森不服氣地說，「那好吧，我出去見見世面。如果遇到比我更勇敢的人，我就發誓不再回來。」

海森佩上寶劍，備好行囊，騎上馬，告別媽媽出發了。雖然媽媽設法勸阻他，但海森是從不輕易改變主意的。

海森騎馬來到沙漠中的一塊空曠地方，他遠遠看見過來兩個人，一個騎著獅子，另一個騎著老虎。海森覺得那兩個人敢騎獅子和老虎，一定是很勇敢的人，應該去和他們較量較量，比一比誰最勇敢。他上前搭話，三個人決定先休息，等天涼些再走。

三個人談得很投機，決定輪流找食物、撿木柴，烤麵包。第二天，海森被派去找食物，騎虎的人去找木柴，騎獅子的留下來烤麵包。晚上，大家回來了，但騎獅子的人卻沒有麵包讓大家吃。海森問起緣故，騎獅子的人說；「我剛烤麵包時，來了一個快餓昏的乞丐，我就把麵包給他吃了。」海森認爲這是十分高尙的行爲，而騎虎的人卻不吭聲。

又迎來了新的一天，輪到海森撿木柴、騎獅子的人去找食物，而騎虎的人留下來烤麵包。晚上回來還是像昨天一樣沒有麵包吃。騎虎的人解釋說那乞丐又來了，他把麵包給乞丐吃了。海森又稱讚騎虎的人品德高尙，而騎獅子的人卻一聲不吭。

第四天，輪到海森烤麵包了，另外兩個人去找食物和撿木柴。海森專心地烘了香噴噴的麵包。這時突然轟地一聲巨響，地上裂開了一個大黑洞，一個黑色巨人猛地從黑洞裡竄出，惡狠狠地要海森交出烤好的麵包。

見海森一點兒也不慌張，巨人便威嚇道：「你學聰明點兒，像另外兩個人那樣交出麵包，否則我會一口呑下你。」一邊說，一邊作勢張牙舞爪。

海森迅速抽出寶劍，手起刀落先發制人，趁巨人不備就砍下了他的腦袋。

但巨人的第二個腦袋立即從肩上長出來，他哈哈大笑，「你沒料到我有第二個腦袋吧？」

「你也不知道我有第二把寶劍吧？」海森回敬道，他揮動第二把寶劍，砍掉巨人的第二個腦袋。

巨人的第三個腦袋立即又長了出來。海森毫不遲疑，揮動第三把寶劍，砍掉巨人的第三個腦袋。雙方一直對峙下去，海森一連砍落了巨人的六個腦袋。當他砍掉巨人的第七個腦袋時，巨人轟隆一聲倒在地上——這一次再也沒有腦袋長出來了，巨人變成了一具無頭屍體。

海森翻過屍體，看見巨人的小腿肚上凸得很厲害，就用寶劍割了開來，發現有一只玻璃盒，裡面有七隻活生生的翠鳥。他把盒子放進懷裡。這時兩個伙伴回來了。

海森把麵包給兩人吃，指著無頭屍體調侃著問：「向你們乞討麵包的乞丐在這兒呢。」另兩個人滿臉尷尬，垂著頭不敢作聲。

後來，海森決定下那個黑洞去探個究竟。另外兩個人爲掩飾自己的膽怯，爭著要先下去，但當繩子從洞口往下放到一半，他們就趕緊喊叫著要海森拉上去。最後海森獨自下到洞底，卻發現這是一座宮殿，非常的富麗堂皇。

海森讚嘆地四處參觀，突然聽到一陣女子的呻吟聲。他循聲找去，看見一名年輕貌美的女孩被捆綁在床上。海森給她鬆了綁，原來她是被黑巨人綁架逼著要成親的禁臠。

女孩把黑巨人藏有寶物的地窖指給海森看，他裝了幾袋寶石和金磚準備帶上去。海森在洞口先把袋子綁好，叫另兩個人拉上去，又把女孩繫好給拉上去。騎虎和騎獅子的兩個人見了寶物和美女，就起了壞心，在拉海森時中途割斷繩子，海森被摔到更深的世界。

好在海森身強體壯，沒有受傷。他掉到一個城市裡，那裡的人們全都哭哭啼啼的。海森問過這些人，才知道有個霸道的海神，每年要求找一個美女當新娘，今年要國王的女兒去和他結婚，大家都非常難過。

海森聽後義憤填膺，便叫人們帶他去見公主。公主正在傷心流淚，海森叫她別害怕，他會救出她的。他把頭枕在公主的腿上小憩，並吩咐公主見到那可惡的海神時馬上叫醒他。

一會兒，公主發現海面狂濤滾湧，一個凶惡的怪物風馳電掣般奔來。她十分害怕，淚水湧了出來，滴落在海森臉上。海森醒了過來，公主勸他趕緊逃命，海森卻跳起來抽出寶劍，迎著怪物衝上去。

海神威嚇海森離開，海森二話不說揮劍向海神頭上砍去，但對方絲毫沒有損傷；第二劍砍下去，還是沒有砍傷海神。海神陰險地嘲笑說，「傻瓜，我不會死的，我的生命不在我身上。」

海森聞言，警覺到事有蹊蹺，便故意求饒地說：「我今天一定會死在你手裡！在死之前我有個請求，你能不能告訴我，你的生命在哪裡呢？」

「它附在七隻活著的翠鳥身上，翠鳥在黑巨人的腿上，而他在上面一個世界裡生活呢。」海神得意地說。

海森趕緊從懷裡掏出玻璃盒，偷偷掐死了七隻翠鳥。剎那間，一陣電光石火，海神轟隆一聲倒了下來，浪花四濺，海神的屍體瞬間被吸捲進海底深處。海森殺死海神，救出了公主。

國王非常感激海森，決定將女兒許配給他，並把整個王國賜封給他，但海森都拒絕了。他只要求國王把他送回上面的世界，國王答應了，召來巫師唸咒術。巫師們矇住海森的眼睛，讓他坐在一隻有魔力的鷹背上，穿過七層世界，終於到了上面的世界。

海森剛上來，就見到騎虎和騎獅子的人在爭吵。原來這兩個壞心眼的人在爭奪那名美女和財寶。海森忍無可忍，衝上去殺死了兩個壞蛋，帶著女孩和財寶回到家中。他的媽媽看到兒子回來，還帶了美麗的媳婦和許多財寶，又驚又喜，激動地流下熱淚，緊緊地摟住兒子不放。

第二天早晨，海森醒過來了，他又去鍛練一下身體，問媽媽說：「我是不是所有勇敢的人中最勇敢的，媽媽？」他的媽媽立即回答：「的確是這樣呀，我的孩子。」

◆名言的價值

埃及有一個很富有的商人，有一天，他買了價值一千金幣的貨物，對他唯一的兒子說：「我希望你成爲我的生意伙伴。爲了瞭解你料理事務的才能，你把這一千金幣的貨物拿去賣，如果能賣出去，而且還能有可觀的利潤，我就讓你和我一起做生意。」

兒子迫不及待地接受父親的挑戰，他巴不得早日成爲父親的幫手。於是，第二天清早他就把貨物裝好，到附近各城鎮去賣貨了。運氣幫了他的忙，在比預期更短的時間裡，他就把貨物賣完了，賺了百分之百的利潤。

他爲成功感到高興，準備啓程回家，去接受父親熱情的誇獎。但是，現在兩千金幣既已揣在懷裡，他覺得可以抽出一天的時間來痛快地玩玩。

於是，他早上懶洋洋地睡在床上，起床後在城裡一家飯館吃上一頓早餐，就到大街小巷閒逛，還不時地停下來，把所有的商店和市集都看了個夠。

過了中午，他來到市場，熙熙攘攘的人群吸引了他。出於好奇，他擠進人群中，看到一個鶴髮童顏的老人盤坐在蓆子上，要以每句一千金幣的價錢出賣名言。

「一句名言要一千金幣？」年輕人叫道，表示懷疑，「一句名言又有什麼用？」

「那可難說，」老人說道，「生活中可能遇到各種意想不到的事情，在適當的時機說一句名言就有可能救人一命。」

這話深深地打動年輕人的心。他坐在一邊，沉思片刻之後，就決定買一句名言。他從懷裡拿出一千金幣，叫老人賣給他一句名言。

老人凝視著他許久，然後說，「你跟著我說一遍：『把愛你的愛人銘刻在心，儘管他可能是個淘氣鬼。』」年輕人跟著他說了一遍，然後他又自言自語地重覆了好幾遍，但卻無法理解這句話在他的生活中究竟能帶來什麼好處。

「這就是你能賣給我的一切嗎？」他問道，「關於愛和愛人這些字眼與我有什麼關係呢？你起碼應該賣給我一點兒能幫助我克服生活中可能遇到的障礙和困難的東西啊！」

「如果你心中有了愛和愛人，你生活中可能遇到的任何障礙和困難，即使不能全部排除，也會大大地減少。」老人心平氣和地回答道。

然而，這些富有智慧的話並沒有使年輕人滿意。他很後悔自己的輕率，怎樣才能彌補損失呢？他父親曾對他說過，在買賣中，如果有一次交易損失了，且莫驚慌，要設法在另一次交易中把損失補回來。想到這，年輕人覺得應該再花一千金幣來碰碰運氣，也許能把損失補回。於是，他拿出剩下的一千金幣，叫老人賣給他另一句名言。

老人又凝視他許久，說：「你跟著我說一遍：『不要背叛信任你的人，儘管你可能是一個背信忘義的人。』」年輕人跟著他說了一遍。然後，他又慢慢自言自語地重覆了好幾遍，但這一次他還是無法理解他能從名言得到什麼好處。然而，他現在已經兩手空空了。

他垂頭喪氣地離開市場。因爲不想兩袖清風地回家去見他的父親，他決定留在當地找工作。天很快就黑下來了，他急於要在天黑之前找個安身之處。年輕人在城裡從一條街走到另一條街，挨家挨戶地敲門，願幫他們做事，讓他留宿一夜，但沒人答應。

最後，他來到一家磨坊。磨坊的主人是個患病的老人，正缺少一個年輕的幫手來做磨坊裡的粗活。主人同意他留下來，第二天好做工。

但磨坊主人想，這小伙子第二天還能活著嗎？因爲迄今爲止，他所僱用的每一個年輕人都在這個磨坊裡過夜，到第二天早晨卻都發現已經死了，死的原因至今是個謎。這個年輕人的結局會不會比以前的人好些？磨坊主人深感懷疑。不管怎樣，磨坊主人還是把他帶了進來，沒有把前人的遭遇告訴他，給了他一塊麵包，抖空了幾個麵粉袋讓他墊著睡覺，然後鎖上磨坊就走了。

年輕人吃完麵包，在麵粉袋上伸了伸懶腰，但遲遲不能入睡。快到午夜時分，他聽到磨坊裡有輕輕的響動，就爬起來察看。突然，他發現對面站著一個巨大的黑色神靈，每隻手裡攥著一個年輕的女人，一個膚色白皙、體態豐腴，另一個黑如煤炭、醜如夜叉。

「年輕人，」神靈開門見山地說道，「這兩個女人是我的老婆，你認爲我應該最愛哪一個？」

年輕人不知道該說什麼，他心裡想，「假如我說『那個漂亮的』，神靈會因爲我看不起他的醜老婆而發怒；如果我說『那個醜的』，他會怪罪我認爲他對女人沒有品味。怎麼辦呢？」

突然，白天買的第一句名言縈繞在他的腦海裡，「把愛你的愛人銘刻在心，儘管他可能是個淘氣鬼。」他大聲對神靈說。

「說得好，」神靈說，「你這樣就救了你的小命，因爲，假如你說『那個漂亮的』或『那個醜的』，我都會把你同以前那些犯了這一愚蠢錯誤的人一樣殺死。」說完，他不見了。

第二天凌晨，老磨坊主人來開門，看到年輕人還活著，眞是又驚又喜。他是怎樣逃過他以前的人的厄運呢？

磨坊主人機警地問他：「睡得好嗎？有沒有看見或聽見什麼？有沒有發生什麼事情？」

出於某些莫名其妙的原因，年輕人並沒有把神靈出現和他們之間所發生的事告訴他。

磨坊主人疑惑未解。然而，他需要幫手，如果年輕人願意繼續做的話，他願意繼續僱用他。

年輕人身無分文，一貧如洗，他不想在把他損失的錢賺回來之前回家，所以，他欣然接受了這個提議。

在以後的日子裡，年輕人賣力地工作，漸漸贏得了磨坊主人的信任。不久，磨坊主人不僅讓他全權管理磨坊，還讓他住在家裡，由於他沒有後嗣，就把他當兒子看待。就這樣，流年似水，日月如梭，一切如常。

有一天，磨坊主人決定到赫賈茲去朝聖，並想帶妻子一道去。但他妻子婉言拒絕，理由是旅途太辛苦。磨坊主人便把妻子留下，囑咐年輕人好好照顧她。他既有信心又很放心，他的磨坊和妻子都有可靠的人照料。

磨坊主人的妻子正在妙齡之際，長得又有幾分姿色。她不願與丈夫一起去朝聖並非因爲旅途辛苦，而是她偷偷看上了年輕人，想趁丈夫外出的機會勾引這年輕人。丈夫剛走，她就開始花枝招展地討好年輕人，但是年輕人沒有霸佔主人妻子的想法，彬彬有禮地拒絕了她的勾引。

沒想到這樣的舉動更加撩撥了女主人的芳心，當夜，她便出現在年輕人的房間要求他娶她。

這時，在夜幕裡徘徊的魔鬼附在年輕人的耳邊說：「快答應娶了她，……別當傻瓜了，她丈夫離這兒遠著呢……他永遠不會知道……他相信你……」

一剎那間，幾個月前他買的第二句名言又迴響在他腦海裡，「不要背叛信任你的人，儘管你可能是一個背信忘義的人。」他毫不猶豫地從床上跳起來，把女人趕出了房間。從那時起，爲了防止再發生這樣的事，他把房間的門整天整夜的鎖著。

蒙受這種恥辱的女人氣憤不已，等她丈夫回來時，便誣告那年輕人企圖誘騙她，堅持要把他攆走。磨坊主人聽後非常痛心，因為他是如此信賴這年輕人，但面對妻子的指控，他除了解僱他外別無他法。

年輕人也非常敬重磨坊主人。他不願留下一個忘恩負義的印象離開，因此，他把所有的經過——從他離開父親出去做生意，在市場上買的兩句名言到他第一天在磨坊裡發生的一切，一五一十地告訴了磨坊主人。

磨坊主人原本就很納悶這個年輕人如何逃過他前人的命運的，此時經他一說便明白了。於是，他把年輕人留下來，指定他為磨坊的繼承人；至於他不貞的妻子——她成為一個被丈夫丟棄的可憐女人。

◆醜女的運氣

從前，有一個農夫，他有好幾個兒子。他感到很自豪，因為兒子們個個身強力壯，都能幫他種地耕田，為生活帶來很多樂趣。可是農夫的妻子卻很想要一個女兒，因為她想：「兒子自然是父親的好幫手，但如果沒有女兒，在我年老去世後，誰能來守候我的靈床，讓我閉上雙眼，安息四肢呢？」

後來，村裡來了一位魔術師。農夫的妻子便偷偷地溜出去與他商議。

「如果你能讓我有個女兒，我就給你一大筆錢和在這個季節裡出生的第一頭牛犢。」她說。

魔術師問了她和農夫的名字，然後拿出一只大瓷盤，在盤子四周畫上幾道奇異的符咒，口中唸唸有詞好長一陣子。然後他用一點點水把畫的符咒洗掉，並把水裝進瓶子，交給農夫的妻子。

「待到新月升起的時候，」他對她說，「每夜用一點我給妳的水洗一洗妳的身子，連續七個晚上，妳就會有個女兒。」

農夫的妻子感激萬分。當新月升起的時候，她眞的按他的吩咐做了。不久她便懷孕了。這次，她眞的生了一個女兒。

大家對農夫喜獲千金都很高興，遠近的親友都趕來祝賀。農夫的妻子更是齋戒祈禱，請求天上和地上一切善良的神靈保佑她女兒幸福，使她免受一切妖魔之害。

就這樣，女兒在父母的呵護下長大了。但她越長越醜，醜得連她的父母也擔心，怕萬一她在鏡子裡看到自己的長相會大吃一驚，所以他們嚴禁家裡擺放鏡子。

儘管她相貌醜陋，但性情溫柔，因此交了很多朋友，博得了所有接觸過她的人的鍾愛。可是，到了她該出嫁的年齡，卻沒有一個小伙子來求婚。父親開始焦慮不安起來，左鄰右舍有這麼多貌美如花的年輕女孩，誰還會來娶他們家的醜女兒呢？

母親偷偷地去拜訪了全國最有名的魔術師。農夫也想盡一切辦法讓大家知道，他要在女兒結婚的那天給新郎一大筆財產。但是，一年復一年，仍然沒有人向他們的女兒求婚。

忽然有一天，出乎大家意料之外，醜女的表哥——村裡所有年輕美貌的女孩都傾心的一個既有錢又英俊的青年——前來向她求婚。父親高興極了，醜女也快樂得不得了，因爲她對這位表哥早有愛慕之心，早就偷偷地盼著他來求婚了。

慶祝活動在舉行婚禮前四十天就開始了，遠近的親朋好友都前來「恭喜」。表面上他們都對醜女訂婚一事表示祝福，但內心卻非常嫉妒，每個人心裡面都在納悶，周圍這麼多如花似玉的美女，爲什麼這位英俊的年輕人偏偏要選擇這麼一位醜陋不堪的女孩作新娘呢？

醜女對她與表哥的婚事所引起的爭論完全矇在鼓裡。因此，對於人們的祝福，她是心安理得的。至於別人認爲她有「好大的運氣」，她卻不以爲然。

但是，有一個人很難在醜女所謂的「好大的運氣」面前讓步。這就是她的好友——一位名門閨秀。她非常愛慕這位要做新郎的青年，一直盼望著他向她求婚。

當初，她聽說他已經向醜女求婚時，她冷笑道：「等著瞧吧，只要他看到她醜陋的面容，他就會立刻恢復理智的。」但隨著婚期一天天地逼近。她終於明白，她已不可能挽回她所愛的人，他就要成爲醜女的丈夫了。仇恨和嫉妒使她吃不下飯、睡不好覺。

一天凌晨，她決定去拜訪醜女。說了幾句寒暄話後，她直言不諱地對醜女說：「告訴我，妳曾經在鏡子裡看到過自己的容貌嗎？」

醜女驚奇地望著她，「沒有，」她溫和地答道，「好在妳提起此事，從小到大我還沒照過鏡子呢。」

「那麼，妳應該好好照照鏡子。」她的朋友尖酸地說道，就揚長而去。

等好友一走，醜女馬上找母親要鏡子，說要照照自己的臉。母親驚恐萬分，竭力阻止女兒這樣做，但是，她越反對，女兒就越想看看自己的模樣。

在家裡找不到鏡子，又不能跟別人借，於是醜女等到太陽下山，家人都休息了，便悄悄溜出家門，往河邊走去。此時，正值十五的夜晚，皓月當空，一點風兒也沒有，水面就像擦淨的鏡面一樣明亮。醜女慢慢地涉水下河，彎下腰，生平第一次看到自己的容顏。

啊！那母夜叉似的模樣讓她目瞪口呆，當場決定一死了之。「但不能在這兒……不能死在河裡……」她痛苦極了，泣不成聲，「不能讓大家找到我的屍體呀，人們會聚在一起幸災樂禍，議論我的醜陋。」

她決定讓自己死在曠野，讓毒蛇野獸吞噬掉她的屍體，這樣她就永遠消失在這世上了。

她邊哭邊往田野奔去，突然，一個魁梧英俊的陌生人出現在她面前。醜女趕忙摀住臉，把頭轉過去，希望陌生人不要管閒事。但陌生人卻沒有繼續往前走，他走到她面前，一隻手輕輕地放在她肩上，溫和地問：「在這樣的深夜，妳一個女孩子要上哪裡去啊？」

他的撫摸是那樣地溫柔，聲音是那樣地讓人安心，女孩再也控制不住，抽噎地向他訴說心中的苦悶：「我表哥是一個威武英俊的青年。」她語帶唏噓，潸然淚下，「我現在終於明白他之所以向我求婚，全是因爲他知道沒有人會向我求婚。我長得太醜了……他那麼善良英俊，那麼引人喜歡……但是這個犧牲太大了，我不能接受……我要讓他自由。」

「看看我，」陌生人輕聲打斷她的話，「難道我不是和妳的表哥一樣善良英俊，一樣引人喜歡嗎？」

醜女羞怯地看了他一眼，「的確如此，先生。」

「好了，妳在妳表哥心目中也是如此，年輕、漂亮、善良，因爲我是妳的運氣……我隨時爲妳主持正義。回家去吧！再也不要爲妳的容貌憂慮了。外表無所謂，要緊的是運氣……」

說完，他就消失在黑夜裡。

醜女豁然開朗，躡手躡腳地回到她房間，誰也沒有注意到她曾經離開過。

她和她表哥如期結婚了，婚後一直幸福地生活在一起。

◆星姑娘

從前，據說有一位名叫拉爾丹的獵人，他娶星星的女兒做妻子。

有一天，拉爾丹和往常一樣，在草原上走著，忽然，他發現草原有一個圈圈，好像是許多腳踐踏而造成的，但在這個圈圈以外卻不見腳印。這個年輕的獵人過去從來沒見過這種情景，因此非常好奇，便躲在草叢裡，等著看這是怎麼一回事。

不一會兒，他聽到音樂的聲音，這聲音輕微而甜美，他從來沒有聽過這樣好聽的音樂。慢慢地，曲調變得宏亮而豐富了。因為這些樂音宛如天籟之音，他就仰頭看天，在遠處碧空中，他看見一個像浮雲的小白點。這小白點漸漸接近，獵人驚訝地發現它並不是一朵白雲，而是一只很精美的用柳條編成的大籃子，籃子裡坐著十二名美貌的少女。他所聽到的樂音是她們的歌聲，她們在唱奇異且有魔力的歌曲。

她們降到那個魔術圈子裡，兜著圈子，婀娜多姿而任情地跳舞。拉爾丹起初看得眼花撩亂，但後來他的注意力被那最年輕的姑娘吸引。這姑娘嬌小活潑，十分嬌柔，在那高大強壯的獵人看來，似乎一陣風就能吹走她似的。

他已熱烈地愛上了這個嬌美的仙女。隨即從草叢裡跳出來，想把她搶走。但是仙女們非常靈敏，他捉不到。尤其是那個小仙女，一溜煙就避開了他，跑到籃子裡去了。其他的仙女跟著她逃入籃裡，一會兒，她們就升上天空，唱起美妙而神祕的歌曲。獵人鬱鬱不樂地回到家，他試著要把星姑娘忘掉，但他辦不到。第二天，在仙女們來到之前，他就去躺在草叢裡，等待那預告仙女降臨的美妙歌聲。最後籃子出現了，十二個星姑娘像上次一樣唱歌跳舞。拉爾丹又拚命去捉那最年輕的姑娘，但又是徒然無功。

「我們留一會兒吧，」星姑娘中的一個說，「也許這凡人是要把他的塵世舞蹈教給我們呢。」

但是，最年輕的仙女不答應，她們又乘柳條籃子升上天去，看不見了。

可憐的拉爾丹回到家裡，很是愁悶。他整夜輾轉難眠，想著那可愛的、捉摸不著的小仙女，這仙女已經在他心上織了一張厚厚的情網，令他意亂情迷。

翌日一早，他到魔術師那兒，跟他買了各種符咒，然後再到圈子那裡去。他要想辦法一親芳澤。突然，他看到一根被咬空的樹幹，在樹幹裡有許多小老鼠在嬉戲……有了，拉爾丹高興地拿出符咒，把自己變成一隻小老鼠，他想，仙女們絕不會識破那是他變的。

不一會兒，仙女們照樣坐在籃子裡降下來，仍然踏著那個圈圈愉快地跳舞。後來，小仙女看見了那空的樹幹，她警覺到那樹幹前一天並不在那兒，因此，她轉身就逃。她的姊姊們笑她無緣無故地驚慌，爲了讓她放心，大姐便把樹幹推倒。那些小老鼠到處亂竄，星姑娘們追捕牠們，把牠們都殺死了，只剩下拉爾丹。那小仙女舉起手來要打拉爾丹，就在這時，拉爾丹趕忙施咒恢復了人形。他把小仙女拉進懷裡，帶回他的村子裡。她的姊姊們十分驚慌，連忙坐到籃子裡升上天，回到她們的星國裡去了。

到了家裡後，拉爾丹和小仙女結了婚。他對她溫柔體貼，很快就贏得了她的愛情。但是她常常想念她的星星姊妹們。雖然她只是暗自飲泣，不去打擾她的丈夫，卻一直爲失去自己的家而悲傷。

有一天，她和她的小兒子一起到外面去，她用柳條編了一只籃子，就像她來到人間時所乘坐的籃子一樣。她採了一些花，準備了一些禮物，預備送給星國的人們。她帶孩子走進籃子裡坐著，唱著那些她還記著的有魔力的歌曲。籃子緩緩地升上天，她回到自己的國度裡，那裡的國王——她父親十分歡迎她。

拉爾丹回來後，發現妻子和孩子已經離他而去，他悲痛萬分。但是他沒有辦法跟他們去。每天，他到草原上那個魔術圈去等候，一年一年地過去，始終不見他親愛的妻兒回來。

在這期間，小仙女和兒子幾乎忘了人間的一切。可是當那男孩長大後，他記起了父親，於是要求母親讓他回人間看看父親。星姑娘同意了，準備和他一道回去，在他們準備下降的時候，星國的國王說：「你們回來時帶拉爾丹一道來吧。同時教他將打獵時殺死的每一種野獸和鳥類的身上拔下一根羽毛來，帶到這裡。」

拉爾丹一如往常地來到魔術圈。當他看見他的妻兒終於回來時，高興地涕泗縱橫。他爲了和妻兒一起到星國去，晝夜不眠地採集一切野獸和鳥類的羽毛。最後，他把它們放到籃子裡，和他的妻兒一起爬進籃子。

籃子緩緩上升，不一會兒就到了星國。星國的國王准許他們每人拿一根羽毛——拿到獅子的毛會變成獅子，拿到鳥羽的立即會變成鳥兒。拉爾丹和他的妻兒拿了幾根白鷹的羽毛，就變成了鷹。

他們變成鷹後，飛下來，飛到草原上。後來，他們一直生活在一起。

◆小鳥報恩

從前，埃及某個村子住了一個名叫賽爾夫的人，他五十多歲了，妻子早就離開了人世，又沒有兒女，因此他非常孤獨寂寞。善良的小鳥看到可憐的賽爾夫孤單一人，經常來跟他作伴。

一天，小鳥在去賽爾夫家的路上，一場暴風雨襲來，小鳥被淅瀝嘩啦的大雨點打落在地上。賽爾夫久候不見小鳥蹤影，沿路搜尋，才發現小鳥快要凍死了。他趕忙將牠撿到手心裡，溫暖牠的身子。不久，小鳥甦醒過來，對賽爾夫說：「你救了我的命，我永遠是你的好朋友。今後，你有什麼困難，我都幫助你。」從此，小鳥和賽爾夫之間的關係更加密切了。

一天清晨，賽爾夫發現自己唯一的牛不見了。他正四處尋找，小鳥飛來對他說：「你的牛被鄰國的人偷了。我來幫你找吧。」於是賽爾夫在小鳥的帶路下向鄰國出發了。

越過一條條大河，穿過一道道密林，賽爾夫和小鳥走了好幾天，終於來到那個國家。這時，小鳥對賽爾夫說：「那裡的法老是個刁鑽之徒，他是不會輕易把你的牛交出來的。到他那兒之後，你只管聽我的就是了。」

小鳥和賽爾夫到達那個國家。只見一座座大山林立，牛羊滿山皆是，山坡上還有美麗的花園，山腳下人來人往。正當賽爾夫在觀賞綺麗的風光時，法老派人把他找去，說：「你就是那個隻身一人，只有一頭牛作伴的賽爾夫嗎？」

「是啊！我只有一頭牛，但被你們的人偷走了。」

法老感到奇怪，當時明明賽爾夫在睡覺，他怎麼會知道我的臣民偷走他的牛呢？難道他有什麼過人的聰明才智嗎？法老想來想去，決定略施小計來考驗他一下。

賽爾夫被領到一個房間休息，準備吃晚餐。突然來了一萬個人，每個人手上提了個籃子，籃子中裝滿了精美的食物。他們告訴賽爾夫說：「這是法老叫我們送來的晚餐，你自己慢慢享用吧！」

賽爾夫謝過他們，但他不知怎麼才能吃下一萬籃食物。這時小鳥飛過來了，在他耳邊竊竊私語：「你吃一籃就好，其餘的我叫螞蟻來幫忙。」

小鳥很快召來這個國家的螞蟻。其中有住在森林裡的紅螞蟻，有用紅壤築家的白螞蟻，有跑得很快的大黑螞蟻，還有愛吃麵包屑的小黑螞蟻，眞是成千上萬。牠們有的就地吃了起來，有的一趟趟地把食物運走。不到一頓飯的時間，賽爾夫吃剩的九千九百九十九籃食物都被一掃而光。回來取籃子的人們見此情景，個個驚奇不已。

第二天早晨，法老又派人送給賽爾夫一把銅斧，說道：「我們的法老喜歡用石塊取火，你上山找些石頭，綁成一捆一捆的揹回來。」

賽爾夫上山了，小鳥又在前引路。他們來到一個峭壁前，那裡有一堆雷電擊碎的岩石。賽爾夫用草把碎片捆起來，揹著下山交了差。

接著，法老又派人給賽爾夫一個小水壺，說：「我們的法老喜歡喝露水。請你到森林裡裝一壺回來。」

小鳥又領賽爾夫上了山，這次路程很遙遠，他們翻了七座山峰，來到一片竹林前。微風拂動，竹林輕輕絮語：「賽爾夫來了，賽爾夫來了，讓我們相助，讓我們相助。」

這時，小鳥指給賽爾夫一個小山洞，竹枝立刻搖晃起來，一滴滴露水很快地把洞填滿。賽爾夫高興地裝滿了一壺露水回去。

法老幾經試驗，都難不倒賽爾夫。最後他對賽爾夫說：「你是個受神靈保護的人物！我不敢再嘲弄你了。如果你能在我的牛群裡認出你的牛，你就把牠領走吧。」

賽爾夫來到法老的牛群裡，有成千上萬頭各樣的牛，哪一頭才是自己的呢？他正在發愁，只見小鳥飛來，落在一頭牛的角上。賽爾夫馬上認出這頭牛是他的。於是，賽爾夫帶著自己心愛的牛，告別了這個國家回到自己的國土。一路上，只有小鳥與他作伴。

◆貓交朋友

很早以前，貓並不跟人在一起，而是住在大森林裡，和各種飛禽走獸一起生活著。

貓很喜歡結交朋友，牠在森林裡游走，希望能交到好朋友。一天，牠看到迎面走來一隻野兔，貓覺得野兔很機靈，就上前攀談起來，於是，牠們成為形影不離的朋友。貓十分佩服野兔的聰明，認爲有這樣的朋友是自己的榮幸。

可是有一天，野兔因爲爭草料和羚羊吵起架來，身軀高大的羚羊一氣之下用尖銳的羊角猛戳過去，把兔子的肚子戳破了，可憐的野兔就這樣一命嗚呼。

貓看到這個情景，覺得該認識本領更大的朋友才是對的。羚羊把野兔打死了，可見羚羊比較有本領，自己應該和羚羊交個朋友。這樣，貓找到羚羊，要求和牠交個朋友，羚羊立即欣然同意。

過了不久，貓又見到花豹追趕羚羊，一下子把羚羊咬死吃了。貓趕緊上去，求花豹和牠交朋友，花豹猶豫了一會兒，勉強答應下來。牠們變成朋友了，常一起出外覓食。

貓覺得花豹的本領夠大了，可是好景不常，牠們成爲朋友後不久，花豹和獅子吵起架來，獅子猛吼一聲，用利爪和尖牙把花豹咬死撕碎吃了。貓看得目瞪口呆，就找獅子交朋友，最後終於成功。貓現在認爲自己有一個最

厲害、最有本領的朋友了，整天高興地跟在獅子後頭。

有一天，貓和獅子散步時，牠們碰到一群身體碩大的大象。一頭大象將獅子用長鼻子捲了起來，扔到懸崖下的深谷澗裡。貓想，還是大象力大無窮，自己要平安無事，必須要和大象交朋友。貓以爲大象在野獸中最強壯、最有力氣，牠一定是無敵英雄。

這樣，貓與大象又成了好朋友。但是，不到一個禮拜，大象就被一個獵人活活用陷阱套住，最後大象被打死，長牙被獵人拔了出來。

貓現在嚇得六神無主了，牠從前沒見過兩腳的動物，這一次看到這兩腳的神奇東西居然聰明絕頂，毫不費力地征服了所向無敵的大象。牠想了許久，最後終於明白，這體型不高大的兩腳動物才是最最厲害、最最聰明的。

貓自言自語地說：「現在我可以肯定了，世界上最厲害的動物是人！」

然後貓決心跟人交朋友，牠找到人，人答應把牠看作是一個朋友。

從此，貓就在人的家裡，再也不回森林去了，而變成了家畜。

◆蛇女婿

從前，在西村住著一戶人家。家中只有父親和兩個女兒——堤娜和穆娜。兩姊妹已經長到該出嫁的年齡了，但是村裡卻沒有人來提親，父親爲此很著急，於是決定到東村去找女婿。

這天一大早，他駕著小船，來到遙遠的東村，這是富裕而美麗的村子，人們都熱情地接待他。

「歡迎你，遠方的客人！」人們喊道，「你帶來什麼消息？」

「沒有什麼新消息。你們呢？」

「我們的村長正要找新娘，除此之外，沒有什麼重要的大事。」

這位父親聽後，很高興地回家。他把兩個女兒叫到跟前，說：「一位村長正挑選一位妻子，妳們兩個誰去？」

「我去！因爲我是姊姊。」大女兒提娜搶先說。

一向聰明而善良的妹妹沒有和姊姊爭，反爲姊姊找到丈夫而高興。

「好吧！」父親答道，「我把朋友們都請來，敲鑼打鼓把妳送到丈夫家去。」

「不必了，我自個兒去丈夫家。」提娜傲慢地說。

第二天，她收拾好行李，迫不及待地出發。剛走不久，她遇到一隻老鼠，老鼠用後腿站起來，併攏著兩條前腿，禮貌地說：「姑娘，我來爲妳指路吧！」

「你給我滾開！我才不需要你的幫助呢！」說著，她一腳踢開老鼠，繼續往前走。

「讓妳倒楣吧！」老鼠氣憤地叫道。

又走了一段路，堤娜在河邊喝水，突然聽到：「姑娘，我來給妳帶路，好嗎？」她循聲望去，原來是一隻醜陋的青蛙正在跟她說話。

「別跟我說話，我是村長的未婚妻，你這隻醜陋的青蛙沒有資格和我走在一起。」堤娜冷冷地回應牠。

「讓妳倒楣去吧！」青蛙氣得呱呱地叫著，跳開了。

到了傍晚，堤娜感到很累，於是她坐在一棵樹下休息，剛坐下，迎面就來了個衣衫襤褸的老太婆。她一見到姑娘就說：「妳好，孩子！讓我給妳幾句忠言吧！」

疲憊不堪的堤娜沒有作聲，她閉著眼睛，靠在樹幹休息。

老太婆繼續說：「妳會碰到幾棵樹，它們會嘲笑妳，但妳千萬不要反唇相譏。」

「妳會看到一袋鮮牛奶，別去喝它。」

「有一位男人給妳水喝，妳千萬別喝！」

「閉嘴！老太婆，別來打擾我的休息，妳馬上離開這兒。」堤娜咆哮道。

老太婆搖搖頭，然後邊走邊用顫抖的聲音說：「不聽老人言，吃虧在眼前。」

果然，堤娜沒有走多遠，就碰到老太婆所說的那些情況，但堤娜把老太婆的話當耳邊風，她所做的完全與老太婆所忠告的相反。

最後，堤娜終於到達東村，她告訴村民說她是村長的未婚妻。幾位熱心的老婆婆對她說：「如果妳想當村長的妻子，那妳必須爲他準備一頓豐盛的晚餐。」

堤娜一聽到馬上就要見到丈夫，她樂意地接受老婆婆的話。於是，她開始動手揉麵糰，由於她急著想見丈夫，便把麵粉磨得很粗糙。看到她做的麵包，村裡的人都嘲笑她無能。

太陽下山時，狂風大作，堤娜嚇得蹲在牆邊發抖，突然，她看到一條巨蛇盤繞在門口，說：「我是村長，快把妳準備的晚餐給我吃。」

堤娜嚇得全身發抖，畏畏縮縮地遞給牠麵包。牠一嚼，馬上全部吐出來，大吼道：「這晚餐太難吃了！妳不配當我的妻子。現在，我要殺了妳。」說完，尾巴一掃，就把堤娜打死了。

當父親聽到大女兒死去的消息，他痛不欲生。二女兒穆娜安慰道：「父親，別傷心了！請允許我去找村長，我相信我能夠使他滿意的。」

父親很不願意，但最後還是順了女兒的意思。他請來親朋好友，敲鑼打鼓地爲二女兒送行。一路上，穆娜非常有禮貌並樂意地接受了小動物們的幫助和忠告。

很快，他們就來到了東村。村長的媽媽拿出穀子，對穆娜說：「如果妳想成爲村長的妻子，那妳必須像所有的賢妻一樣爲他準備晚餐。」

穆娜開始做飯，她把穀子磨得十分精細，做出香甜可口的麵包。大家看了，都滿意地點點頭。

太陽下山時，同樣狂風大作，房子搖搖欲墜，穆娜謹記人們的忠告：千萬別害怕，不管發生任何事。因此，她鎮定地坐在屋裡，等待丈夫的到來。

這時，一條巨蛇出現了，牠說：「我就是村長，我的晚餐呢？」

穆娜不慌不忙地遞上麵包。牠吃得十分滿意。「眞香啊！妳願意當我的妻子嗎？」蛇說。

穆娜一下子愣住了，但立即記起人們的忠告。於是她勇敢地答：「是的，村長，我願意嫁給你。」她的話音剛落，蛇就變成一個身材魁梧、十分英俊的男人。

他微笑地說：「妳的勇敢破解了我身上的符咒。」

當晚，村長和穆娜舉行了盛大的婚禮。全村人們沉浸在一片歡樂之中。從此，這個村子一天比一天繁榮富足。

◆幸福是什麼

從前，埃及有個老人，他和老伴已年過半百，可是膝下猶虛。老人很想要有個兒子，於是他到處行善，受到當地人的尊敬和讚揚。後來，拉神被他的精神所感動，便賜給他一個男孩。

一天，老人的妻子忽然覺得腹中有什麼東西在挪動，便對老人說：「老伴，我的腹中好像有什東西在動，你快來看看吧！」

老人驚訝地走到妻子跟前，摸了摸她的肚子，驚喜地說：「啊！是一個嬰兒，一定是拉神賜給我們的，感謝萬能的拉神，我們會永遠記住您的恩惠。」

不一會兒，一個男嬰果然呱呱墜地，這對夫婦老年得子，高興得幾天幾夜闔不上眼。他們決定等孩子長大後，讓他去尋找自己的幸福。

時光荏苒，等孩子長大成人時，老人的妻子早已離開人世，老人也已年高老邁，但老人很欣慰他的兒子長得健康強壯。

有一天，老人一病不起，他知道自己將不久於人世了，在臨死前對兒子說：「孩子，我快死了，我希望你能過著幸福的日子。」

兒子說：「父親，請告訴我，我該怎樣才能生活得幸福？」

父親回答道：「你到社會上歷練歷練吧，那裡的人們會告訴你尋找幸福的方法。」

不久，父親便去世了，兒子按照父親的遺囑出發到外面去尋找幸福。他走到一片草原，看見一頭又老又瘦的牛正在吃青草，牛見了這青年便問：「年輕人，你要到哪裡去？」

「我要去尋找生活中的幸福，也許你能告訴我怎麼找吧？」

「年輕人，讓我告訴你什麼是生活中的幸福吧！我年輕的時候，健康強壯，每天默默地為人們幹活，無私地為人們做了許多事，受到人們的肯定和讚揚。我覺得自己過得很充實，覺得自己生活得很幸福。因為，我給人們帶來了幸福。所以，我告訴你，年輕的時候要珍惜自己的青春，要學會為別人的幸福而高興，這樣，你永遠會感到幸福的。」

年輕人聽了，默默地記住了老牛的話。

他又繼續走了。走了好長的一段路後，他又碰到一隻蠍子。他問：「我要到社會上尋找生活的幸福，請你說說我該到哪兒去找呢？」

蠍子沉吟了一下，對青年說：「你聽我說吧，我以前為自己有毒液而感到自豪，而且覺得自己比誰都強大，誰都要讓我三分，結果我這種想法是不對的。其實大家都恨我，對我總是投以仇視的目光；因爲我的毒液，他們甚至要殺死我。爲此，我也要避開大家，怕人們。年輕人，你經常無緣無故地罵人，喜歡和愛你的人吵架，你的嘴裡也有毒液。所以，你要當心，不要用粗野的言語去傷害別人，要和藹可親，眞誠與人相交。這樣你就一輩子沒有恐懼，也不必躲躲閃閃，生活也會變得幸福。」

青年聽了，默默記住蠍子的教訓。

他又繼續往前走。走啊，走啊！不知道走了多遠，看見一棵大樹，這棵樹枝葉茂盛，非常美麗，樹上停著一隻加里鳥，牠的淺藍色羽毛非常鮮豔、亮麗，正在歡快地唱著歌。

看到青年從樹下走過，加里鳥便停止了歌唱，說：「小伙子，你到哪裡去？」

「我到世界上尋找幸福。你知道什麼地方可以找到幸福嗎？」

加里鳥回答說：「小伙子，聽我說，看來，你在路上走了很多日子。你臉上滿是灰塵，衣服也破了，臉上帶著疲憊的神情，你已變了模樣了，這樣過路人都要避開你的。看來，你現在沒有什麼幸福可言，你要記住我的話，要使自己身上充滿青春活力，使自己顯得很美，這時你四周的一切都會變美，那時候你就會覺得自己很幸福。」

年輕人回到家裡去，他聽了老牛、蠍子、加里鳥的話後，終於明白了幸福的涵義：

幸福要靠自己的勞動，好好地爲人們服務，同時要對生活充滿信心、對人們眞誠以待，這樣就能生活在幸福之中。

此後，年輕人一直過著幸福的生活，他體悟了幸福的眞諦，再也沒有煩惱了。

◆富翁之死

從前，有一個富翁，他家境非常的富有，擁有無數的家禽和牲口、無邊無際的田地，家裡堆滿了金銀財寶。這個富人享受著人間的榮華富貴，但他非常怕死，一提到死他總是心驚肉跳，忐忑不安。於是，富翁每天向地下的冥王祈禱，請求冥王在他死期來臨之時，派使者來事先告訴他，好讓他做好充分的準備。

富翁一直過著安定的生活，家畜興旺，財產也管理得非常好。他只有一個心事：盡量多積聚黃金。富翁心裡想，何必這麼早怕死呢？當死神對自己說：「你準備好吧，我要帶你去陰間了。」那時，也還來得及懺悔自己的罪孽，帶著純潔的良心死去。

富翁就懷著這種想法一年又一年地生活著。

有一天，他知道死神奪走了他羊群中的一隻羊，但一隻羊對富翁來說算得了什麼？富翁不在乎死去一隻羊。

過了不久，富翁的牧群染上了瘟疫，每天都要死一隻羊，或一匹馬、一頭牛。這時，富翁心裡有點害怕，他心裡想：但願死神奪走我的牲口，只要不碰我就好了。

後來，富翁的孩子病了，一個接一個地死去，富翁心裡非常害怕，但是卻一點辦法也沒有。

最後，富翁的妻子也生病了，死神很快地又帶走他的妻子。此時，富翁提心吊膽地過日子，總是害怕死神會突然降臨到自己的身上來。

有一天，死神突然來到他面前說：「冥王奧塞里斯派我來帶你走，跟我走吧！你的死期到了。」

富翁憤怒了，說：「冥王爲什麼破壞自己的諾言來騙我？」

死神說：「冥王並沒有破壞，他是遵守諾言的。而且他從來沒有騙過任何人。」

「這算什麼遵守諾言？」富翁嚷道，「看來冥王早忘記了我與他的協議了！我們明明說好了，如果我的死期到了，要先通知我。現在我不能跟你一起走，我還沒有準備好去死！」

「什麼叫我沒有預先通知你？」死神反問道，「難道我每次敲你的門，帶走了你的牲口，你什麼都不知道？我帶走你的孩子和妻子，你也不難過？其實，我每天都在跟你說：『你準備好了嗎，我來了！』還要怎樣清楚地跟你說？看來，天塌下來，你還是不知道的！」

死神說完，便毫不客氣地把嚎叫著的富翁帶走了。

◆漁夫之妻

從前，有一個漁夫，每天都能打到很多魚，他把魚拿到市場去賣，換回需要的東西，維持自己的生活，日子還算過得舒服。

有一天清晨，漁夫照常去打魚。他捕了一條很大的魚，便決定先把牠送回小屋，等打完魚後再把牠一道送往市場。他自信這次一定可以賣個好價錢。

可是，令他驚奇的是，當他打完魚回來時，那條大魚不見了，而且連他的小屋也不見了。相反的，在那裡出現了一座金碧輝煌的宮殿，聽說女主人還是個漂亮的小姐。

漁夫要求見她。當他被帶到她跟前，他就問她：「妳看到我的小屋和放在屋子裡的魚嗎？」

「我就是那條魚，」這位小姐笑瞇瞇地說，「我被一個萬惡的妖魔變成一條魚，扔到河裡。這是我原來的家。你把我打撈上來就破了符咒，使我恢復了本來的面目。」

漁夫對自己不自覺地創造了一件奇蹟感到高興，同時，也爲自己失去賴以棲身的小屋感到難過。在他說話的時候，這位豔冠四方的佳人目不轉睛地凝視著他。他年輕力壯，眉清目秀。讓她根本無暇去考慮他的卑賤身世，對他一見鍾情，衝口說出要與他結爲伴侶。

對於這樣的好事，漁夫還有什麼好猶豫的？這樣，他們就成了夫妻。假如沒有什麼意外的風波，故事就可以用通常的說法，「從此，他們永遠過著幸福快樂的生活」來結束，可是……

在一個春光明媚的早晨，這位佳人到外面的小河戲水。從河岸走上岸地，她那嬌柔的軀體婀娜多姿；萬縷烏髮猶如最昂貴的絲緞披在肩上，行走之間風情萬種。這時恰好被該國執政的親王看見，他情愫蕩漾，頓時意亂情迷。

親王立即命令手下打聽她是什麼人。當聽說她是當地一位漁夫的妻子時，嫉妒之心就像野火般在他胸中燃燒。他暗下決心要利用他的王權不擇手段地把漁民除掉。

第二天上午，漁夫被召進宮裡，他惴惴不安地站在親王面前。

親王傲慢地朝他上下打量一番，然後開口說道：「我要你明天來見我，必須一邊笑著，一邊哭著。要不然，我就要把你關進監牢。」

漁夫惶恐不安。誰能夠同時邊哭邊笑呢？

「別擔心！」妻子說，「你口袋裡塞一顆洋蔥，在去見親王之前，你用拳頭把洋蔥打碎，用鼻子使勁地吸。這就會使你掉眼淚，同時你要昂首闊步和放聲大笑。這樣就能達到親王的要求。」

漁夫完全按照妻子的話去辦。當他跨過親王和大臣們聚集的大殿時，他發出一陣陣大笑，而鼻子和眼睛卻涕淚交流。大臣們對漁夫的表演熱烈鼓掌，誇獎他出色地執行了親王的命令。

這樣一來，親王就沒有任何理由可以把漁夫關進監牢。但他要除掉漁夫的決心絲毫沒有動搖。沒過幾天，他又把漁夫找來，對他說：「我要你明天來見我，身上既穿著，又要光著。要不然，我就把你釘在王宮的牆上。」

漁夫嚇得直發抖。誰能夠身穿衣服而又一絲不掛呢？

「別擔心！」他的妻子又說。「你光著身子，外面套上你的漁網。這樣，親王就沒有什麼可指責你了。」

漁夫完全照辦，結果啦！除了漁網之外，他一絲不掛地站在親王和他的大臣面前。他們誰也不能否認，他身上既穿著又光著。

親王的陰謀再次失敗了。但他還是不肯善罷甘休。過了幾天，他又把漁夫叫來說：「我要你明天來見我，帶一個剛出生的嬰兒，他要能爲我講故事。要不然，我就要砍掉你的腦袋。」這一回，親王自鳴得意地想，看你還能變出什麼花樣！

漁夫頹然地離開王宮，絕望到了極點。誰聽說過新出生的嬰兒能夠說話？更別說是講故事了！

然而，又是他那聰慧的妻子幫助了他。「到河邊去，」她對他說，「在把我打撈上來的地方用你的漁竿在水面上打幾下。我的堂妹就會出來見你。你讓她把她昨天剛出生的嬰兒借給你，把他抱進宮去。他會給親王講個故事。」

漁夫無心爭辯，他完全照辦了。當他妻子的堂妹出現在他面前時，他要求她把前一天出生的嬰兒借給他，她把嬰兒交給了他。然後，漁夫來到王宮，站在親王面前，雙手抱著嬰兒。親王看著他說：「就是那個東西要給我講故事？」

「不錯，就是！」嬰兒答道，突然從漁夫的懷抱中掙脫出來，走到親王面前，「你給我滾下來，寶座讓給我坐！」

親王嚇得魂不附體，因爲他從來沒有聽過一個新生兒會說話。他連滾帶爬地走下寶座，驚魂未定地站在嬰兒面前。嬰兒則大搖大擺地坐上寶座，開始講他的故事。

「從前，有一個家財萬貫的富翁，他佔有大片的土地，每年大量生產小麥、大麥、水稻和玉米。有一年，這位富翁決定所有的土地都種芝麻，芝麻得了豐收，裝滿了成千上萬只麻袋。富翁規定僕人每一袋都要相同份量，以便儲藏起來。然而，經過精心檢查後，富翁卻發現有一袋少了一粒芝麻。富翁很生氣，一定要找回這粒芝麻，於是他僱了大批的工人去尋找，他們日以繼夜地搜尋，還是沒有辦法找到。就爲了那粒芝麻，富翁使他們受盡了折磨，後來……」

「無稽之談！」親王打斷他的話，這時，他已驚魂稍定，「富翁有成千上萬袋的芝麻可以任意使用，爲什麼非要那一粒不可呢？」

「爲了同樣的原因，一位親王有全國的美女供他挑選，然而他卻非要某一個不可，爲此，他還不擇手段地想盡辦法。你認爲這樣合理嗎？」嬰兒不客氣地指責道。

「這……」親王面有愧色地低下頭，從此不再試圖拆散漁夫夫妻。

故事到此，就可以用通常的說法來結束了：從此以後，他們一直過著幸福快樂的生活。

◆命中註定

埃及有一個很受人尊敬的老人，他的名字叫謝赫，住在一個小村莊裡。謝赫害怕罪惡，不做任何壞事。他家人口很多，全靠他一人供養。由於他日漸老邁，再加上他唯一的生活來源——他所製作的咒文書籍和護身符已沒有銷路，靠他自己來養活這麼多家人眞是越來越艱難了。因此，他的妻子總是對他冷嘲熱諷，三番兩次地威脅說，她要回娘家，在娘家至少不會餓死。

起初，謝赫默默忍受。但到了忍無可忍的時候，他覺得擺脫困境的最好方法是跑到荒郊野外去，讓那裡的猛禽野獸或飄忽不定的神靈鬼怪把他毀滅。儘管這樣做違背他所信仰的宗教教義，但他至少可以確保在他死後孩子們會得到妥善的照料，因爲他的妻子不會遺棄他們，她會把他們帶回娘家去，他們在那裡可以得到溫飽。

至於他自己，反正他已老了，離死期不遠。因此，早一點兒死又有什麼關係呢？無論怎樣死都是短暫而迅速的。因爲住在這個神出鬼沒的曠野枯井裡的紅色神靈是冒犯不得的。祂一旦嗅出人的氣味，就會立即撲滅人的生命之火。

謝赫下了這一重大決定後，當天晚上，他像往常一樣默默作了祈禱。在餓得哇哇啼哭的孩子們都進入夢鄉以後，他拿起唸珠和拐杖，毅然地向黑夜走去。

夜色黑得可怕，暴風雨即將來臨，然而，謝赫尋死的決心絲毫不動搖。他要在天亮以前到達曠野。他走了一個小時又一個小時，手裡不斷地捻著唸珠。

很快地，他感到周圍像死一樣的寂靜。突然，一陣可怕的狼嚎令他毛骨悚然，脊梁直冒冷汗，他感到憋得喘不過氣來，萬籟俱寂的四周，似乎一下子充滿了各種奇怪的聲音。他膽顫心驚，停下腳步，擦了擦冷汗。

突然，遠處中一點微弱的白色閃光，神不知鬼不覺地朝他的方向移動。謝赫的雙腿直打哆嗦，心臟幾乎停止了跳動。這個神出鬼沒的枯井啊！那道忽隱忽現的白光一定是經常在枯井周圍徘徊的神靈……在死亡的巨大陰影下，他拔腿就跑。畢竟還是活著好。但是，一聲巨大的霹靂使他蜷伏在地上。

「不！」他呼喊著，身子縮成一團，「我不想死了，我想活……萬能的眞主救救我吧……我要活……」

彷彿是對他的痛苦祈禱的答覆，一個聲音從黑夜裡傳進他的耳朵裡：

「你會活下去的，你會活下來，還能富裕起來。」謝赫惶恐地轉向聲音的方向。他的周圍依然黑得伸手不見五指，但有一個閃閃發光的大雲團朝著他奔來。

「謝赫，」這個聲音繼續說，「鎮定下來聽我說。」

渾身發抖的謝赫掙扎著跪起來，用微弱的聲音問道：「是誰在黑暗中說話呀？」

「我是命運！」這個聲音答道。接著，那團閃閃發光的雲霧裂開了，露出一個女人——年輕美麗，容光煥發，嬌豔奪目。她穿著雪白閃亮的長裙，手裡拿著掌握每個人命運的拐杖。

「天意要你活下來，」她繼續說，「你不能死，你命中註定會富裕。」

謝赫目瞪口呆地凝視著她，十分詫異。然而他太驚慌了，以致沒能領會她話中的含義。但是，「富裕」這個字眼不住地在他耳邊縈迴，最後銘刻在他那混沌的腦子裡。

慢慢地，他的理智清醒了。他恭敬地站起來，想要謝過命運女神，突然，閃光雲團把她籠罩起來，很快就在夜幕中消失了。

當謝赫回到村裡時，太陽已高高地掛在天上。他三步併兩步地向家裡奔去，心裡千頭萬緒，忐忑不安。命運眞的會守信用嗎？他和孩子們從此再也不會挨餓了嗎？

他用顫抖的手推開小院子搖搖晃晃的木門。當他看到一些富裕的鄰居來看他的妻子，並帶來好多麵包、牛油、牛奶和蜂蜜等禮物時，眞是大喜過望。新烤的麵包發出沁人心脾的香味，他看到一只大葫蘆裝滿新鮮的牛奶，孩子們貪婪地喝著。他激動得喉嚨都哽塞了，兩眼流出了感激的淚水。

「感謝拉神！命運眞守信用！」他自言自語地說。

就這樣，飢餓和貧困慢慢地在安逸和富裕的日子裡消失了。

◆主持公道

從前，埃及有個鄉村叫扎爾克特，那裡盛產各種好東西，有小麥、天然鈉、木料、豆莢、果核等。鄉民們經常把這些名產運到南方亥嫩賽坦去賣，換取一些貨物。

一天，一個名叫賽克赫提的鄉民，帶著很多扎爾克特的名產到南方準備出賣。當他踏上湖岸時，發現湖邊站一個人，此人名叫亥木提，他是亥嫩賽坦的富農，爲人貪婪自私，無惡不作。

此時，亥木提已看中了賽克赫提的那些驢子和驢子馱著的名產。他心裡暗想：「但願哪位好心的神明開恩，保佑我把賽克赫提的貨物搶過來吧！」

這亥木提的住宅位於亥嫩賽坦的一條堤岸上，要去亥嫩賽坦的市場，必須通過這條堤岸，堤岸很窄，只有腰布這樣寬。堤的一邊靠湖邊，另一邊便是他種的小麥。

此時，亥木提想到了搶走賽克赫提貨物的計謀，他對他的僕人說：「趕快！從屋裡取出一條腰布來給我。」腰布立刻拿來了，他便把它橫鋪在堤上，讓腰布的一頭靠水，另一頭靠著小麥。

這時，賽克赫提在眾人都可以走的這條小道上愈走愈近。早已等候在那邊的亥木提說：「多加小心啊，賽克赫提！別踩了我的腰布！」

賽克赫提說：「我照著你的意思行事，我會更加小心地走過去就是啦！」

賽克赫提說著，走上了較高的那一邊。亥木提卻說：「你怎麼放著小路不走，倒從我的麥子上走呀？」

「我這是加倍小心走路呀，並非我存心要踩過這片高高的麥田，可是你拿你的衣服擋了小路，你難道還不放我從小道旁邊走過嗎？」賽克赫提說。

這時，一頭驢子已經咬了滿滿一嘴的麥穗。亥木提說：「你看，賽克赫提，我可要把你的驢子帶走，因爲牠吃了我的小麥。我損失多少，你就得賠多少。」

「你怎麼能因爲驢子咬了一口麥穗，就把牠抓走？」賽克赫提委屈地問。

「我不管你說什麼，誰損害了我的東西，誰就要受到懲罰。」亥木提惡狠狠地說著，還抽出鞭子抽打賽克赫提，將他的驢子都趕進了自己的牧場。

賽克赫提身上疼痛難忍，放聲大哭，他央求亥木提還他的貨物，但凶惡的亥木提並不理睬他。賽克赫提想到自己悲慘的遭遇，大概只有神明才能給他主持公道，於是不顧身上的疼痛，奔到亥嫩賽坦的拉神神廟裡。他對著拉神的神像控訴道：

「我偉大的拉神啊！

您能摧毀欺詐，鼓勵人去做善事。

您無邊的法力——就像豐收能逼走荒年一樣，

像遮蓋裸體靠衣衫，

就像暴風後出現晴天，因冷發抖的人得溫暖；
您抬起臉，看看我悲慘的命運吧！
有人喊冤您會對他歡迎，有人訴苦您肯讓他把話說清。
替我把委屈和冤枉評評理吧！照顧我這個被騙走財物的人吧！」

天上的拉神知道賽克赫提的不幸遭遇後，決定拯救他，並且要懲治那個貪婪自私的亥木提。

於是拉神來到賽克赫提身旁，對他說：「不必悲傷，不必難過，我會給你作主的，我會爲你討回公道的。」

拉神和賽克赫提來到了亥木提的住宅，此時亥木提正在欣賞賽克赫提的那些好東西。

亥木提看到拉神降臨，後面還跟著賽克赫提，便知道自己的災難來了，他嚇得一句話也說不出來，呆若木雞地愣在那裡。

拉神開口問亥木提：「貪婪自私的人啊，你知罪嗎？賽克赫提告了你的狀，這些罪狀你承認嗎？」

亥木提一聽到拉神嚴厲的責問，連忙趴在地上說：「萬能的拉神，我知罪，我承認我所犯下的罪行。我願受懲罰。」

「現在我來作審判吧！」拉神說，「亥木提家中的牛和羊，小麥和大麥，驢和狗都歸賽克赫提所有。屬於亥木提的一切，都分給貧苦的農民，亥木提自食其力吧！」

「謝謝萬能的拉神！」賽克赫提欣喜若狂，他得到了自己應有的財產，而亥木提從此由一個富農淪爲一個僕從。

◆綢布風波

埃及有一個魔鬼里卜里斯，牠經常在至愛親朋中挑撥離間，而且從不失敗，不知道破壞了多少幸福的家庭。可是，現在牠不管怎麼努力都無法破壞綢布店老闆的幸福。那個老闆和他的妻子已經成婚好幾個月了，但至今仍像燕爾新婚那樣恩愛甜蜜。魔鬼里卜里斯眞是苦惱極了。

一天清晨，魔鬼里卜里斯正在一條路的拐角處坐著，默默地望著對面生意興隆的綢布店出神，一個老太婆步履維艱走過來，問牠爲何悶悶不樂。里卜里斯把自己煩惱的原因告訴了她。

「嘿！」老太婆聽後咕噥道，「你那點小本事可能已經玩完了。」

「是嗎？我已經無計可施了嗎？」里卜里斯冷笑道，「那麼，也許妳能施展什麼伎倆，讓我茅塞頓開嘍？」

「當然。」老太婆自信地回答，「今晚你再來這兒，我讓你看看，在你慘敗的地方我是怎麼成功的。」里卜里斯還來不及說話，老太婆就轉身走了。

回到家，她立即脫去一身破舊的衣服，然後把全身擦洗乾淨，仔細地在臉上塗抹胭脂，再渾身灑上香水，換上華麗的衣服。這時，她已搖身變爲一位有身分的闊太太了。當她穿過街道，安詳雍容地走向對面生意興隆的綢布店時，許多人都向她投來讚美的目光。

老闆一眼看到她，從她身上的香水味就斷定她是位有身分的顧客，趕緊笑容可掬地迎上前來，點頭哈腰，準備爲她效勞。他恭恭敬敬地請她坐在貴賓座上，老太婆也派頭十足地接過他爲她點的菸，慢吞吞地往後一靠，要老闆把店裡最好的綢布拿來給她挑選。

「我這就去拿，夫人！」老闆說著，趕緊從貨架上抽出幾捆最上等的綢緞，擺在她的面前。

老夫人把各色綢緞審視了一番，挑出兩種異乎尋常的花色，裝出不知道該挑哪一塊好的樣子，要老闆幫她拿主意。

老闆巴不得討好她。但是，這是給年輕人買的呢，還是給上了年紀的人買的？

老夫人莞爾一笑：「你是要問，我是給自

己買的，還是給家裡的年輕人買的吧？好吧，坦白跟你說，是為一個我根本不認識的人買的。她是一個已經結婚的女人，我的兒子卻愛她愛得快要發瘋了，眞叫我苦惱。這是我兒子要我爲她挑選的。」

她略停片刻，以便給對方留下一個深刻的印象。然後，她用憂鬱的眼神看看老闆，輕輕地嘆了口氣，道：「你想想，當我看到我唯一的兒子把青春和金錢都揮霍在一個已婚女人的身上，我的心有多麼悲痛呀！其實，他可以很容易地在各地名門閨秀中找一位妻子的，讓我可以安享晚年。」

老闆對此表示同情和理解，不斷地安慰她。最後，他終於幫老太太拿定了主意，剪了一塊最好的綢布。他把綢布小心地摺起來，當他轉過身去拿包裝紙時，老太太偷偷把點著的菸靠近料子，就這樣，有好幾層都燒出了窟窿。

接著，她裝著驚慌失措的樣將火熄滅，同時為自己的粗心大意，一再地表示歉意：「你瞧瞧，我就是滿腦子都在想著兒子和一個已婚女人胡鬧的事情，心情總是不好，自己在做什麼都不知道了，眞是太對不起了。」

老闆更加表示同情，並慷慨地提出要給她換一塊綢布。老太太執意不肯，她說她燒壞的地方都在邊上，聰明的裁縫師在剪裁時是會設法避開的。

老闆明白她的意思，把綢布包好。老太太把披巾蓋在那包綢布上，就離開了綢布店。

沿著這條路走沒多遠，她停下來敲門。這正是店老闆的家門，出來開門的是老闆的妻子。

「早安！」老太太和藹可親地說，「我今天太累了，感到有一點頭暈，妳方便給點兒水喝，讓我進去歇一會兒嗎？」

「當然啦，老太太！」她連忙回答，「快進來吧，好好休息一會兒。」

老闆的妻子剛走出房間，老太太就把藏在披巾下的綢布拿出來，放在自己身旁的椅子上，並用靠墊把這包綢布擋住。老太太喝完水，與女主人寒暄了幾句後，就起身告辭了。

傍晚，老闆從店鋪回家後，來到客廳的椅子上坐下休息。他挪開了椅子上的靠墊準備伸展一下四肢，卻在這時發現了那包綢布，心裡納悶地想，是不是妻子今天出去買的？

在吃飯的時候，他問妻子，她說：「沒有啊！我今天特別忙，哪有時間離開家呀？」

「那麼來了客人嗎？」

「沒有。」她說。然後又急忙補充說：「我講的不是一般的客人，但確有一位老太太來敲門要水喝，並在這兒歇了一會兒。」

「那麼，一定是她把東西忘在這兒了，我們最好還是打開看一下，有沒有容易腐爛的東西。」這樣，吃過晚飯，他的妻子忙著去廚房收拾，老闆回到客廳，看一看那個包裡是什麼東西。

他打開紙包，當他看到包裡的東西時，心中隱約有不好的感覺。他用手一抖便把綢布抖開。當他看到料子邊上菸燒的窟窿時，一種不祥之兆出現在他腦海裡：他的妻子對他不忠？

「天上偉大的眞主啊！原來是她，那個老太太的兒子愛得快要發瘋的人！原來就是我的妻子！

那個富家子虛度年華和揮霍金錢正是爲了她，我的妻子！她……她……」

他心裡嫉妒和悲憤交加，跑到廚房，二話不說，抓住妻子就是一頓狠狠的拳打腳踢，罵她是個愛說謊的人，是騙子和不貞婦。

可憐的妻子百口莫辯。她哭著、喊著，對天上和地下的神明發誓：丈夫對她的責罵是毫無道理的，她是無辜的。但她越哭著求情，丈夫越打罵得厲害。

最後，他又氣急敗壞地把所能拿到的東西亂砸一氣，鬧得不可開交。鄰居和過路的人都在房子外面圍觀，以爲綢布店老闆今天突然發狂了。

「喂！」站在魔鬼里卜里斯身邊的老太婆說，她正在馬路對面注視著她所製造的一場浩劫，「你認爲我的本事如何？」

「好極了！」里卜里斯竊笑，「太精采了，地獄裡所有的魔女加起來都比不過妳！」

「嘿，」老太婆說，「我不需花很多時間，就能使他們重新和好，親密如初，你看如何？」

「呵呵！」里卜里斯嘲笑道，「無論妳或是天上所有的大天使，都不可能創造這樣的奇蹟。」

「那麼，看我的吧！」老太婆睨了牠一眼，「在明天中午之前準備把你的話收回去吧！」

說完，她一轉身，步履維艱地回家去了。

第二天早晨，她又把自己打扮成前天那個受人尊敬的闊太太的樣子，從容地走進綢布店。

這一次，老闆沒有注意到她。他一心想著自己的事情。但老太太卻把他看得清清楚楚，他的臉上陰沉得就像要發出霹靂的烏雲。儘管如此，她還是走到他面前，溫和地說：「你好，我的孩子，昨天，我從你這兒買的綢布看來沒有好運。剛開始，我不小心用菸燒了幾個洞；後來，我又把它忘在你家客廳的椅子上。我兒子對我大發雷霆，本來他打算昨晚把它給他的情人。可是，我有什麼辦法呢？從你這兒離開，路上走著，熱得我快昏倒了……幸好我找對了人家，敲開門，歇了一會兒，又喝了點兒水……你的妻子待人眞好……」

一直無精打采地聽著她的話的老闆，這下子感覺好像天上的天使突然把天堂的大門一下子向他打開了。

「請不要再提了，夫人，」他轉憂爲喜，又是笑容可掬，俯首哈腰，「您現在是來取回您的綢布吧！」

「是的。可是，這鬼天氣，熱得我喘不過氣來。你能叫一個伙計替我把綢布取來，讓我坐在這裡歇歇腳嗎？」

「當然可以，夫人！」他關懷備至地請她坐在貴賓座上，心裡充滿了歡樂。「您就坐在這兒安靜地歇一會兒，我親自去給您取回綢布。」

他一口氣跑回家裡，當他找到綢布把它交給老太太後，他又雀躍地飛跑回家擁抱妻子，咒罵自己的粗魯，請求她的原諒。深愛丈夫的妻子，當然樂意原諒他，兩夫妻又回復卿卿我我的甜蜜。

魔鬼里卜里斯偷偷地看到這和好的幸福情景，心中嫉妒得要命，牠的一切心血全部泡湯了。牠看到那個老婆婆快步向牠走來，牠不想被凡人譏笑，立即收起牠頭上的雙角，化作精靈，鑽進了最深的地下去了。

◆日麗姑娘

從前，埃及有一對夫婦，結婚後一直沒有孩子。他們非常煩惱，每天祈求天神保佑他們。終於，他們的虔誠感動了天神，神靈賜給了他們一個女兒，取名叫日麗。

夫婦倆就這麼個獨生女，因此將她視爲掌上明珠，十分疼愛她。

很快，日麗長大了。她美麗善良，沒有人不喜歡她的。上門求婚的小伙子眞是數也數不清，他們都希望能有這樣一個無可挑剔的新娘。

在眾多求婚者中，日麗姑娘看中了一位英俊瀟灑、善良正直的小伙子。夫婦倆也爲能找到這樣的好女婿而高興，便讓他們訂婚了。

就在夫婦倆準備爲女兒舉行婚禮的那一年，天逢大旱，太陽炙烤著大地，荒草叢似乎要燃燒了。樹木都垂著頭，呆立不動。田裡的莊稼都枯死了，河水也乾涸了，人們受飢挨餓，孩子們餓得哇哇直哭。後來就連人們家裡藏著的一點水也喝光了，井裡早就沒水了。人們渴得嘴唇都裂開了。

「不能再等下去了，得想想辦法。」老人們說。

於是老人們集中開會商量辦法。

「我認爲應該請出我們本地法力最高的魔術師、巫師，他們也許會有辦法。」一位老人提出了建議。

「也只有這樣了。」大家都同意這個建議。

他們找到了魔術師和巫師。

「怎樣才能使河裡有水呢？」

「辦法只有一個，那就是你們要把美麗的日麗姑娘送給河神，河裡就會有水，大河就會甦醒；不然，你們村的全部人將會餓死和渴死。」

老人們聽了都很難過，因爲日麗姑娘是個多麼好的姑娘呀，他們都很疼愛她，怎麼忍心把她送給河神呢？可是不這樣做，全村人都得死。他們只好去找日麗姑娘的父親。

「只有你才能救我們全村人。」接著，他們把事情的原委告訴了他。

日麗的父親聽了可眞爲難，他是多麼捨不得女兒呀。

日麗姑娘聽到了他們的談話，勇敢地對父親說：「父親，爲了救全村人，我願意犧牲自己。」於是，父親答應把自己的女兒送到河邊。那天，全村男女老少都來了。大家爲日麗姑娘的精神所感動。

日麗問父親：「父親，你說：『只要我的女兒犧牲，全村的人就能得救。』這話對嗎？」

父親沉痛地回答：「對的。」

「那麼，雨，你救救人們，快來吧！」日麗喊道。

她剛說完，乾涸的河裡立即冒出了水，把她的腳打濕了。

日麗又奔向母親：「媽媽，妳說：『要是全村人民都能得救的話，就讓我的日麗去犧牲吧。』這話對嗎？」

母親說：「這是對的。」她說完，馬上用雙手捂住臉，不讓別人看見她的眼淚。

「那麼，雨！你快來救救人們吧！」日麗說。她剛說完，河水漲到她的膝蓋了。

日麗又問爺爺：「爺爺，你說：『爲了救全村人，就讓我的日麗去犧牲吧。』這話對嗎？」

「對的！」爺爺顫抖著說，重重地嘆了一口氣。

「雨，那麼你就來吧！滋潤我們的土地吧！」日麗說。她剛說完，水馬上漲到她的腰部。

日麗又問：「伯父，你說：『爲了救人，讓我們的日麗就犧牲在河裡吧。』這話對嗎？」

「對的。」伯父回答後，眼睛沾滿了淚水。

「那麼，活命的雨來吧！」日麗說。她剛說完，水漲到她的胸部。

日麗又問：「阿姨，妳說：『只要全村人不死，讓我們的日麗犧牲吧。』妳說這話對嗎？」

「對的。」阿姨哽咽地說。

「那麼，盼望的雨啊，來吧，救救人們吧！」日麗說。她剛說完，水漲到她的肩膀。

正在這時，村裡來了一個年輕人，也到了河邊。他是日麗的未婚夫，他多麼想留住可愛的未婚妻呀。他滿臉淚水，喊著日麗的名字。
日麗姑娘看到未婚夫。她笑著問未婚夫：「親愛的人兒啊！你說：『爲了救全村人不死，讓我的日麗去犧牲吧。』這話對嗎？」
「對的。」青年強忍淚水，點點頭。
「鄉親們，永別了！但願人們都得救！」日麗姑娘的聲音從水裡發出來。
突然，天空中雷聲隆隆，一場滂沱大雨降到地面上來了。大地立即甦醒過來，樹木挺直了腰桿，河流歡暢地歌唱，莊稼咕嚕咕嚕地喝著甘甜的水……
日麗姑娘被河水淹沒，沖到了河神居住的地方。河神很欣賞她的美貌。
「日麗姑娘，妳爲什麼肯下來？」
「因爲只有犧牲我自己，才能挽救全村人的生命。」日麗說。
河神被日麗那勇敢無私的精神感動了，於是決定放日麗回去。
這一天，日麗的未婚夫正悲愴地鞭打著河水，因爲這河水奪走了他深愛的人。
老人們對他說：「不要這麼打水，以免妨礙了我們的日麗姑娘在水下安息。」
這時，從河的深處傳來了日麗的聲音，她說：「我的未婚夫！你不是說過『爲了救全村人，讓我的日麗去犧牲的嗎？』」
青年痛心地回答：「是的，我說過。」

這時，河水突然分開一條路，日麗姑娘從河底走了上來，她比過去更加美麗了。青年牽著她的手，把她帶回家。

後來，日麗和未婚夫舉行了隆重的婚禮，他們倆過著非常幸福的生活。從此以後，他們村裡再也沒有鬧旱災了。

◆不知道害怕的人

從前，埃及有一個青年，他的名字叫特拉里斯。他的父親早就離開人世了，爺爺是他唯一的親人。他們倆相依爲命，生活過得很清貧。

特拉里斯性格倔強，膽子非常的大，從來不知道天下有「害怕」兩個字，因此常常對別人說：「天底下沒有什麼東西讓我感到害怕、膽怯，更不用說讓我嚇得發抖了。」

大家聽了，經常想各式各樣的辦法來嚇唬他，但都失敗了。大家都說，特拉里斯是個天不怕、地不怕的人。特拉里斯的爺爺也想考驗一下他的孫子，決心讓他害怕一次，而且要害怕得發抖，這樣就可以使特拉里斯受到教訓。

有一天夜裡，特拉里斯出去了，到了天黑了還沒有回來，爺爺知道特拉里斯是到街上去蹓躂，便找來些稻草，紮成一個草人。草人穿著一件白色的衣服，連頭髮、尾毛都是白色的，紮好草人後，他就舉著草人躲在特拉里斯要經過的路旁。

此時，正值三更半夜，四周一片寂靜。不一會兒，爺爺便聽見了由遠而近的腳步聲。這時，爺爺猛地舉著草人竄出，特拉里斯發現前面有個「怪物」，便停下來，問道：「你是什麼東西？你要是個魔鬼，怎麼會又高又瘦呢？看來你一定是人裝扮的，故意來嚇唬我。」

爺爺屏住呼吸，一聲不吭，慢慢地走過來，對準特拉里斯就是一腳。特拉里斯被踢了一腳，毫無懼色，大聲喊道：「你給我老實點，魔鬼需要用腳踢人嗎？你不是裝扮的還會是什麼？既然你踢了我一腳，我也要還你一腳！」說著，特拉里斯從路旁拉起一根木棍，一棍打下去。

「特拉里斯，你快住手！看看我是誰？」爺爺扔下草人大叫。

特拉里斯一聽，哈哈大笑起來說：「爺爺，您怎麼裝扮成這個怪樣子來嚇唬我呀？」

爺爺連忙解釋道：「我是想考驗一下你，想讓你害怕、發抖一回，事實證明，你確實是一個天不怕、地不怕的人。明天，我把這件事情告訴人們，讓他們佩服你的膽量。」

第二天，特拉里斯夜打草人的故事在人們中傳開了。當消息傳到了埃及法老的耳朵裡時，法老很感興趣，便問身邊的大臣說：「那個叫特拉里斯的青年真的是天不怕、地不怕嗎？沒有什東西能嚇倒他嗎？」大臣在一旁齊聲答道：「確實如此，陛下，他生下來就是天不怕、地不怕。」

法老不相信有這樣的事情，於是對一位大臣說：「明天，你把那個特拉里斯召來，我要親自考驗考驗他。」大臣把消息告訴了特拉里斯和他爺爺，特拉里斯一聽，滿不在乎地說：「去就去吧，我就不相信法老能把我嚇住。」

第二天，特拉里斯來到王宮，法老召見了他和爺爺。法老面對滿朝大臣說：「諸位，這個青年天不怕、地不怕，我現在要考驗他，到時候，如果魔鬼吃了他，大家不要譴責我；如果他能在王宮後面的小山上的破廟裡過一夜，我一定將女兒嫁給他。」

特拉里斯一聽法老的話，頓時脊背一陣寒意。其他人聽了，也都爲他捏一把冷汗。因爲，小山上的這間破廟，正是魔鬼出沒的地方，被稱爲「魔窟」。過去，許多過路人在廟中借宿，到了夜晚都被魔鬼挖去心、吸乾血，第二天變成一副骷髏。所以，法老一提到王宮後的破廟，大家的心裡就發毛。

特拉里斯的爺爺見法老要將自己的孫子放進神廟過夜，趕緊跪在地上，向法老求饒道：「尊敬的法老，千萬不要呀！他沒有征服魔鬼的能力，會白白送命的！陛下，我求求您，千萬不能這樣！」特拉里斯此時卻若無其事地說：「爺爺，您放心吧！世界上還有讓我害怕的事情嗎？我從來不知道什麼叫害怕。陛下，我們明天見吧！」

於是，爺孫倆告別了法老，往家裡走去。一路上，爺爺憂心忡忡，嘴裡不停地說道：「嘴巴會割掉自己的脖子的。」

黃昏時分，特拉里斯揹起行囊，準備要到廟裡去。臨別時，爺爺含著淚一遍又一遍地囑咐，叫他夜間一定要多加小心。特拉里斯告別了爺爺，到了破廟裡，他打開行囊，點燃小油燈，躺下來休息。法老叫來四名魔術師，命令他們迅速趕到破廟去監視特拉里斯的行動。四名魔術師按法老的命令來到破廟外，藏匿在樹叢中。廟門破舊不堪，雖然關著，但縫隙很大，特拉里斯在廟裡的一舉一動，魔術師們在外面看得一清二楚。

約莫半夜時分，特拉里斯在朦朧中聽見廟外有狼嚎的聲音，接著一陣巨響，一個魔鬼從牆壁中鑽出來。特拉里斯趕緊翻身下床，坐在亮著燈的桌子旁。他定神一看，魔鬼的身子沒有一把圓鍬高，但當牠的兩腳一沾地，立刻變得像巨人一樣高，魔鬼慢慢走到桌子旁，銅鈴般大的兩眼凶狠地盯著特拉里斯。特拉里斯開始有些緊張，但很快地沉住了氣，對魔鬼喝道：「你是幹什麼的？爲什麼這樣盯著我看？看你這個樣子，好像死了兒子似的。」魔鬼一聲不吭，嘴裡的利牙磨得吱吱作響，慢慢地靠近他。特拉里斯想起爺爺的囑咐，馬上警惕起來，厲聲向魔鬼喊道：「站住！別靠近我！有話就說，你對我不懷好意！」

魔鬼還是一聲不吭，但乖乖地站在原地不動了。特拉里斯冷不防抓住魔鬼的胳膊，捏住了牠的手，使盡吃奶的力氣用力地掐。魔鬼被掐得怪叫起來，拚命地掙脫特拉里斯的手，逃跑了。

這時，又有五個魔鬼出現了，牠們剛一落地，就看見自己的同伴喊叫著往外跑，相互驚奇地議論說：「天呀，不得了了！這不是專治魔鬼的神明嗎？過去我們天天講，今天終於遇上了。我們快逃吧！」特拉里斯聽了魔鬼們的話，大聲笑了起來說：「你們講的一點兒也不錯，我就是拉神派來收拾你們的神明。我要掐碎你們的骨頭！」

魔鬼們一聽，嚇得渾身發抖，爭先恐後地逃走了。這時，天已大亮，特拉里斯征服了魔鬼，平安地度過了一夜，他沒有表現出恐懼的樣子，更別說是發抖啦。

太陽升起來了。特拉里斯收拾好行囊，揹在背上，來到王宮向法老報告他平安歸來了。在場的人議論紛紛，他們懷疑特拉里斯沒有在神廟裡過夜，這時，四名魔術師也風塵僕僕地回來了，他們向法老報告了昨晚發生的情況，這才解開眾人的疑團。在場的人個個驚訝不已。

特拉里斯的爺爺見孫子平安歸來，更是樂得合不攏嘴。此時此刻，法老覺得已經沒有什麼好置疑的，他決心實踐所許下的諾言，將公主嫁給特拉里斯。

◆兩兄弟的故事

在很久很久以前，有兩個親兄弟，哥哥叫阿努比斯，弟弟叫巴塔。這阿努比斯有家有妻，和弟弟住在一起。年輕的弟弟就像哥哥的兒子一樣，爲哥哥剪裁衣服、趕牲口去田裡工作耕地。他替他耕地、替他收割、替他做各類工作。是的，巴塔是個非常能幹的人，全國沒有一個人能跟他比，因爲在他的身體裡有一個偉大的神的靈魂。

弟弟每天都去放牛，傍晚回到家，帶回蔬菜、牛奶、木材等各種農產品，他把東西放在哥哥和嫂嫂的面前，隨後，他才去吃飯。晚上，弟弟獨自和牲口一塊兒睡在牛棚裡。

每當天明，另一天來臨，他就起床準備一家人的早餐，把熱呼呼的麵包送到兄嫂面前；再帶著自己的乾糧，趕牛去吃草。

這天，走在他前面的一頭牛突然說起話來：「好巴塔，後山坡的青草又嫩又多！」巴塔吃驚地望著那頭牛。他照著牛的話帶牠們去後山坡，果然那裡地肥水美，青草茂盛。就這樣，只要是巴塔所照顧的牲口都長得非常肥壯，生養繁多。

到了耕種的時節，阿努比斯對巴塔說：「我們得準備好一隊耕牛，因為地已經從水裡露出，正是耕種的時候。」

次日清晨，他倆帶著種子一塊兒到田裡去，開始耕作。他們雖然汗流浹背，心裡卻很高興。幾天之後，當他們在田裡時，發覺種子不夠了，於是哥哥差弟弟回家去拿。巴塔跑回家，發現嫂嫂正坐著打扮，他說：「嫂嫂，給些種子，哥哥在田裡等著我呢！」

嫂子瞪了他一眼，不高興地說：「去，打開穀倉，拿多少隨便你，別來打攪我。」

於是巴塔轉身到穀倉，裝滿了種子出來。正往外走時，嫂嫂問他：「你肩上扛了多少種子？」

「三袋燕麥、二袋大麥，總共五袋在我肩上。」巴塔說。

這時嫂嫂攔住他，用一種怪腔怪調說：「你眞有力氣！我每天都看見你是如此地強壯。」她想要親近他，於是她站了起來，擁抱著他，並且對他說：「來吧！讓我們一起消磨一段時光。以後，我會替你縫製許多漂亮的衣服。」

巴塔一聽到她對他所說的這些邪惡話語，他變得像一頭發怒的花豹，大聲喝道：「聽著！妳就像我的母親，而妳的丈夫就如同我的父親一樣。是他把我養大的。妳說的這是什麼可恨的話？別再對我說了！但我不會告訴別人，我不會讓這事從我口中洩露給別人。」他扛起穀子返回田裡，沒說一句話，便拚命幹起活來。

天漸漸黑了，哥哥先回家。弟弟還在照料牛群，收拾好耕種的工具，也往家的方向走。這時，嫂嫂對她自己所說的話感到不安。於是她用油脂把自己弄得像給人毆打過似的，好對她丈夫說是弟弟打她。

哥哥走進家門，發覺屋裡靜悄悄，妻子躺在床上好似生了病。他焦急地問：「發生了什麼事，誰害妳的？」

「是你的弟弟巴塔！他回家取種子時，看我獨自坐著，便叫我和他好好消磨一段時光，我沒聽他的話，他就毒打我，還不許我告訴你。你一定要殺死他，否則我就去自殺！」

可憐的阿努比斯聽了妻子的謊言，氣得如同瘋狗一樣。他把自己的長矛磨利，拿在手中，藏在牛棚門後等待著巴塔回來。

不一會兒，巴塔趕著牛群歸來。當領頭的母牛走進牛棚後，轉身對主人說：「當心！你哥哥在門後拿刀要殺你，快點逃開吧！」

弟弟聽了猶豫不決，這時，第二頭牛對他說了相同的話，巴塔彎腰看到哥哥的一隻腳，便慌忙地逃走。他的哥哥拿著他的矛，在後面追趕。

於是巴塔向拉神祈禱說：「我的主！分判惡人與好人的是你！」

拉神聽到了巴塔的呼救，在巴塔和他哥哥之間拋下一條大河，河裡游著無數的鱷魚。兄弟倆隔河相視著，巴塔開始向哥哥訴說所發生的一切。他又以拉神之名發誓說：「可是你，我的哥哥，卻盲目地聽從一個骯髒妓女的證詞，而拿起你的長矛來殺我？」說完，巴塔從身上割下一塊肉，擲到河裡，河裡的鱷魚立即把肉吞掉。因爲徹夜未眠，又割下身上的肉，巴塔立即昏死過去……

哥哥在對岸目睹了這悲慘的場景，站在那兒爲他哭泣。他想過去看看他可憐的弟弟，可是河裡都是鱷魚！

後來，巴塔慢慢甦醒，對著痛哭流涕的哥哥說：「好哥哥！不要過分悲傷，回家好好照料那些懂事的牲口。我再不能和你生活在一起。你願意做一件好事嗎？這也許能安慰你憂傷的心。」

「什麼事？好弟弟，你說吧！」

「我要到遙遠的松之谷去，當我遭受災難時，你一定要想辦法幫助我。」

「怎麼幫法？」哥哥急切地問。

「當我遇難的時候，我的靈魂將離開我，我把心存在松樹花裡，一旦花開了，心就會落在地上。你馬上去找，然後將我的心放到一碗涼水中，到那時我就會復生。如果你的麥酒變得渾濁不清，你就知道我出事了；若這事發生，不要遲疑，快來！」

巴塔說完，便朝松之谷走去。哥哥阿努比斯思緒紛亂地回到家中，憤恨地殺死那個可惡的女人，把屍體扔給狗吃，然後抱頭痛哭，呼喚著他那可憐的弟弟。

時間過得很快。弟弟巴塔來到松之谷，獨自生活了幾年，他每天以打獵爲生，並把心存放在巨大松樹的一朵花裡。

一天，他遇見正在巡視天下的眾神。眾神同聲對他說：「啊，巴塔，眾神的牡牛，你獨自一人在此，離開家鄉，是否因爲你哥哥阿努比斯的妻子？他已殺了他的妻子，你所受的傷害已經得到報償。」由於他們非常替他難過，拉神就對克農神說：「替巴塔造一個妻子，好讓他不致孤獨。」

於是克農替巴塔造了一個伴侶。這個女人花容月貌，比當地任何少女都美麗，因爲眾神的血在她裡面。然後主宰人類命運的七位哈托女神來看她，她們都異口同聲地說：「她將死於刀下。」

巴塔非常喜歡她，讓她在屋裡安坐，他則整日狩獵，將獵物帶來放在她面前。他還將他的一切都告訴了她。

一天，巴塔如平常一樣去狩獵，他妻子走出門去，徘徊在屋旁的松樹下，然後她看見海潮在她面前漲起，她趕忙跑回屋子。海卻對松樹說：「替我抓著她！」松樹就奪走了一束她的頭髮。海水將它帶到埃及，漂到法老的洗衣工那裡，而後這束頭髮的香味便滲入了法老的衣服。法老就斥責他的洗衣工說：「我的衣服有一種香油的味道！」他每天斥責他們，弄得他們不知所措。

洗衣工頭走到海邊，他的心非常憂愁，因爲他每天受斥責。然後他發覺他站在海邊，眼前飄著一束頭髮。他讓人下去將它取上來，發現它的味道非常香，於是就拿去給法老。

法老被這束散發著清香的頭髮迷惑了，他喚來有學識的書記詢問。他們對法老說：「這束頭髮是拉神的一個女兒所有，她身上有眾神的血液。這是從另一個國度來的敬禮，陛下應該派使者去尋找她；特別是去松之谷的使者，一定要讓許多人保護著去迎她。」於是法老派遣使者分別出發。

許多天之後，出使國外的人紛紛回來向法老報告。但是去松之谷的人沒有回來，因爲巴塔將他們都殺了，只剩下一個人逃回來向法老報告。法老派了許多士兵帶著許多首飾禮物，再次前往松之谷。這次，巴塔的妻子被豪華的禮物所迷惑，跟著他們一同回到埃及，受到全國人民的歡迎。

法老非常喜歡她，賜給她第一夫人的頭銜。他引誘著她談她的丈夫，於是，她對法老說：「把松樹砍倒。」法老馬上派了兵士，帶著斧頭去砍那棵松樹。巴塔的心掉在地上，立即倒地身亡。

在家的哥哥馬上發覺麥酒渾濁不清，想起了弟弟的話，阿努比斯馬上出發去松之谷，尋找弟弟的心。歷經千辛萬苦，整整找了三年，找到了弟弟的屍體，卻找不到他的心，阿努比斯沒有放棄，仔細地尋覓他弟弟的靈魂。

第四年開始時，阿努比斯默默不語地徘徊在松樹下，思索著要不要回鄉罷了。突然，他發現一粒果子，定睛一看，哎！那正是弟弟的心啊！他馬上拿了一碗涼水，把它放進去，然後如平常一樣坐下。

當夜晚來臨，巴塔的心飲下水，他的身體開始扭動。他張開眼看著他的哥哥，他的心仍在水碗中。於是阿努比斯把那盅水給他喝，他的心就回到原位變得和從前一樣。兄弟倆高興萬分，抱頭痛哭。

然後，巴塔對哥哥說：「聽著，我將把自己變成一頭有美麗顏色的公牛，是人們從未見過的，你要坐在我的背上。當太陽升起時，我們就會在我妻子在的地方，我好復仇。你要把我帶到法老那裡，他會因爲你帶了一個寶物給他而賜給你許多金銀。然後你就回到你的村子去。」

待天明後，另外一天來臨，巴塔果然變成了一頭牛。阿努比斯騎在他的背上，在天明時到了法老的王宮。法老一見到他非常地高興，不但賜給阿努比斯許多僕人、金銀，還爲巴塔變成的牡牛舉行了一次盛大的祭典。

許多天後，巴塔進到廚房，站在夫人身邊，並跟她說起話：「看，我還活著。」

「你是誰？」那女人吃驚地問。

「我是巴塔。」

不忠的女人心裡十分恐懼，倉皇地離開廚房。當晚法老坐下來與她一起享用餐點時，她便要求說：「讓我吃這頭牛的肝，因爲牠一點用處也沒有。」

法老雖然心有不捨，還是答應讓那頭公牛作爲祭品，第二天便派了王家屠宰長去殺牛。公牛被殺死，助手們將牠抬在肩上，牠抖了一下脖子，讓兩滴血落在法老的兩根門杜旁。這兩滴血在一夜之間迅速長成兩棵松樹。有人去告訴法老說：「兩棵大樹在一夜之間長出來了——這是獻給法老的奇蹟。」全國又都爲它們而歡慶，法老向它們獻祭。

許多天之後，法老出現在藍琉璃石鑲的窗戶前，頸上掛了一串有各種花朵的花圈。然後他乘了金色的馬車，出了王宮，來看那兩棵大樹。夫人也隨著另外一隊在法老之後出來。法老在一棵大樹底坐下，夫人坐在另一棵樹下。於是巴塔對他妻子說：「哈！妳這壞東西！我是巴塔，我還活著！」

夫人又倉皇而逃，當晚就要求法老將兩棵大樹砍了做家具。法老不忍違逆她的心意，便召來木匠砍樹，就在他們砍倒樹的同時，一小片木屑飛進夫人的口裡。她吞了下去，一會兒便有了身孕，後來生了一個小男孩，法老欣喜若狂，當場宣布這男孩為繼承王位的王子。

許多年過去了，法老生病離世，王子做了法老。法老巴塔把王宮的文武大臣都召來，向他們述說了他的一切遭遇。說完，他命令嚴懲那個不忠的女人。

眾神把那叛逆的女人收回冥間，讓她接受奧塞里斯的審判。

巴塔清正廉潔地統治著埃及，達三十年之久。

第三章 智慧文學

埃及文學中有一類比較嚴肅的作品，主要是以社會倫理爲題材，通常藉一位長者的口以告誡晚輩爲人處世之道，或藉一位智者的口來討論國家社會的亂象。在這一則則寓言式、箴言式的故事中，可以讓人瞭解古埃及人寬容、安貧且充滿智慧的待人處世之道。

古埃及文明雖然遠遠離我們而去，但不可否認的，埃及文學仍是今天學術大殿中最耀眼的一隅。其中〈西努赫流亡記〉（成於西元前一千九百年左右）不但是埃及文學史上最著名的一篇作品，也被認爲可能是世界文學史上最古老的一篇小說。除此之外，本章更選錄古埃及文學中最具代表性的箴言式文體。

◆西努赫流亡記

西努赫是第十二王朝阿曼赫特一世身邊的重臣，他早晚跟隨法老，幾乎是國王的親密知己。現在他跟著王子和未來的繼承人出征。

老國王在一天夜裡升天了，埃及宮廷寂靜無聲，王室全都換上喪服，宮門緊閉，朝廷眾臣匍匐在地，人人素服屏息。

這時，老國王先前派遣的前往泰美相（位敘利亞）地方的王子和繼承人不知道消息。這個王子是烏賽爾台散，他率軍出征，正班師而歸，帶著不計其數的俘虜和種種牲畜。宮廷急忙派人乘快馬把老國王的死訊稟告王子。報信人必須在半路上迎著王子，而且當晚就得趕到他面前，事情迫不及待了。

報信人策馬快速地趕到王子軍隊中，見到了王子，爲了免除實情在軍中洩露的危險，報信人對王子說：「鷹帶著眾隨從飛走了。」西努赫當時就站在王子身邊，聽到送信人的話，他吃了一驚，知道一定是法老去世了。他心裡直跳，四肢癱軟，恍惚地往遠處走去。憑著經驗，西努赫預感到宮廷將發生變故了，想到這點，他顫慄起來，決定轉向南方逃離是非之地。（註：相傳阿曼赫特一世因宮廷政變被謀殺）

於是，西努赫立刻轉身，拔腿就跑。他在這位王子大征之後還想活下去，他走到較遠的地方，在一棵小無花果樹下面休息。在這個荒蕪的野地裡，四周寂靜得很。他休息了一夜，第二天早上繼續走，傍晚時，他抵達葛屋。他藉一艘無槳之船，靠西風之力，越過採石場的東緣，北向而行，終於抵達了君王之牆——這是用來抵禦巴勒斯坦人和遊牧民族的。

西努赫擔心被守衛發現，就蹲在草叢中，到夜暮時分才趁黑趕路。天亮時，他到達倍登，轉變方向朝向莫爾峽谷前進。這時候他爲乾渴所困，喉頭枯竭似滅，他對自己說：「這大概是死亡的滋味吧！」

但他卻抬起頭，精神大振，因爲他聽到了人聲和牛叫聲，看見了一些巴勒斯坦人。其中有個曾到過埃及的酋長認出了他。

酋長見了西努赫，急忙殷勤招待，拿了水來讓他喝，替他煮牛奶。於是西努赫隨酋長回到他的族人中。他們極爲友善，西努赫在那裡待上一陣，就繼續往異國阿狄木（位黎巴嫩）趕路。

在阿狄木，西努赫找到他的好友上坦努（位敘利亞）的國王阿穆昂希，他們是忘年之交。西努赫在這裡住了下來。過了半年時間，他在這裡學會了當地語言。他的朋友對他的才能和聲望十分欣賞，對他推心置腹，無話不談。有一次，朋友問他：「你爲何到此？發生了什事？是否王城中有變故？」

「阿曼赫特法老已經去世了，沒有人知道發生什麼事情！」西努赫言詞閃爍，沒有完全吐露詳情，「當我從遠征軍回都之時，有人告訴了我這噩耗。我心驚膽顫，沒命飛奔。我沒有任何罪行，沒有任何人朝我吐口沫，不曾聽到任何陰謀，侍衛也未喧嚷我的名字。我實在不知是什麼使我來到這裡。這好像是神明的安排。我身似在夢中，如同一個北方人發覺自己到了南方，農夫發覺自己置身沙漠。」

阿穆昂希繼續問道：「沒有了他，那位全世界所敬畏的神，埃及要怎麼辦呢？」

西努赫回答：「當然，他的兒子已登基爲王，繼承父業。他實在是無比的神聖，無人比他爲高。他聰明睿智，足智多謀。當他的父王在宮中坐鎮時，他在外監軍，完成使命。當他揮軍衝鋒，無人可敵。他令敵人心驚膽顫，潰不成軍。當他征服城邦，全民歡呼。他生來命定爲王，實獨一無二，爲神之賜禮。當他登位之後，全地歡樂。他擴展國界，南北無敵。他生來就是巴勒斯坦的剋星，遊牧民族的噩運。如果他駕幸這裡，你可不要冒犯他，讓他知道你的名字，因爲他不會不給服從他的國家好處。」

阿穆昂希說：「埃及誠然是興盛的，可是你卻離它遠去。不過，你既和我在一起，我會給你報償的。」

於是他讓西努赫成爲他眾子的領袖，將長女許配給他，還讓他在他的土地中選擇最好的一塊沃土。那兒有無花果和葡萄，那兒的酒比水多，又有豐富的蜂蜜和油脂；樹上有各種水果，又有大麥、燕麥，以及無數的牲口。經由喜愛他的阿穆昂希，西努赫獲得了極多的財富，成爲其領土內最富庶之地的領袖。這樣一過就是好幾年。

西努赫和妻子生了幾個孩子，後來他們都長大成人，每個人統治著一個部落。當南北差使到宮廷時，總會繞道成爲他的座上客。西努赫常常導引迷途者，拯救遇盜者，爲國王出謀獻策，幫助他打退敵軍的進犯。大家對西努赫的勇謀和賢能都很佩服。

有一天，有個強人到西努赫的帳篷前挑戰。他說他已經戰敗全國，勇猛無敵，揚言要和西努赫比試，以奪走其牲畜、財物。西努赫說：「我與你素不相識，未曾打開過你的門戶，或逾越過你的籬牆。你如果看見我就起了一種羨慕而又嫉妒之心，以爲我只像一頭擠在母牛堆裡的小母牛，被公牛一碰就倒，那乾脆把事情交付判決好了。如果想損害我，從中牟利，就不是一個善鬥的武士，我不屑於與這種人鬥。眞正的公牛喜歡打仗，虛浮自誇的公牛才會因爲害怕而背轉身，只要你的心眞想比武，那麼你說出心中的希望。難道神會不知道你的命運？」

當晚，西努赫束緊弓弦，排理箭支，磨亮匕首，整頓武器。天亮後，坦努的民眾都聚集到場，鄰近部落的人也來圍觀這場戰鬥。男男女女高聲喊叫助威，所有的人都爲西努赫焦慮著急。人們大喊道：「像西努赫這樣敢於與他相抗的勇士還有第二個嗎？看啊，這個敵手是拿著一塊盾牌、一柄戰斧和一束標槍呢！」

西努赫不慌不忙，挑動敵手進攻，對方射出的箭被他躲過，一一射到地面。兩人越來越靠近，對方往西努赫身上撲。這時候西努赫突然向他射了一箭，直穿他的咽喉。他慘號一聲，撲倒在地。西努赫用斧頭殺了他，發出勝利的呼聲。所有的坦努人都同聲歡呼，而西努赫向戰神致謝。國王阿穆昂希上前擁抱西努赫，並舉行了盛大的慶祝宴會。

西努赫取得了那人的財物和牲畜，本來是對手想做的事，現在反過來讓他做到了。他接收了對手帳中的物品，拆掉了他的營地，大大獲利。西努赫得到眾多的財富和無數的牲口。

歲月向前推移，西努赫年紀漸漸大了。他獨自沉思著，神以這樣的恩賜給予迷失在異邦的人。一個離鄉背井的逃亡者，現在聞名京師；一個備受飢苦的流浪者，現在濟鄰以食；一個裸身亡命之徒，現在身著美裳；一個終日奔走、無人可使的人，現在富有從僕；他的房屋舒適，住室寬敞，心早已得到了滿足。但是，他的回憶卻在埃及宮中。

於是西努赫向神祈禱：「無論是哪一位神祇安排了這一次的逃亡，願你垂憐，讓我回家吧！願你讓我見到王都，我的心已在其中度過長日。有什麼能比讓我的身軀和我出生之地合而爲一更重要的呢？幫助我！但願美事成眞！願神賜我平安！」

西努赫給埃及法老寫了一封陳情書，表達自己一度逃離的悔恨之意，並希望准許回到出生之土，以了落葉歸根的宿願。不久法老發布准許西努赫重回埃及的諭旨，並原諒了他以前的過錯。

當諭旨到達時，西努赫正和家人一起。在宣讀完畢後，西努赫俯伏在地，讓灰沙染滿頭髮。然後他繞屋而行，歡呼道：「爲什麼這件事會發生在一個流亡在外的僕人身上？這件美好的恩賜使我免於死亡。您的信讓我能在都城度過晚年。」

西努赫將所有的財物分送給子孫們，並將土地讓長子掌管，就啓程回到埃及。法老下令他的親信大臣前來，並以船運來皇家禮物，分贈與西努赫同行引路的坦努人。西努赫登舟揚帆，來到京城。

天明時，西努赫受詔入宮。十位使者前導，他一路致敬屈身而行，來到國王接見的鍍金大殿。法老王端坐在皇座上，他趕緊匍匐在地，而法老卻認不出他是誰了。王友善地說著話，西努赫突然覺得自己好似置身黑夜之中，魂飛魄散，四肢戰慄，不能分辨自己是生是死。

王上對一位大臣說：「扶他起來，讓他跟我說話。」再接著說：「現在，你已經遊歷異邦歸來，歲月令你衰老，你已近暮年。你的後事非比重要，你不必爲外邦人所葬，當你名字被傳呼時，不要靜默。」

西努赫顫抖著聲音回答：「我主對我說了些什麼？但願我能回答，但我不能。這是神的作爲。懼怕在我心中，就像當初令我逃亡時一樣。現在我在您面前，生命是您所有，願陛下爲其所欲。」

然後王子們被召入。法老對王妃說：「看啊！西努赫回來了，成了一個坦努人！」他們都對西努赫表示歡迎之意。

「你將不再懼怕，你將是我的友伴，貴族之一員，你將被置於大臣之中。現在，到正廳去等候！」法老宣布道。

西努赫從正廳出來後，王子們牽著他的手，一同走過殿門。他被安排住入一位王子的府第，其中有極美的家具、浴室、壁畫，又有極多的財物，以及上等麻紗、沒藥、油膏。所有的僕人都各就其位。法老還特意在王室金字塔間爲他造了一個石質金字塔，作爲以後墓地。所有的陪葬物品都安排妥當，連獻祭教士也分配給他。從此，西努赫生活在法老的恩賜之中，歲月在他身上刻下的滄桑從此消失，他將重擔都還給了沙漠。

◆丑角戈哈

據說埃及有個叫戈哈的人，善於隨機應變，巧舌如簧，成爲家喻戶曉的人物。

戈哈有一個鄰居養了二十隻鵝，他很想外出渡假，可是二十隻鵝沒人照料，怎麼辦呢？因此，他想找戈哈幫忙。

「親愛的戈哈，我打算去渡假，可是我養的二十隻鵝沒人照料，你能幫忙嗎？」鄰居問戈哈。

「可以！」戈哈說，「但是，你最好把鵝趕到我家後院來，這樣會方便些。」

「沒問題。」鄰居說。

第二天一早，他把鵝群趕進了戈哈家後院。

「趕來了，戈哈，一共二十隻。」說完，他就走了。

過了幾天，鄰居回來了。他去找戈哈要他那二十隻鵝。

「喂，戈哈，我回來了。這幾天讓你麻煩了，我現在來要回我那二十隻鵝。」鄰居高興地說。

「你的鵝還在後院裡，你自己去趕吧。」戈哈對鄰居說。

鄰居走到後院趕鵝，令他驚愕的是，後院只剩下十九隻鵝。

「可是，戈哈，」鄰居抗議道，「怎麼少了一隻鵝？我給你趕來二十隻，現在只剩下了十九隻！」

「我的朋友，」戈哈笑嘻嘻地說，「我可從來不曾數過。我只知道你在一天早晨把鵝群趕進了我家後院，讓我替你照料。我替你照料了。現在鵝在這裡，讓你全部都趕走。」

鄰居一再爭辯，堅持說少一隻鵝，但戈哈也一再說自己不曾數過。最後，鄰居只好趕著鵝群來到法庭，向法官控告戈哈。

法官把戈哈喚來法庭。

「戈哈，你爲什麼從鄰居委託照料的二十隻鵝中扣留下一隻呢？」法官問戈哈。

「閣下，」戈哈說，「我從來不會計數。我只知道我的鄰居在一天早晨把一群鵝趕進我家後院，叫我在他外出期間替他照料。我替他照料了。現在他說少了一隻鵝，我眞不明白他如何得出這樣的結論？」

法官是個好心的老人，他以爲戈哈不會數數，便想幫助他解決計算上的問題。於是他叫來二十名士兵，讓他們沿著法庭牆壁站好，轉身對戈哈說：「戈哈，現在我表演給你看，你的鄰居是如何得出他少了一隻鵝的。我們這裡的士兵數，與你的鄰居所說的留在你那裡的鵝數一樣，你懂嗎？」

「我懂，閣下。」戈哈說。

「那麼，」法官繼續說，「假如我們現有的士兵與我們這裡的鵝數一樣多，那就是說每一個士兵一隻鵝，對嗎？」

「對的，閣下。」

然後，法官命令每一個士兵從他們眼前的鵝中抓起一隻。十九名士兵每人都抓起了一隻，但是第二十個士兵卻兩手空空。

「你看到了，戈哈，」法官滿懷希望地轉向他說，「這些士兵每人手上都抓起了一隻鵝，但有一個士兵卻兩手空空。你能告訴我是爲什麼嗎？」

「因爲，」戈哈回答得非常乾脆，「請閣下原諒，那個士兵是一個笨蛋。鵝都在他眼前，爲什麼他不抓起來一隻？」

◆糊塗的法官

有個叫卡拉科什的人，是位令人生畏的最高法官。他那不公正的斷案和歪門邪道成了警世通言。

有一天，他喬裝打扮在街道上走著，忽然看到一個人手上拿著托盤，上面放著一隻準備烤的火雞，就跟著這人走進麵包店。他聽到那人吩咐麵包師傅把火雞烤一烤，要在某個時間烤好，他準時來取。

麵包師傅答應照辦。但是，那個人剛離開店門，卡拉科什就走向麵包師傅，對他說：「我是卡拉科什。我想要這隻雞作我的晚餐。因此，烤熟後務必把雞送到我的宮裡去。」

「好的，大人。」麵包師傅說，「可是，雞的主人回來取時，我該怎麼跟他說呢？」

「告訴他，」卡拉科什說，「在你正要把雞往烤箱裡放的時候，牠突然長出翅膀從店裡飛走了。」

「遵命，大人。」麵包師傅說，「可是，這種說法依然不能使我免除懲罰呀。」

「不用擔心，」卡拉科什說，「我是最高法官，你的案件送到我這兒審理時，我會替你開脫一切罪責的。」

既然卡拉科什已擔保不會使他受到懲罰，麵包師傅就動手烤雞，烤熟後便派人把它送到法官的宮殿裡去了。

雞的主人按約定的時間來取雞。麵包師傅對他說：「老兄，很遺憾。就在我正要把您的雞往烤箱裡放的時候，牠突然長出翅膀從店裡飛走了。」

「長出翅膀飛走？那是一隻死雞呀！這是什麼話！把我當作傻瓜嗎？你這個賊，你這個騙子！」那個人怒吼著，將麵包師傅拳打腳踢了一番。

麵包師傅極力防衛，他隨手撿起一塊石頭向那人擲去。但是，那人把身子一斜，石頭咻地從他身邊飛了過去。說也真巧，此時一個人正躺在麵包店對面的地上安詳地睡覺，石頭砰地一聲擊

中他的耳朵，把他砸死了。
死者的兄弟忿然地向麵包師傅衝過去，在他身上一陣拳打腳踢，麵包師傅再次奮力自衛。當他認爲對手已無力進攻時，就抽回胳膊，揮手想往對方臉上猛擊一拳。可是，他沒有擊中目標，這一拳不偏不倚，正好落在一個站在那裡看熱鬧的孕婦肚子上，造成當場流產。
那個女人的丈夫一個箭步躍向麵包師傅，又抓又打又踢。麵包師傅再也受不了了，決定自殺。於是，他往最近的神廟衝去，從塔頂上縱身往下一跳，然他並沒有摔在地上，而是恰好落在一個正在街上閒逛的人身上，那人被壓死了。
頃刻之間，目擊這一意外事件的人群把麵包師傅團團圍住，死者的兄弟撲到他身上，揮舞著拳頭，高喊著要報仇。
麵包師傅看到自己身陷重圍，唯一的出路是逃走。可是，往哪兒逃呢？如何逃呢？他的雙眼在人群中搜尋著可能逃走的縫隙，很快地就停留在一頭驢子的後面。
麵包師傅出其不意地向前猛衝過去，跑到驢子身後，雙手牢牢地抓住了驢子的尾巴。那蠢驢被嚇得魂不附體，拖著他狂奔，嗷嗷亂叫，衝開了人群，一個勁兒地往前跑。
麵包師傅深吸了一口氣，緊緊地抓住驢的尾巴，看到追趕的人群愈來愈遠，心裡輕鬆了許多。
突然，驢尾巴卡嚓一聲斷在他手裡。那驢子一下子完全擺脫了身後的累贅，不知道發生了什麼事，立即停了下來。在後面緊緊追趕的人群飛快地追上麵包師傅，再次無情地向他撲去，猛烈的一陣拳打腳踢。

最後，打的人和被打的人一起來到法庭上，站在卡拉科什法官的面前。

卡拉科什開庭審問火雞的主人：「你爲什麼毆打麵包師傅？」

「大人，因爲我交給他一隻火雞，叫他給我烤一烤；當我回去取雞時，他竟然厚顏無恥地對我說那隻雞突然長出翅膀飛走了。」

「難道不是萬能的拉神的力量使那隻雞復活嗎？」卡拉科什喝問道。

雞的主人瞠目結舌地看著他。

「看來你對萬能的拉神能使死者復活的力量有所懷疑，」卡拉科什冷冷地說道，「爲此，我宣判責打你六十板。」

接著，輪到被石頭砸死的那個人的兄弟。「還有你，」卡拉科什問他，「你爲什麼要毆打麵包師傅？」

「大人，因爲他砸死了我的兄弟。我兄弟正躺在麵包店對面的地上安靜地睡覺，他用一塊大石頭瞄準我兄弟，擊中了他的耳朵。」

「你兄弟流血了嗎？」卡拉科什責問道。

「沒有，大人。」

「你摸過他的脈搏嗎？」

「沒有，大人。」

「他既沒有流血，你又沒有摸過他的脈搏，那你怎能證明是麵包師傅砸死的呢？他可能在那塊石頭擊中他以前就死了。因此，你犯了打人罪。爲此，我宣判責打你六十板。」

這回輪到了妻子流產的那個男人。卡拉科什問他：「你爲什麼毆打麵包師傅？」

「大人，因爲他一拳打在我懷孕的妻子肚子上，致使她當場流產。」

「那麼，」卡拉科什說，「我裁決，現在讓那麵包師傅把你妻子帶走，等到她像在這次流產之前一樣懷孕，再將她交還給你。」

「這是什麼話？」那男人氣憤地喊道，「絕對不行，我的大人！這樣的條件我絕對不能接受！」

「那麼，」卡拉科什說，「鑒於你不接受這個公正的賠償，這樣，你犯了打人罪，我宣判打你六十板。」

最後，他轉向另一個被壓死的男人的兄弟，說：「你爲什麼要毆打麵包師傅？」

「大人，因爲他從塔頂上跳下來，像塊巨石一樣壓在我兄弟身上。我兄弟正在街上閒走，就這樣被壓死了。」

「那麼，」卡拉科什說，「我裁決，讓麵包師傅到街上慢慢地走著，你到塔頂上去，往他身上跳，就像他壓死你兄弟一樣把他壓死。」

「可是，大人，」此人抗議道，「如何能保證我一定落在麵包師傅的身上把他壓死，而不會落在地面上把自己摔死呢？」

「那就要看你的運氣了，」卡拉科什說，「但是，鑒於你好像不樂意碰碰運氣，那麼你犯了打人罪，我宣判打你六十板。」

現在只剩下驢子的主人了。他把驢子也牽到法庭，希望卡拉科什法官能支持他的要求，賠償驢尾巴的損失。但是，在聽到對前面幾個人的裁決以後，他的希望破滅了。他正要匆匆溜出法庭的時候，卡拉科什發現了，疾言厲色道：「喂，那邊那個人過來！你爲什麼要毆打麵包師傅？」

「大人，我根本沒有毆打麵包師傅。」那人一邊說，一邊恭恭敬敬地退了回來。

「那麼，你上來這兒幹什麼？而且……」他的眼光落在驢子光光的屁股上，「你那驢子的尾巴怎麼了？」

「沒什麼……根本沒什麼，我的大人。這隻驢子從來沒有尾巴，牠生來就沒有尾巴！」

◆窮哥哥和富弟弟

從前，埃及的一處村莊住著兩個兄弟，他們的父母很早就離開了人世，兄弟倆相依爲命，非常要好，沒有分離過一天。因此，他們蓋了一幢房子，這樣兄弟倆就可以永遠住在一起。他們又買了一頭驢子，這樣兄弟就可以一道去做生意。他們的微薄收入，總是對半分，因此，他們從來沒有發生口角。
有一天，弟弟偶然在地裡找到了寶藏，從此弟弟發了財，兄弟之間的親密友誼卻丟掉了。
弟弟變得非常富有。此時，他只是想，寶藏是我自己找到的，一切都該歸我所有，因此他一點兒也不給哥哥，哥哥還是像從前一樣窮。
弟弟用錢給自己蓋了一幢新房子，然後就和哥哥分居了。弟弟有了錢，反而變得吝嗇起來，他理也不理那些貧窮的鄰居，更不去理睬他的哥哥。
有一天，弟弟到哥哥家裡去，說：「我想要我以前的一半財產，拆了舊房子吧，也把驢子殺了吧！我要我應得的一半。」
哥哥聽弟弟竟會說出這種話，痛心地說：「我求求你，不要傷害我吧！你提出的事，我辦不到！你現在這麼富有，看在兄弟的情份上，把房子和驢子留給我吧！」
但是弟弟不為所動，堅持說：「不，我不能留給你，我要收回我自己的那一份。」
「你要的話，我給你錢吧！」窮哥哥說。
「不，我不答應，我的就是我的，我的東西我就要拿走。」弟弟堅決地說。
「這不合理，我們到王宮找法老評評理，讓他來裁決！」窮哥哥對弟弟說。
於是，兄弟倆來到了王宮，見到法老，哥哥說：「尊敬的陛下，請聽我說吧，您作出一個公正的裁決吧！我們是兩兄弟，我們過去都很窮，所得的一切都是對半分。我們的財產只有一間房子、一頭驢子。房子是我們一起蓋的，驢子是用共同的錢買的。現在，我的弟弟發財了，他造了一幢新房子，造得非常豪華，就是陛下您見了也會吃一驚。現在，他有幾百頭牲口，他還要拆我的房子，取回一半；要殺我們的驢子，取回一半。」

窮哥哥繼續說：「我求他把房子和驢子留給我，但我的弟弟說什麼也不肯，我想付給他錢，他也不同意。所以，我只得來找您，希望您能作出一個公正的裁決。」

法老聽了哥哥的話，就對弟弟說：「你有什麼話要說的，請說出來。」

富弟弟說：「尊敬的陛下，您是公正無比的！請您告訴我，難道每個人不能支配自己的財產嗎？我並不是佔有他的東西，我只是要回我應得的一半。」

法老對富弟弟說：「你說得對！沒人可以阻止你支配你的財產。所以，你去做你想做的事吧！」

於是，法老裁決了，窮哥哥心急如焚，富弟弟得意非凡。

富弟弟回去以後，先殺了驢子，分成相等的兩份，分一份給窮哥哥。他又叫僕人來拆房子，拆去了房子的半間，當然，另外半間是不能住人的。

哥哥只好先搭了個帳篷住了下來，拆去了自己的一半房子，然後在那裡翻鬆了土，種下豆子。豆子長大以後，有一天，富弟弟唯一的兒子摘了幾粒豆子吃了。哥哥捉住了孩子，帶他去見弟弟說：「你的兒子吃了我的五粒豆，所以我要剖開他的肚子，取出五粒豆。」

富弟弟大驚失色，趕忙求哥哥說：「不能這樣做，我還你豆吧！」

但窮哥哥說：「不，我不要你的豆，我有權利支配自己的豆。」

富弟弟跪在哥哥面前，哀求說：「我還你五斗豆，只求你不要殺我的孩子好嗎？」

窮哥哥搖搖頭，仍堅決地說：「不行，我不要你的豆，不管五斗，還是十斗，我只要你兒子吃掉的五粒豆。」

富弟弟沒有辦法，只好請來村裡德高望重的長者，請他們爲自己的寶貝兒子說話，並答應分一半財產給他哥哥，只要哥哥留他兒子一條命。

老人們聽了，就去找窮哥哥，他們對窮哥哥說：「你就饒了小孩的命吧！你的弟弟答應分一半財產給你，只求你不要殺他的兒子。」

窮哥哥說：「我並不想殺死他的兒子，不過想教訓他一頓，叫他以後要記住：往上面扔石頭，石頭會落在自己頭上。你侮辱了別人，自己的一切就要失去。你想作惡，先害別人，到後來更加害自己。」

於是，窮哥哥饒了他弟弟的兒子，而富弟弟也不得不把自己的一半家產分給了他哥哥。從此，窮哥哥的生活也逐漸富裕了起來。

◆富商兒子的故事

以前，埃及有個富商，他只有一個獨生兒子。但富商的兒子年紀輕輕的就與一些不三不四的人來往，盡是走旁門左道，變成一個既不知羞恥又沒有良心的人。他的父親無論怎樣勸導他，都無濟於事，於是，這個富商經常慨嘆說：「在我死後，我這個兒子還不知道要惹出多少不可收拾的事！」

後來，商人病倒了，他知道自己將不久於人世，於是叫來妻子，交給妻子十萬個銀幣說：「我在人間的日子可能不久了，我最擔心我們的兒子，這十萬銀幣妳收好，當兒子落難後有悔悟之意時再給他吧！」妻子含淚答應了。

過了沒多久，富商死了。荒唐的兒子開始揮霍父親的財產，兩年中，他和那些狐群狗黨將家中的金錢都花個精光，後來又變賣家中的家具雜物，一天一天地變賣。就這樣，家裡的雜物全部賣完了。眼看家中已沒有什麼值錢東西了，他便開始賣掉男女奴隸，今天賣一個，明天賣一個，後來把奴隸也全部賣光了。就這樣，這個青年的家中再也沒有什麼東西可以賣了。

他以前的狐朋狗友看見他把家產敗光，便一個個離開了他，誰也不去理睬他。

青年人在家中既沒有錢，又沒有食物，只好走到母親那兒哭訴：「我現在什麼東西都沒有了，我們該怎麼辦？」

母親說：「去乞討吧，不然你會餓死的。」

青年人沒有其他辦法，爲了生活下去，他只得去乞討。以前的那些不三不四的朋友見他做了乞丐，不僅不可憐他，而且還來嘲笑他。他們之中每一個人都找點話來譏笑他。

直到這時，他才恍然大悟，明白自己以前到底做了什麼蠢事！爲了他那些毫無良心的朋友，他揮霍完了父親的財產。他後悔萬分，嚎啕大哭。爲了使自己不再受到他那些沒有信義的朋友的嘲笑，富商的兒子決定一死了之。

當他就要自殺的時候，他母親來了，對他說：「孩子啊！你現在知道後悔了吧？你不用爲此而結束自己的生命。你的父親交給我十萬銀幣，他叫我當你落難悔悟時交給你，現在你可以取走這些錢了。」到這時兒子才明白，親愛的父親是多麼愛他。父親早就知道，與這些朋友相交不會有好結果的。他失掉一切希望後，到這個絕境，得到了父親最後一份禮物，他覺悟到應該拋掉一切愚蠢的行爲，再也不能繼續荒唐地生活了。

兒子拿到銀幣後，對母親說：「我們準備吃飯！現在神明和父親已保證了我們的前途。由於我們經歷了苦難，如今我已知道應該怎樣去生活。」

第二天，富商的兒子贖回了賣掉的男女奴隸，贖回了所有賣掉的東西。從這以後，他經營著父親遺留下來的一家商店，繼承起父親的家業。

有一天，他以前的朋友經過他的家，不經意瞄了一眼，簡直不敢相信自己的眼睛。還是商人的兒子先開口招呼他說：「進來吧，連我都不認識啦！」於是，富商的兒子又富有起來的消息，一傳十，十傳百，他以前的那些狐群狗黨又一起找上門來了。

富商的兒子對那些朋友說：「以前，我由一個非常有錢的人淪落爲一個乞丐，那時，你們都嘲笑我；現在我又有了錢，你們又來和我交朋友了。你們就是這樣的人。

金錢，你有了它，

我就是你的朋友，我不惜一切爲你效勞！

你們該知道了，我已經不是那個讓你們死纏不放、爲你們揮霍金錢的人。你們用自己的所作所爲教育我了，使我明白，你們交朋友是看錢來的，在貧困時就不是朋友了。再見吧！」

富商的兒子趕走了那些朋友後，更加奮發工作，他的事業蒸蒸日上，很快就成了埃及巨富。

◆水手遇難記

聰明的僕人說：「安心吧，我的主人，我們已經到家了。繫船樁已被木槌釘下，泊船索也已經放在岸上。獻上讚詞，感謝神明，大家互相擁抱。我們的船員都安全返航，我們的部隊沒有損失。雖然我們曾經過森穆特（位於埃及南方）的盡頭，而且穿行了杉木等地方，我們卻平安地回來了，回到了我們的國土。請聽我說吧，您以外，我沒有其他的庇護者。您洗一下身子，並用水洗洗您的手指頭，然後就去把這個故事稟告陛下吧！」

他的主人說：「原來是你還想繼續胡說八道！可是，一個人的嘴有時候雖然救得了自己的命，他所說的話有時候卻反而害得自己狼狽不堪。你一定要隨著自己的心意走嗎？把你想說的話安安靜靜地講來好了。」

水手說：「我所碰到的事，我所親自經歷的事，現在我要談一談——

我由海路乘一艘一百二十肘長、四十肘寬的船前往國王的礦場，船上有一百二十名埃及最優秀的水手，他們都見過風浪，心比獅子還要剛強。他們能在風暴來臨之前預言其降臨。

當我們還在海上，來不及靠岸之前，一個風暴來襲。船被八肘高的浪濤舉起，船桅被擊中，然後船就完了。船上的人沒有一個生還。我被海浪沖到一座島上，獨自一人過了三天，只有我的心伴著我。我躺在樹蔭下，擁抱著影子。

而後我蹣跚地找尋可以放在我口中的東西，我發現那兒有葡萄、各種美好的蔬菜、生的和熟的無花果，以及好像有人種的黃瓜。那兒也有魚和鳥，那兒什麼都不缺。我塡飽了自己肚子，而後砍了一根鑽火棒，起了火，對眾神獻了火焚祭。

然後我聽到一聲巨響，我想，是海浪的聲音。樹木搖晃，大地震動。當我探頭一看，我發現來了一條蛇，牠有三十肘長，鬍鬚長到二肘以上，身體覆蓋著金箔，眉毛是藍琉璃，整個身子盤在我前面。

隨後牠對我張開牠的口，而我正匍伏在牠面前。牠對我說：『誰帶你來的？誰帶你來的？小子，是誰帶你來的？如果你不快點告訴我是誰帶你來這島上，我會讓你化爲灰燼，變得無影無蹤。』牠把我啣在嘴裡，帶到牠的住處，然後將我完好地放下。牠又張開大嘴說：『是誰帶你來的？小子，是誰把你帶到大海中間、四邊都是波浪的小島上面啊？』

我於是把事情的經過詳細地告訴了牠。船上的人都喪了命，只有我一個人住在你這裡。我是被一陣海浪帶到這座島上的。

牠便對我說：『不要害怕，不要害怕，小子，你臉上不要帶著愁容。既然你已經來我這兒，是神讓你活著並且將你帶到這「卡」之島來的。這兒什麼都不缺乏，充滿了各種美好的東西。你將一個月一個月的在這島上度過四個月，然後有一艘從家裡來的船前來，上面有你所認識的水手，你將同他們一起回去，你將死在你的家裡。』

『能在經歷災難之後將他嚐到的滋味告訴別人的人，是多麼快活啊！所以我要告訴你在這島上的情形。』大蛇又繼續說。

『我有兄弟和兒子們圍繞在這裡度日，我們連子女和親屬一共是七十五條蛇，只有一個小女兒，是我經由祈禱而得到的。後來一顆星掉下來，他們都被火燒死，只有我沒有和他們在一起。但當我發現他們成為一堆屍首時，眞想和他們一起死掉！』

『如果你能勇敢並克制自己的心，你就能擁抱你的子女，你就能親吻你的妻子，你就能見到你的家園。這比任何東西都好。你將回到家中，你會和你的兄弟們在一起。』

我匍伏在牠面前的土地上，而後我對牠說：『將來我必定對法老談到您的存在，我必定要使他知道您的偉大，而且我必定送您各種香油、香料和神殿中獻給所有神明的檀香。除此之外，我還會告訴別人我遇到的事，我所看見的您的法力，而且一定要讚美您。我將在我的城裡，為您向神明祈福。我將為您殺牛作為獻祭。我將送給您滿載埃及寶物的船隻，就如同對待一位遠方而不為人們所知，但對人們友好的神明一般。』

然而牠笑了，因為我所說的在牠看來似乎很愚蠢。牠對我說：『論香料，你並不算富有，因為你所有的不過是普通的燃香。我呢，我卻是這裡的小王，我有的是各種香料。而且，你離開這個地方以後，你就不會再看到這座島嶼，它會變成波浪。』

看啊，如牠所預言，有隻船駛近了。我攀上一棵高樹，認出那些在船上的人。當我告訴牠時，我發覺牠已經知道了。牠對我說：『平安，平安地，小子，回你的家去，好探視你的子女！讓我在你的家鄉有好名聲，那是我對你的要求。』我匍伏在地，在牠面前舉起我的雙臂。牠呢，牠給我的禮物是貴重的香料、肉桂、眼膏、大塊的檀香、象牙、灰犬、長尾猴、狒狒和許多珍貴的物品。

我把它們裝上船。然後我匍伏在地向牠道謝。牠對我說：『你會在兩個月後回到家，你將擁抱你的子女。而且你日後將會在自己的墓中得到重生。』

我走到岸邊，靠近船，呼喚船裡的水手。我還在岸上向那島嶼之主道謝和致敬。我們朝北航向法老的宮廷。我們在兩個月之後到達了王宮，一切如牠所說。我晉見了法老，將我從這座島嶼所帶回的禮物獻給他。他在百官面前為我向神明祈福。我被任命為侍從官，得到奴僕為賞賜。

看！我已經在看到我所經歷的事之後抵岸。聽我的故事！聆聽對人是有益的。從前有人對我說：『不要做無益的努力，朋友！誰會在天明時拿水給那在早晨就要被宰殺的鵝喝？做一個聰明人吧，這樣你就會得到尊榮。』看啊，現在我已經成爲這樣的人了！」

◆獅頭拔鬚

有個既年輕又漂亮的女人，因爲從小被嬌寵慣了，變得任性跋扈，從不懂得體貼、關心別人。後來，她出嫁了，丈夫是個凶殘暴虐的人，一不高興就對她拳腳相向，她幾乎天天遭到丈夫的打罵，生活得十分不幸。

這個女人一直嬌生慣養的，現在卻總是鼻青臉腫的備受折磨，哭鬧不但無效，還引來丈夫更不留情地毒打。後來，她實在不能忍受丈夫的虐待了，就想去找一個懂法術的祭司幫忙，求他唸符咒，好讓丈夫疼愛她。

祭司在聽完女人的訴說之後，想了一會兒，然後對她說：「我可以爲妳唸咒解脫妳的困境。不過，爲了使符咒靈驗，妳必須找到從活獅子唇上拔下來的兩根鬍鬚。如果妳找不到這兩根活獅子的鬍鬚，妳的丈夫還是會虐待妳的。」

「兩根活獅子的鬍鬚嗎？」女人問道，她根本不覺得這事有什麼困難的。

「對，妳得找到兩根活獅子的鬍鬚，我才能替妳唸符咒。」

「今天晚上我就給你送來。」女人說完，立即離開了祭司的家。

這女人直奔市集，買下一隻肥嫩的小羔羊，然後帶回自己家中。等到太陽下山時，她用一根繩子牽著小羔羊，又將裝水的皮囊灌滿了水揹在肩膀上，悄悄地溜出家門，直向曠野草原走去。那個地方有一個獅子的窩，要拔獅子的鬍鬚必須靠近獅子窩。

女人借著月光把小羔羊掛在一棵大樹上，她把盛水的皮囊解開，放在小羔羊身邊。這些事情辦完之後，她自己爬上大樹，躲在濃密的枝葉中，靜悄悄地等待著獅子的到來。

女人在樹葉間觀察著動靜，一會兒，小羔羊又凍又嚇地發出咩咩的哀叫聲。近旁獅子窩的獅子聽到小羔羊的叫聲，就出來探個究竟。這隻大雄獅凶猛無比，用鼻子嗅，發出如雷的吼聲。獅子很快地嗅到小羔羊的味道，一陣風般地撲了過來。可憐的小羔羊還沒來得及啼叫出來，就被一口咬死了，一會兒工夫就成了雄獅的珍饈美食。

雄獅飽餐了一頓，接著就大口大口喝起水來，吃飽後，伸伸碩大的身軀，昏昏欲睡。躲在樹上的女人密切注視這一切動靜，這時候她從樹上悄悄地爬了下來，趁獅子熟睡的時候，把獅子的腦袋放在她自己的大腿上。

女人輕輕地哼著催眠曲，柔柔地撫摸著獅子的鬃毛，手指像春風般地輕拂獅子的臉。不一會兒，獅子發出粗大的鼾聲，牠已經完全睡熟了。女人從雄獅的腮幫子上面挑出兩根鬍鬚，敏捷地抓在手上，猛地拔了下來。

熟睡的獅子被突然驚醒，觸電般地跳了起來，發出震天動地的咆哮聲，女人急忙哼起催眠曲，上去輕輕撫摸獅子的身軀。過了一會兒，獅子又在她的撫慰下平靜下來，在輕柔的催眠曲中進入夢鄉。帶著她獲得的珍貴戰利品，女人急急忙忙地離開獅子窩，趕回她居住的城鎮。

女人馬不停蹄地趕到祭司家，這時天色還不算太暗。她將兩根獅子的鬍鬚遞給祭司，冷冷地說道：「給你！現在你可以替我唸符咒了吧？」

祭司不聲不響地看了她一會兒，然後說道：「既然妳能夠想出辦法從活獅子的腮幫子上拔下兩根鬍鬚來，那麼，妳就不需要我來唸符咒了。因爲妳現在根本不需要符咒來令妳丈夫愛妳疼妳了。」女人聽了這話，又驚又氣。但她仔細思量了一下，沒再說什麼，就趕回家中去了。祭司微笑著目送她離開。

後來，女人開始學會體貼丈夫，常對丈夫說些親熱的話。丈夫不再打罵她了，變得非常疼愛她。這個女人從此過著幸福美滿的生活，這都是那個聰明祭司的功勞。

◆善辯的農夫

古埃及有個農夫，有一天，他牽著自己的一頭毛驢去神廟覲見天神。他走了幾天幾夜，糧食快吃光了，人累得很，驢子也十分疲乏了。

這時候，農夫牽著毛驢來到一片麥地，周圍不見人煙。天色慢慢暗了下來，換驢子太累太餓，蹣跚地移動腳步。突然，農夫看見遠遠有個人站在路上，似乎在等待著什麼。走近一看，原來是一個頭繫灰紗巾的人，眼露凶光，滿臉橫肉。地上是一塊紅布，要經過這條路就免不了要踩到這塊布，更何況農夫還牽著一頭驢子呢。

農夫覺得不對，猜想這個人一定是比強盜還奸猾的盜墓人，要是碰到了奈姆梯納赫特（意爲盜墓人），那可就倒楣了。不過農夫還是鎮定地上前和那人打招呼。

「你好啊，朋友！我想去朝覲偉大的拉神的神廟，請你移開紅布讓我過去吧。」農夫懇求道。

「這條路是我修建的！」奈姆梯納赫特大聲地說，「你想要過去，可以！買路錢拿來！」

農夫看了看凶神惡煞般的盜墓人，急忙上前哀求說：「好兄弟呀，你看我現在餓得快要死去啦，哪裡還有一分半文錢呢！我實在拿不出買路錢，看在偉大的拉神的面子上，請你放我過去吧！」一邊說，一邊放下牽毛驢的繩子，去碰那盜墓人毛茸茸的手臂。

奈姆梯納赫特一把揪住農夫的衣領，幾乎將他提著甩了一圈，惡狠狠地罵道：「沒錢你休想從我的麥地路上過去！」

農夫一直向盜墓人哀求，後來爭辯起來。沒想到就在他們說話的時候，農夫的毛驢因爲太餓了，竟吃了一口路旁的麥苗。這下可不得了，奈姆梯納赫特大發雷霆，一把將農夫推到路邊，蠻橫地牽了農夫的毛驢，凶巴巴地說：「你的驢子吃了我寶貴的麥苗，現在你的驢子歸我了。你若要留著條小命，就趕緊滾蛋吧！」

農夫怎麼捨得他那心愛的毛驢呢？那毛驢可是他家裡唯一的財產，他的命根子啊！他追趕著奈姆梯納赫特。但那個凶狠的盜墓人只管把驢子牽到他住的房子裡，才不管農夫的苦苦哀求呢。

農夫在野地裡待了一夜，第二天，他就到奈姆梯納赫特家裡繼續苦苦請求，但盜墓人置若罔聞，閉門不理。一天過去了，農夫不死心，第二天再來請求，但同樣是毫無結果。農夫一連花了十天的時間，那可惡的盜墓人始終不予理會。

最後農夫放棄了向盜墓人乞求的努力。他忿忿地想：「難道就沒有王法了嗎？我要去控告這強盜，不達目的誓不罷休！」於是農夫來到都城，找到財政大臣拉尼西（意爲拉神的人），向他控告奈姆梯納赫特。農夫詳細地敘述了事情的經過，請求拉尼西主持公道，要回他的驢子。但是，財政大臣拉尼西在聽他控訴時，始終雙目微閉，不說一句話，更沒有裁示什麼。

第一次沒有結果，農夫當然不甘心，第二天一早，他又來到財政大臣拉尼西的府第，再次向他請求，要他伸張正義，懲罰強盜。農夫爲了說服拉尼西，極力讚頌他：

「因爲您是孤兒之父，寡婦之夫，棄女之兄，無母之子的保護人。財政大臣，我的主人，您就是太陽神——天空的主人，

您的隨從和您在一起，人們的食物源於您，就像源於河水一樣。

您是尼羅河之神，使農田變綠，使荒原煥發出生機。

您是整個國家的舵手，國家按您的命令行進。

您是圖特神的同儕，是沒有偏見的法官。」

但是，拉尼西僅僅是抬起眼睛瞄了一眼，仍然沉默不語。農夫第二天的懇求又無任何效果，他悻悻地出了財政大臣的門。

第三天，農夫再次去拉尼西府第，勸告拉尼西說，爲官者應該主持公義，懲罰罪犯，安撫百姓。不幸的是拉尼西還是一句話也沒說，任憑農夫講得口乾舌燥也無濟於事。

第四天、第五天農夫又去財政大臣家。這時他開始發怒了，乾脆指責、諷刺拉尼西了，他說：「曼魯之子（指拉尼西）對神的子民的苦難視而不見，聽而不聞。他的心迷失方向，不聽受苦的良善人的呼喚！」

可是，拉尼西依然不動如山。農夫第六天、第七天、第八天繼續上門請求懲罰強盜。這時他開始對拉尼西感到失望，就挖苦這個財政大臣，並把他比喻爲：

「你像一個沒有市長的城鎮，一支沒有將領的軍隊，一艘沒有船長的船隻，一個沒有首領的幫會。你是一個偷盜的法官，一個侵吞財產的市長，一個爲罪犯樹立榜樣的地方官。」

仍然是沒有得到結果。農夫第九次上門請求主持公道，但他得到的結果仍是沉默。第十天，農夫已經完全失望了，正準備轉而向阿努比斯神請求時，突然被拉尼西召回去。

農夫十分害怕，以爲財政大臣惱羞成怒要將他治罪，一路上膽顫心驚。但是，他沒想到，拉尼西把他的九次請求一一記錄下來，稟奏國王，國王授權拉尼西處理此案。現在拉尼西要爲農夫伸張正義了。

奈姆梯納赫特被拉尼西派去的衛士抓捕歸案。開庭審理之後，拉尼西沒收了奈姆梯納赫特的全部財產，判歸農夫所有，當然那頭毛驢也回到農夫手中。另外，盜墓人還被關進監獄，農夫受到表揚，因爲他敬神敢諫。

農夫歷經千辛萬苦，終於伸張了正義。這種爲正義而堅持不懈的努力很可貴。

◆聰明的妻子

從前有一個人，腦子不聰明，做事很呆板，又特別愛吹牛，經常爲了笨和愛吹牛招惹了許多麻煩。但他卻娶了一個非常聰明能幹的妻子。他的妻子也經常爲了解除丈夫愛吹牛的毛病而招來麻煩。

有一天，這個人對人們吹牛說：「我能丈量出土地。在明天天亮之前，能算出地球從日出到日落有多長。」
大家取笑他，有一個人說：「我們打個賭吧！如果你在明天天亮前，能算出地球從日出到日落有多長，我就給你一千個銀幣；要是不能，你的房子和家裡的一切都得給我。」
愛吹牛的人此時挽不回面子，就只好硬著頭皮說：「好吧，我們明天見！我會丈量出來的。」
他憂心忡忡地回到家後，妻子說：「快坐下，吃飯吧！」
丈夫只是搖搖頭說：「不要吃，我吃不下飯。」
然後，他便鑽進被窩，好像生了病似的。妻子問他：「發生了什麼不幸的事？你爲什麼如此憂愁？」
丈夫只得把事情都跟妻子講了。「我們完了，只因我不好，只愛吹牛！」他懊惱地說。
妻子聽了後，知道丈夫又因愛吹牛而招來麻煩。她沉思了一會兒說：「不用害怕，我教你一個辦法擺脫災難。你明天去找打賭的人，在他們面前插一根竹子，你說，從這裡到日出的地方有多少尺，到日落有多少尺。要不信，你們就自己去量。如果我算錯了一尺，就懲罰我，拿走我的房子和家裡的一切東西。」
第二天，他就照妻子的辦法去做了。
大家對這個人的機靈都感到吃驚，他們說：「他是個吹牛大王，但是聰明的辦法是吹不出來的。他怎麼能想出這麼聰明的辦法呢？」

這件事，一傳十，十傳百，一天一夜裡全城都知道了。

最後連法老也知道了這件事，法老說：「這個人很聰明是嗎？帶他來見我。」

那個人見了法老後，法老問他：「據說你原來是個吹牛大王，可是像你回答日出到日落有多長的問題，又不是每個聰明人都能想出來的，所以我看這話一定是有人告訴你的吧！你一定要從實招來。」

吹牛者承認是自己的妻子教的，法老不相信，他問：「難道你的妻子有這麼聰明嗎？」

吹牛的人改不了自己愛吹牛的毛病，他又向法老吹牛道：「我的妻子聰明過人，她對天下的事無所不知。」

法老聽了，對吹牛的人說：「明天，把你聰明的妻子叫到王宮來，我要親自考考她。看看她有多聰明！」

笨丈夫回到家裡，又一句話都不說。妻子問：「你又遇上什麼不幸的事了？」

丈夫說：「都怪我不好，法老今天叫我去，問我上次那個主意是不是自己想出來的。我說是妳教我的。法老出乎意料，他說明天要親自考考妳，妳說這不是叫我們爲難嗎？」

妻子說：「你又去向法老吹牛了？不過不用害怕，我明天去見見法老就是了。」

第二天，丈夫帶著妻子來見法老。法老對妻子說：「我來考考妳，我們倆誰也不能說話，只能用手勢來回答問題。」

這時法老伸出三隻手指，聰明的妻子看了，沉思了一會兒，她伸出自己的手，做了個否定某種事物的動作。於是法老伸出兩隻手指，聰明的妻子看了，也伸出自己的手，做了個否定的動作。最後，法老只伸出一隻手指，這時，聰明的妻子伸出手，做了個肯定某種事物的動作。

法老見這個聰明的女人果然答對了他所提出的問題，於是問她：「妳是怎麼解釋剛才的問題？」

笨丈夫的妻子說：「剛才，陛下伸出三隻手指，是問我三個人之間有沒有祕密。我揮了手表示沒有，因爲三個人之間通常是守不住祕密的。而陛下伸出兩隻手指，是問我兩個人之間是否守得住祕密？我做了同樣的手勢，表示不可能。最後，陛下只伸出一隻手指，是問我一個人是不是可以守住祕密，我作了個肯定的手勢，表示一個人可以守住祕密。」

法老聽了她的話，非常的滿意，他說：「我原想懲罰妳和妳的丈夫，但妳確實很聰明，我對自己的想法感到羞恥。」法老說完，就慷慨地送了許多金銀給他們。

這時，愛吹牛的丈夫對妻子說：「我現在才知道，有了好妻子的人，就有了幸福的生活。」

◆窮人的木碗

很久以前，埃及有個窮人，他很正直儉樸，對自己貧窮的現實很滿足。每天傍晚，他都要感謝萬能的太陽神，使他能夠掙到幾個錢。每天晚飯後，他總和妻子、兒女坐在簡陋的家門口，一家人談笑風生，愉悅地唱歌跳舞。

在這個窮人家不遠的地方，有一個富人。他家的房子像宮殿一樣豪華，室內佈置得富麗堂皇，徹夜燈火通明。但是裡面從來沒有歌聲和笑聲，因爲這個富人總是滿腹牢騷，怨天尤人，故而他的妻子和兒女總是躲著他。

富人總是獨自一人坐在敞開的窗邊，鬱鬱寡歡。因爲他夜復一夜地這樣坐著，所以不免注意到這個窮人和他的妻子兒女是何等的歡樂。兩家近在咫尺，卻有天壤之別。

不久，富人開始嫉妒了起來，就像所有懷有妒忌心的人一樣，他感到不破壞這個窮人的幸福，他自己就不得安寧。但是，怎麼辦呢？最快、最保險的辦法就是斷絕窮人的生計，因爲空著肚子，誰還會有心思唱歌和歡笑呢？

於是，一天早晨他到窮人工作的陶器作坊，請求坊主解僱這個窮人。

「他一家人都是無賴，」富人對坊主說，「他們每天夜裡都大喊大叫，吵吵嚷嚷，令我不得安寧。」因爲他有錢有勢，坊主欣然答應了他的請求，解僱了這個窮人。當天夜裡，那簡陋的房子裡沒有傳出歡笑聲。富人看在眼裡，喜在心頭，幸災樂禍地上床睡覺了。

幾天後，窮人想盡方法尋找工作，但是沒有找到。不久，他的一點微薄積蓄也快用完了。一天早晨，妻子對他說：「這是家中最後一點錢了，拿去給孩子們買些煮豆吃吧！以後就得靠太陽神的恩賜了。」

窮人拿起一只破木碗出去買煮豆。在回家的路上，他一不小心跌了一跤，把剛買的一碗煮豆全撒在地上。他懊惱地看著腳邊的一灘豆泥。現在空著雙手去見妻子兒女還有什麼意義呢？但他還是把碗拾起來，心想，說不定這碗會有用處的。

他用一把乾土把碗抹淨，然後把碗扣在頭上，向河邊走去，希望在那兒找個臨時工作。

他在河邊看見一條船，船上坐著幾個人，正要啓航。他忙問船主是否還需要幫手，剛好船上缺人，於是他就上了船。

幾個小時後，船正在河中心行駛時，突然起了風暴，船撞毀在一個原始部落居住的小島上。船上的人，有的淹死了，有的安全游到了小島上。那個窮人也游到小島上，倖免一死。

他們剛一爬上岸，島上的人就立刻將他們圍住，把他們帶去見部落的酋長。當時正是中午，烈日炎炎，酋長坐在一個大帳篷下乘涼，他懷疑地看著站在他面前的一隊人。由於窮人頭上頂著一只木碗，特別引人注目，酋長的眼睛立刻盯住了他。

「你是怎麼到我的島上來的？」酋長粗聲粗氣地問道。

「命運的安排。」窮人簡短地回答。

「你頭上戴著的奇怪玩藝兒是什麼東西呀？」

「木碗。」窮人說著，把碗摘下來遞給了酋長。

從來沒有見過木碗的酋長，好奇地把碗拿在手裡翻來轉去。「你爲什麼把它戴在頭上？」

「遮陽光。」窮人回答。

酋長咕噥了一聲，不完全相信。他將木碗扣在自己的頭上，在灼熱的太陽下踱了幾圈，他的確感到涼爽一些。

「這木碗我要了。」他一邊對窮人說，一邊向涼篷走去坐下，「至於你的報酬，這個島上你喜歡什麼，就可以給你什麼。」

「我只想回到妻子的身旁。」窮人說。

「我一定會安排，」酋長說，「既然我要了你的東西，我不能讓你空手回家。」

他把手伸進旁邊一個草籃裡，抓出一把紅寶石、綠寶石和翡翠。「你可以用這些晶瑩閃亮的石頭哄你的孩子們玩。」說著，他把這些耀眼的寶石扔進了窮人用襤褸的長袍撐起的裙兜裡，然後指示手下安全地把窮人送到岸邊，叫一條路過的船把他渡到對岸。

窮人一上岸就直接往市場走去，爲妻兒買了各種食品。當晚，他們吃過一頓節日般豐盛的晚餐以後，歌聲笑語又從他簡陋的泥屋裡飛揚出來。

富人聽到了歡笑聲，他猜想可能窮人找到了臨時工作，於是毫不介意地上床睡覺了。然而，歡聲笑語不斷地傳到他的耳朵裡，強烈的妒忌之心又死灰復燃。一天夜裡，他假惺惺地帶著友好鄰居的誠摯和關懷，來到窮人家訪問是什麼事使得他家的境況發生了如此大的變化。

忠厚老實的窮人不疑有他，便將自己的經歷全部告訴了他。窮人最後感激地說：「感謝太陽神！我一家再也不會挨餓了！」

富人冷漠地聽完這個故事，貪婪和妒忌像烈火一樣在心中燃燒，他回到家中，通宵達旦地坐在敞開的窗邊，悶悶不樂地冥思苦想。黎明時，他突然想出一個好主意：爲什麼自己不去小島一趟呢？他奸詐地想：「那個酋長僅僅爲了一只破木碗就給窮人這麼多寶石，假如我給他帶上好的東西，他豈不是會給我更多的寶物？」

想到這裡，等家裡的人起床後，他便下令宰了九十隻火雞、鵝和鴿子，拔毛烤熟，裝進幾個草籃子，又在另幾個籃子裡裝滿了黃油、雞蛋、熱麵包和鮮奶酪，然後租了一條船將他的禮物送到那個小島。

他一上岸就被部落的人圍住，把他帶到正坐在草棚下乘涼的酋長面前。

「你是怎麼到我島上來的？」酋長粗聲粗氣地問。

「我朝思暮想地盼望見到您，向您致意。」富人笑著說，奴顏婢膝地鞠躬作揖。

「這些籃子裡裝的是什麼呀？」酋長問道，並用疑惑的眼神望著籃子。

「一點兒薄禮，請您笑納。」富人諂媚地說。沒等再問，他就把籃子一個一個地打開，放在酋長面前。

酋長把手伸進各個籃子，品嚐著籃子裡的東西，一邊吃，一邊讚嘆，而且還滿意地哼著。然後他把剩下的東西分給族人。他們狼吞虎嚥地吃著籃子裡的食品，也表示滿意和感謝。酋長轉身對滿懷希望站在一旁的富人說：「瞧，你的禮品很受歡迎。爲表示我對你的誠摯謝意，我要把島上最珍貴的東西送給你。」

說著，從他身邊一個籃子裡掏出窮人的木碗，鄭重地交給富人。

◆好運和厄運

「運氣決定離開你的時候，就是最強硬的鎖鍊也拴不住它；運氣決定來找你時，用根頭髮就可以把它牽起來。」城裡聰明的長者都這樣說。

可是在這個城裡曾經有一個不相信運氣的人。他開了一個小小的店鋪，運氣幫他的利潤一年年地增加，生意越做越大。最後，他成了這座城裡最有錢、最重要的商人。

「你多走運呀！」那些像他一樣經營小店，但一直沒有達到他那樣水準的人常對他說。他總是誇口說：「根本沒有運氣那回事，我的成功完全靠我自己的本事。」

就這樣，隨著時間的流逝，這位商人越來越富有。有一天，他想到附近的一個城裡去，覺得在那兒他的生意會更興隆。由於他不想帶很多商品，便把所有的財產變賣成寶石和金條。他把寶石和金條都裝在行囊裡，向親友告別後，在一個天氣晴朗的早晨，便騎上馬向新的目的地出發了。

到了中午，他來到一片茂密的樹林，樹旁是一條清澈見底的小溪，天氣炎熱，已累得汗流浹背的商人在這兒稍事休息。他下了馬，沒有把行囊卸下來，就牽著馬去飲水。他脫下長袍，甩掉鞋子，涉進水裡，用手捧著清涼的水喝了一口，又痛快地洗了洗頭和臉。這樣，疲憊一下子被趕跑了，精神也爲之大振。

他坐在樹蔭下悠閒自得地吸起菸來。突然，他發現馬腿迅速往水裡陷下去。他驚叫著跳起來向馬跑去，拚命拉住馬韁繩，想把馬從水裡拉出來，但他越用力往上拉，馬陷得越深。最後，馬完全陷進了小溪，他的行囊，一切統統不見了。

商人絕望地搥胸頓足，大聲悲嘆他的不幸：「哎，我完了……我的財富……我全部的財產……我一生的辛勞……全沒有了，永遠地消失了……我該怎麼辦喲？我要上哪裡去喲？」

過了好久好久，他還在水邊坐著，不斷地哀號哭泣。

最後，他站了起來，不知要到新的目的地去，還是回到故鄉。像他現在這樣，身無分文，淒淒慘慘，與其回故鄉，還不如到一個新的地方去另覓出路。他自信，像他這樣有名氣的人不難找到一個願意借給他一大筆錢，幫助他度過難關的人。

令他懊惱失望的是，他到了新地方後，很快就發現，雖然他生意興隆的名聲早就傳到這兒，但在他所拜訪的最富有的商人中，沒有一個願意借給他一毛錢，或是提供一個可掙口飯吃的機會。他們所能給予他的只是他們的同情，對他遭厄運的憐憫以及希望他將來能交好運的祝願。

這樣，一天天過去了。儘管這個商人做了最大的努力去尋找工作，卻什麼結果也沒有。

在絕望中，他不得不作出結論，再待在這裡沒有意義。於是，他決定回故鄉去。在那兒，至少他的鄉親們認識他，即使他借不到一毛錢，那些不太會作生意的商人也有人會僱用他，借重他的經驗和傑出的經商才能。

這樣，第二天破曉時，他就啓程回鄉。傍晚，他又來到小溪邊的那片茂密樹林旁。他的馬就是在那兒失蹤的。

他腰痠腿疼，便在河邊坐下，默默悲嘆他失掉的財富。此時，他開始懷疑是否眞有運氣這個東西——好運或厄運。假如他把自己的成功歸於好運，那麼，他必須同樣把自己所遭到的不幸歸於厄運。要不然，他怎會在牽著馬走進水裡時，竟然忘了把行囊卸下來呢？

假如確有運氣——好運或厄運，那麼，他虔誠地祈禱著，「我的神啊，給我一點好運，把我失掉的財富歸還我吧！」說著，他站起來，甩掉鞋子、脫掉長袍，涉向溪中。他低下頭，用雙手捧起水喝，發現水裡飄著一根毛，於是，他把水潑掉，又重新用手捧起一捧水，水裡依舊還有那根毛。

商人感到十分詫異。他用大拇指和食指牢牢地捏住那根毛，迅速地從手裡往外抽，他想把它拂開，但這根毛卻沾在他的手指上不往下掉。他繼續往外拉，這根毛卻變得越來越長。商人的好奇心也越來越大。這根毛老是纏在他手中不掉，而且這好像來自於河底的毛究竟是什麼東西呢？

他小心翼翼地往外拉，怕把它扯斷，毛也越來越長。一會兒，旁邊又出現了第二根，第三根，第四根，第五根……很快地馬尾巴就露出了水面。

商人欣喜若狂，他用雙手緊緊拉著馬尾巴，拚命地拉，一會兒，馬屁股出來了，接著是肚子、脖子、馬頭，最後腿也出來了。啊！好不高興！原來是他自己丟失的那匹馬！眞是奇蹟中的奇蹟！行囊也完好無損！

「天啊，我多走運呀！」商人大聲地歡呼。從此以後，他再也不敢說「根本沒有運氣」之類的話了。

◆起死回生

從前有一個打柴人，他靠打柴爲生，家裡有妻子、兒女。因爲他平時吃苦耐勞，生活過得還算不錯。

有一天，打柴人往森林裡去，他看見一棵大樹，樹枝茂密。

「那些樹枝不正是很好的柴嗎？我上去把樹枝砍下來，明天一定能賣個好價錢。」打柴人心裡想著。於是他爬上了樹幹，又爬到樹枝上，想用斧頭把樹枝從樹身上砍下來。

這時，來了個過路人，他看到打柴人坐在樹枝上砍樹枝，就大聲叫道：「你坐在那裡不行哪！當樹枝砍下來時，你也會連同樹枝一起掉下來的。」

「眞的嗎？我才不信呢！我這是用新的方法砍樹。」打柴人說。

那人見打柴人不聽勸，搖搖頭，走自己的路了。打柴人終於砍斷了樹枝，樹枝從樹幹上斷開，掉在地上，打柴人也一起掉下來。打柴人吃了一驚，這時他想起過路人的話，心忖：「莫非那人是一位神明或預言家，否則他怎麼會知道將要發生的事？」

想到這裡，打柴人跳了起來，追上了那個過路人問：「您一定是個神明或預言家吧！請您一定要告訴我死的日期！」

「我怎麼會知道，我並不是什麼神明或預言家啊！」過路人莫名其妙地說。

「怎麼不知道！您說我要掉下來，我就眞的掉下來了啊！」

「啊，原來如此！」過路人恍然大悟說，「我是看到你坐在砍的樹枝上，所以才這麼說，至於你的死期，我無法預言。」

但打柴人就是不相信，他認爲那個過路人一定知道將來要發生的事。過路人見他死纏不放，於是就隨便說：「當你遇到只打雷、不下雨時，那一天就是你的死期。」打柴人牢牢記住了過路人的話。他很害怕下雨天，如果是下雨天，他總祈禱不要只打雷、不下雨。

終於有一天，天上烏雲很多，在天空響了好幾個雷聲，但就是沒有下雨。一天過去了，果眞沒有下一滴雨，打柴人馬上驚覺，心想：「啊，我的死期終於到了！」想到這裡，打柴人就伸直了四肢，以爲自己已經死了。

他躺在床上想：「今天我仔細觀察過了，天上只響了幾聲雷，而沒有下一滴雨。今天就是我的死期，我要到地下見冥王奧塞里斯去了，去接受奧塞里斯的審判了。」他就這樣躺了三天三夜，嚇得動也不敢動。

打柴人的妻子見丈夫如此，非常著急，她聽見丈夫嘴裡不停地說：「我的死期到了，我的死期到了。」她感到非常奇怪，便將這件事告訴村裡的人們，希望他們來幫助她。

於是有個人想了個辦法，他對打柴人的妻子說：「我們裝扮成冥王的差使，拿起號角吹起來讓妳丈夫聽見，說冥王已對他發布了起死回生令，叫他回到人間。這樣妳的丈夫就會恢復正常了。」打柴人的妻子聽了，也沒什麼好辦法了，只好姑且用這個辦法試一試。

那個村裡人叫來幾個人，他們吹著號角，宣著起死回生的命令，就這樣一邊吹、一邊走到打柴人的身邊。打柴人像死人一樣躺在床上，那個人叫道：「偉大的冥王宣布，這個打柴人要起死回生。打柴人，快起來吧！你又將回到人間。」說完那個村裡人就一溜煙地跑了。

打柴人聽到他們所說的話，他站了起來，看見周圍圍了許多人。人們哈哈大笑，諷刺打柴人說：「啊！你們來看啊！打柴人起死回生了！」

有的人故意問他死後是怎麼過的。但打柴人不理會譏笑，嚴肅地對大家說：「從前人們總是嚇唬我們，說什麼陰間有這個那個的，實際上，那裡一無所有。我只知道陰間裡正在鬧饑荒，因爲我老是想吃東西。」——是的，打柴人是多麼想吃東西啊！他已經整整三天三夜沒有吃過一點東西了！

打柴人又繼續說：「也許是陰間鬧饑荒的原因，因此冥王派人來對我說：『你已經起死回生了。』一定是陰間沒有什麼東西吃了，因此叫我回到人間來。」

大家聽完他的話後，問他：「你怎麼知道你的死期的？」於是打柴人把事情經過詳細地告訴了大家。

「是那個過路人害你的！」妻子不滿地對丈夫說。

「不是的，恰恰相反，我要感謝這位過路人，因爲他使我知道了死後的生活。」打柴人的妻子對丈夫的言行又好氣又好笑，她索性沒好氣地把裝扮使者的事情跟丈夫說了。這時候，打柴人才恍然大悟「天下本無事，庸人自擾之」。

◆醫生哈桑

從前，埃及有個富商，他有三個女兒，他非常疼愛她們。三個女兒中，小女兒最美麗、善良，因此父親最喜歡她。

一天晚上，小女兒做了個夢。在夢中，有一位老婆婆來到她跟前，對她說：「妳未來的丈夫是個頭髮捲曲的人，來自天涯海角。」

第二天清晨，小女兒把昨晚做的夢告訴了父親。父親於是決定啓程，尋找那位頭髮捲曲、來自天涯海角的人。

父親來到了一個島上，打聽島上是否有頭髮捲曲、來自天涯海角的人。島上的人都對他說：「這兒正是你要找的『天涯海角』。至於那個『頭髮捲曲的人』不是別人，正是我們的王子。他就住在那邊宏偉的宮殿裡。」說完，他們用手指著高高矗立在該島中央的一座金碧輝煌的宮殿。

商人簡直難以相信自己的好運氣。當他被引見給王子時，他拿出精選的各色錦緞和香料。王子彬彬有禮地接受了禮物，問商人要什麼樣的回禮。商人便把小女兒的願望告訴了他，熱切地請求王子看看她。

王子答應了。「可是，我只能在夜幕降臨以後，從一個盛滿橘花水的噴泉中出現在她面前。」他對商人說。

商人向他保證，一切按他的願望來辦。他一回到家，就把他遇見王子的事告訴了小女兒，叫她做好準備，待夜幕低垂時在盛滿橘花水的噴泉旁迎接他。

女孩非常的高興。她歡天喜地把自己打扮起來，穿上最漂亮的衣服，心急如焚，唯恐見不到王子，早在夕陽剛西下時就坐在噴泉旁等待著。她坐著，坐著……星星一顆顆地撒滿了天空。充滿橘子香的水面微微掀起了一陣漣漪。一剎那，王子從噴泉中冉冉升起——年輕俊美，英姿勃勃。

女孩忙上前去迎接他。他看到她便一見鍾情，因爲她就像每月十五的月亮一樣瑩潔姣好。他們手拉著手，喁喁細語，互相依偎，一直到天破曉時，王子才離開。第二天，他又來了。以後，他每夜都來。女孩幸福得如同在天空飛揚。

但是她的幸福卻引起兩位姊姊的妒忌，兩人合謀一定要破壞他們的幸福。一天晚上，在妹妹來到噴泉旁坐下來時，她們偷偷地向泉水中扔了碎玻璃。王子從泉水中出現時，碎玻璃把他刮得體無完膚，他立即就消失了。

女孩等了王子一夜，以後又連續等了好幾夜，但他再也沒有來。她像失掉了什麼，在屋子裡尋覓，爲她的王子而悲哀，不知到底發生了什麼事。

父親竭力安慰她。但兩個姊姊卻狠狠地對她說，王子已對她感到厭倦，她應當把他忘掉。

然而女孩深信，除非發生了不幸的事，王子是不會不來與她相會的。有一天，她再也忍不住了，決定去尋找他。於是，她在錢袋裡裝滿了錢，在食物袋裡裝滿了吃的東西，就出發去尋找她的情人。

她走了一天又一天，四處打聽，但毫無線索。一天晚上，正當她坐在一棵枝葉茂盛的無花果樹下休息時，飛來兩隻鴿子棲息在樹上，其中一隻輕輕地拍了一下翅膀，對另一隻說：「妳聽到什麼消息麼，姊姊？」

「難道你沒有聽說？」另一隻說道，「頭髮捲曲的王子活不了多久了。」
「眞讓人惋惜，」第一隻嘆道，「他是如此年輕，如此英俊……沒有辦法可以治療嗎？」
「噓，輕聲點，」第二隻提醒說，「只有我們的死才能挽救他。」
「爲什麼？」聲音充滿了恐懼。
「告訴你……只有把我們的兩顆心和兩副肝取出來烤熟，搗成藥敷在他身上，才能救他的命，別無他法。」
「還好妳告訴了我！」第一隻鴿子輕輕喘了口氣，感激地拍了拍翅膀。牠們以爲棲在這裡是安全的，於是這兩隻鴿子就安穩地入睡了。
女孩清楚地聽到這一番對話，等到夜深人靜，她不聲不響地爬上樹去，逮住這兩隻鴿子。她靈巧地把牠們的心和肝取出來，很快用樹枝燃起一堆火烤熟了，然後搗成均匀的漿汁，用兩片無花果葉包了起來。
第二天一早，她女扮男裝，匆匆趕到河邊，搭上一條船。這條船把她載到王子的島上。
島上幾乎沒有人注意到她。因爲他們都沉浸在王子病危的悲哀之中。爲了引起人們的注意，她在街上走著，高聲喊著她是「醫生哈桑，醫術高明，能治一切疾病」。
聽到她的叫喊，島上的人似乎一下子活了過來。人們趕緊帶她進入王宮。所有的醫生和魔術師聚集在王宮裡，他們想盡了一切辦法，仍然無法治好王子的病，只好束手無策地坐在那裡等待末日。這時，身著男裝的女孩被帶進王子的寢宮。她立即開始工作，把她那寶貴藥膏敷在他潰爛的傷口上，她整日整夜耐心地坐在他的床邊。

第二天早晨，傷口大有好轉。對這奇蹟般的變化，她暗暗地感到高興，人們也都抑制不住內心的驚喜。到了傍晚，又敷了一次藥膏以後，傷口開始癒合。

第三天，王子能夠起床了，他開始要吃的喝的。人們高興極了。王子十分感激醫生哈桑救了他的命，便問哈桑要多少報酬，但是哈桑拒絕了。

「我只希望，」她對王子說，「我們兩人在一起喝一盤糖粥，你跟我說說你身上的那些創傷是怎麼得的。」

王子要了一大盤糖粥，與醫生哈桑邊喝邊講。

「我不明白，」他黯然地說，「她為什麼要這樣待我？我愛她，而且想娶她為妻，可是她卻……」

「那麼現在呢？」哈桑急切地問。

「現在我要去把她找到——可能就在今天晚上，我要報仇，以其人之道還治其人之身。」

女孩聽了很傷心，她猜想可能是兩個姊姊搞的鬼。說完，兩人就分手了。

女孩回到家後，確信是她的兩個姊姊把碎玻璃扔進了噴泉。她痛罵她倆密謀破壞她的幸福，兩個姊姊羞愧滿面地承認了錯誤。然後，她徹底清除了噴泉中的水，又重新注入晶瑩的橘花水，準備迎接王子。

確實，夜色降臨不久，他從泉水中出現了，與往常一樣英俊。王子還沒來得及開口說話，女孩就走上前去對他說：「我以與你一道享用糖粥的哈桑的名義懇求你，聽我說吧，我把一切告訴你。」這樣，王子得知原來是她救了自己的命，她從來也未曾傷害過他。於是，他把她帶到「天涯海角」，生兒育女，永遠過著幸福快樂的日子。

◆胖女人減肥

從前有個三十幾歲的女人，這女人家裡很富有，丈夫是個商人，經商賺了很多錢。但是這個女人食量特別大，每天要比平常的人多吃五倍的食物，因此她的身軀一直在發胖，最後胖得連走路都很艱難。於是，這個女人四處尋醫，想讓自己能停止發胖。後來，這個女人聽說有一位魔術師能使發胖的人變瘦，她很高興，決定帶著厚禮向魔術師求助。

到了魔術師的住宅後，這個胖女人把自己的病情向魔術師述說：「我的身體每天都在發胖，我擔心有一天身體會崩裂的，請你救救我，幫我擺脫這發胖的痛苦吧！」

魔術師看了看這胖女人說：「妳先付好錢，明天再來吧！」

於是，胖女人付給魔術師許多錢，就走了。

第二天，胖女人又來了。魔術師說：「我來給妳檢查一遍，看看妳得了什麼病，才能給妳治病。」於是，魔術師把她從頭到腳檢查了一下，然後又看看胖女人的口腔，摸摸手腳。魔術師皺了皺眉頭，沉思一會兒才說：「尊敬的夫人，我讀了很多很多的書，觀察了許多顆星星，所以我知道許多知識。我可以肯定，妳過七天就會死掉，所以沒有什麼藥對妳有用，妳回家去，安靜地等待死亡吧。」

胖女人聽了魔術師的話，馬上嚇得全身發抖，大驚失色，「死」對她來說，實在是一件可怕的事。回到家裡後，她無時無刻不在想著關於自己死亡的事，在算自己還能活多少時間，憂傷抑鬱。於是，她什麼也不吃不喝，而且整夜睡不著覺，就這樣，原來肥胖的身子一小時一小時地瘦了下去。

七天終於過去了，這個胖女人知道自己的死期已到，於是她悲傷地躺下，等待死亡。她從早上一直躺到天黑，死亡根本不來找她。又過了一天，這個胖女人還是好好的活在世上，再過一天，胖女人還是沒死。她終於忍不住了，她覺得魔術師騙了她，騙了她的錢，她決定去找魔術師。

在往魔術師住宅的路上，胖女人覺得自己走起路來比以前輕鬆多了，因為她的身軀在這十天裡大大地瘦了。

胖女人走到魔術師那裡，見到魔術師便破口大罵：「你是個卑鄙的騙子！你為什麼拿我這麼多錢？還說我過七天就會死掉，今天已第十天了，我卻依然好好活在世上，你是個騙子！」

魔術師平心靜氣地聽完了胖女人的話，他微笑著問：「妳告訴我，當初妳來找我是為了什麼？」

「請你爲我減肥，讓我的身子能瘦下去。」胖女人回答說。

「那妳告訴我，妳現在身體怎麼樣，是還是那麼胖，還是瘦了許多？」魔術師問。

胖女人說：「從聽了你的話以後，我整天吃不下、睡不著，擔心會死，現在我瘦得厲害，我是被你嚇瘦的！」

這時，聰明的魔術師告訴她：「就是這種害怕，對妳來說是最好的藥，不然的話，誰也治不了妳的病。妳還罵我是騙子呢！」

胖女人現在才明白是怎麼回事，她知道自己的肥胖身子變瘦了。她笑了笑，對魔術師再三感謝，臨走時，還送了不少錢給魔術師哩！

◆狡猾的騙子

從前，有一個騙子很狡猾、經常騙人，很多人都吃過他的虧。

這一天，這個狡猾騙子又開始行騙了。他拿了一個罐子，裡面放進溼的泥土，上面放一點兒油，就拿到市場上去賣了。

快到市場的時候，他看到一棵大樹，他想，走得好累，不如就在大樹下休息一下。於是，他在大樹下休息，把罐子放在身旁。

這時，另一個騙子也到市場上去，他也拿了一個罐子，裡面裝了沼澤裡的爛泥，上面放了一層白蜜糖。他也來到大樹底下休息，把罐子放在地上。

第一個騙子看到有人坐在旁邊，便問：「你想要去哪裡呀？」

「我想到市場上去賣東西。」第二個騙子說。

「你賣什麼？」第一個騙子問。

「我賣純淨的白蜜。」第二個騙子回答。

第一個騙子便想：我不如用這罐泥土換他的純淨白蜜，省得再到市場了。想到這，他對第二個騙子說：「我正好需要白蜜糖！我正拿了一罐子油去賣，想給生病的母親換點蜜糖，你要油嗎？這油是我剛剛熬出來的，很新鮮喲！」

賣蜜糖的騙子想，我的運氣眞好！我可以用一罐爛泥換一罐新鮮的油！所以就說：「那太好了，我正想把蜜糖賣掉後去買油。因爲明天我家客人很多，要用油煮菜。這蜜糖是我自己做的，今天剛從蜂箱裡採出來，你放心好了。」

「那我們交換吧！」於是兩人交換了罐子。

賣油的捧著一罐蜜糖，心裡想：我用一罐泥土換來一罐蜜糖，這眞是太好了！

賣蜜糖的捧著一罐油，心裡也想：我用一罐爛泥換了一罐這麼新鮮的油，眞是太幸運了！

他們每個人都認爲自己佔了便宜，很高興地回家去了。

回到家後，第一個騙子迫不及待地打開罐子一看，非常高興，因爲蜜糖又清潔又香。不過，他突然心裡又想：我的油雖然外表看起來也是眞的，說不定這裡面也有假貨，萬一他像我一樣騙人呢？於是，他拿了一根木棒，伸進罐子裡，拿出來一看，裡面全是汙泥！

這時，第二個騙子也回到家了。他也急切地打開罐子看看。他打開罐子，看見清清的、新鮮的油，心裡開始也很高興。但畢竟他是專門欺騙人的，騙人的伎倆他可是很內行。他想，這人會不會也像我一樣呢？於是他也拿了一根木棒，伸進罐子裡，當他拿出棒子，只見上面沾滿了爛泥。

兩騙子大呼上當，都明白自己被對方騙了。但他們都不敢回去找對方，因爲他們知道，彼此都是騙子。

◆最富有的乞丐

以前，埃及有一個商人，他非常的富有，擁有無數的家禽和牲口，有無邊無際的田地，家裡金銀珠寶數都數不清，穀倉裡裝滿了糧食，在全國也許是最富有的人了。

埃及各地的人都要來看看這個富商的家，看看這個富商怎麼生活，是個什麼樣子的人。

這個富商非常善良，是一個慈善家。他經常把自己的牛、羊、衣物送給窮人，還供應糧食給沒東西吃的人。於是人們都說他是個大善人，是貧苦人民的救星。人們對他都很尊敬，大家都希望他的家能繼續興旺發達，他能長壽。

然而，有一年埃及發生了旱災，人們沒有一點糧食收穫，大家都餓著肚子，這個富商看了這般情景，便把自己的財產和牲口、糧食都分給了那些受災難的人們。從此，他的生活不再幸福了，財產沒有了，牲口沒有了，穀倉也空了。這個富人變成了一無所有的窮人。他的身體一年比一年瘦弱了，不久，竟變成了一個可憐的乞丐。

雖然富人爲了拯救窮苦的人們而變成乞丐，人們還是非常尊敬他，經常拿出家中最好吃的東西給他吃。可是並不是所有的人都知道富人的不幸，有一天，埃及的法老聽說有個富商的家非常富有，而且生活得很幸福，決定親自去他家裡看看，到底他是怎樣生活的，他到底有多富有、有多慷慨。

法老和幾個大臣帶著隨從浩浩蕩蕩地出發了，他們一到了富商居住的地方，便叫人去打聽一下商人的住所。隨從碰到一個瘦瘦的、衣衫襤褸的老頭。

「這裡有沒有一個富商？如果有，請告訴我們，他住在哪一家？」隨從們問。

「有的，他就住在村子裡，你進這個村子，那裡的人們自會告訴你們。」老頭回答說。

於是隨從們回去稟報法老。法老一行人走進了村子，他們問村民說：「我們的陛下來到村子裡了。我們尊敬的陛下想看看那個富商到底有多富有、多慷慨，生活得怎樣？」

正當法老的隨從說話的時候，一個老乞丐慢慢地走到他們的面前。

這時村裡的人說：「他就是我們尊敬的富商！就是你們要找的那個人！」

法老和大臣們看了這個又老又瘦、衣衫襤褸的老乞丐，簡直不相信自己的眼睛。

法老對人們說：「難道這個人就是人們傳說中的埃及首富？」

「是啊，我就是！」老頭回答說。

「這怎麼可能呢？我聽說你有數不清的財產，而且非常慷慨，所以我特地前來看看，沒想到會是這個樣子。快告訴我，到底是怎麼回事？」法老奇怪地問。

「過去我是最富有的人，我也非常慷慨，總是幫助貧苦的人，把自己的財產無私地獻給他們。今年，這個地方鬧旱災，很多人都挨餓，為了幫助他們免受災難，我把所有的財產都給了貧苦的人們，使他們能度過難關。我解救了他們，我感到生活得很充實，雖然我現在已是世界上最窮的人。」

法老聽了老頭的話，深受感動。他對老頭說：「尊敬的老人，你的慈悲使我感動，雖然你現在一無所有，但你卻救了無數的生命。你這樣的好人，就算以後死了，在陰間你也會很幸福的。」

法老賜了許多財物給老人，讓他能安享晚年，不要再去乞討了。這個富商留下一部分財產給自己養老，把大部分送給了貧窮的人。

後來，老人去世，他到了陰間，冥王奧塞里斯知道這個富商曾在人間做過許多善事，於是就任命他去掌管冥間所有的錢財。這個富商在冥間也生活得很充實、很幸福，他像在人間一樣備受敬重。

收獲葡萄之歌

噢，請看您的葡萄，
我們的主宰，心中無比歡悅！
榨汁者足以擠壓汁液。
藤上掛滿大串大串的葡萄。
葡萄的甘液比往年豐盈，
您的心中備感欣慰。
您開懷暢飲，
興致所至，一醉方休！

時間已近黃昏。
熟透的葡萄掛滿露珠。
葡萄種植者急忙擠壓葡萄汁，
以器皿盛甘液奉獻統御者。
主宰啊，對神讚頌。
一切福樂均爲諸神所賜。

慈善之靈，葡萄園的佑護者，
請您奠酒和求告，
來年賜予我們豐盛的佳釀。

◆〈安夢恩歐培的箴言〉

第一章

豎起你的耳朵去聽話，開啓你的心扉去瞭解，
放它在你的心中有益，忽略它的人必將受害，
讓它留在你的心腹之中，將它鎖在你的心中。
當流言如風暴之時，它將成爲你言辭之支持。
若你活著將這些放在心中，你將會發覺它是一項成功。
你會發覺我的話是生命的寶藏，而你會在世上發達。

第二章

不可搶奪那窮苦的人，
不可壓迫那行動不良者，
不可伸手阻擋一位老人，
也不可與長者爭辯。
你不可做卑鄙的事，
也不可與做那種事的人爲友。
不可對攻擊你的人大聲呼號，
也不可爲自辯而回答他的話。
那行惡的人，河堤會背棄他，
洪水會將他沖走。
北風降臨，與風暴結合爲一，
結束他的時日。

風雲高漲，鱷魚狡猾，
急躁的人，你現在又如何？
他大聲呼喊，聲達於天，
但月神會宣布他的罪狀。
划呀，我們要擺渡那惡人，
我們不做他那種事。
將他提取，放在你手中，
將他置於神明手中，
用你的食物塡充他的肚子，
好讓他滿足而羞慚。
另一件在神明心中爲善的事，
就是要三思而後言。

第三章

勿與好辯之人起紛爭，
不要以話語刺他。
在對手前稍停，在敵人前彎腰，
在說話前先睡足。
一個暴躁的人發作時，
就如烈火燒乾草所引起的風暴，
離開他，讓他去，神明知道如何回答他。
如果你生活時也將這些話放在心中，
你的子女也會遵循它們。

第四章

一個暴躁的人在神廟中，
就如同一棵樹在屋內成長，
只能有短暫的生命。
它的末日是在木工廠，
遠離了它生長的地方，
火燄乃是它的壽衣。
眞正沉默的人避在一旁，
有如一棵長在草地上的樹，
枝葉茂盛，加倍生產。
它站在其主人面前，
果實甜美，綠蔭舒爽，
它的末日乃在花園之中。

第五章

不要在神廟的糧餉上作弊，
不要貪心，你會獲益。
不要爲了他人而調開一個神的僕人，
不要說：「今天和明天一樣。」
這樣當如何結束？
明天一來，今天消失，滄海成桑田；

鱷魚浮出水面，河馬沉入泥沼，魚兒擠成一團；
豺狼饜足，鳥兒飽餐，漁網空空。
但神廟中所有的沉默者說：
拉的祝福眞偉大，
保持沉默，你就可以得到生命，
你將在世上發達。

第十八章

不要躺在床上擔心明日：
「明天來臨之後會如何？」
人無法知道明天會如何，
神從來就是完美的，人從來就是失敗的。
人說的話是一回事，神做的事又是另一回事。
不要說：「我沒有做錯事，」
然後極力要求辯解。
犯錯的人受到神明的管制，
祂以祂的手指封定判決。

神明之前沒有完美的事，
祂眼中只有失敗。
若人努力尋求完美，
祂在一剎那之間就破壞了它。
讓你心堅定，讓你心穩固，
不要逞口舌之利，
如果人的舌是船上的槳，
世界之主就是它的舵手。

（註：〈安夢恩歐培的箴言〉全文共三十章，成於第十九王朝以後，也就是在所謂的以色列人之後，某些學者遂認爲希伯來作者有可能看過這篇作品，以至於其中的宗教觀念與《舊約．箴言》稍有相似。）

◆學校文獻

努力用功

學生啊！不要偷懶！不要偷懶！否則你會給結實地教訓一頓！不要想玩樂，否則你會給毀了！用手寫，用嘴讀，向比你更有知識的人發問。努力的替你自己爭取，好在年老的時候得到一官半職。一個訓練有素的學生，一個有學識的人，會有好的命運。每天努力用功，你就可以運用自如。不可一日偷懶，否則你就會挨揍！學生的耳朵都長在背上，只有在挨打時才聽得見話！

用心聽我的話，它們對你有益。卡里（一種動物）可以學跳舞，馬匹可以被騎，鴿子可以被馴養，老鷹的翅膀可以被拴住。努力向學，不可忽略。努力寫字，不可厭棄。用心聽我的話，它們會對你有益。

做書記的好處

做一個書記，就可以不用負擔勞役，不參加所有的工作。他不用鋤地，也不用扛籃子。做書記可以使你不用划槳，不用受苦，你不會有很多主子，也沒有一大群上司。

（註：本則節錄自第十九王朝時代學校的教材，這是古埃及教諭中宣傳「萬般皆下品，唯有讀書高」思想的典型作品。）

◆情詩

我妹妹的愛在水那邊，
我倆隔著一條河流，
水勢湍急，鱷魚潛伏，
我踏著水浪，我心堅忍無懼，
我視鱷魚如老鼠，而洪水如陸地。
她的愛給予我力量，成為我的避水符。
我看心愛的人，她站在我面前。
當我看見我愛走來，
我心歡喜，我張開雙臂擁抱她，
我心怦然而舞，好似池中的金魚。
啊！願夜晚永遠屬於我，因為我的女主人來了。

七日不見我愛，疾病侵入我身。
四體沉重，知覺全無。
縱然是名醫來訪，診斷不會舒展我心。
唸咒的祭司也無計可施，我的痛苦無邊無涯。
只要對我說，她在這裡！
我就可以康復。
她的名字能使我痊癒，
她的信使往來送信，可以鼓舞我的心意。
我愛對我比任何藥石都有效益，
比任何書籍更重要。
我的健康全靠她向我而來。
只要見到她，我就不藥而癒。
只要她張開眼，我就充滿活力。
只要她說話，我就感覺強壯。
只要擁抱她，我的病就消失，
——但我已七日不見我愛！

天下最英俊的少年，我願做你的管家。
我倆手挽著手，你的情愛轉了一圈又一圈，
你向我心祈禱：
如果我愛今晚遠離，我就如那已在墓中之人。
你不是還好好的活著？
你的健康令我歡欣，我心追尋著你。

◆解夢

如果一個人夢見到自己：

接受白麵包——吉。其意義爲使他的臉上發光（即快樂）的東西。

看見一隻大貓——吉。其意義爲他會有大豐收。

跳入河中——吉。其意義爲洗淨所有的罪惡。

看見月亮發光——吉。他的神寬恕他。

在鏡中看到自己的臉——凶。其意義爲有另一個妻子。

見到自己身側疼痛——凶。失去某件物品。

見到捕鳥——凶。其意義爲財產被奪。

向深井探望——凶。被關入監牢。

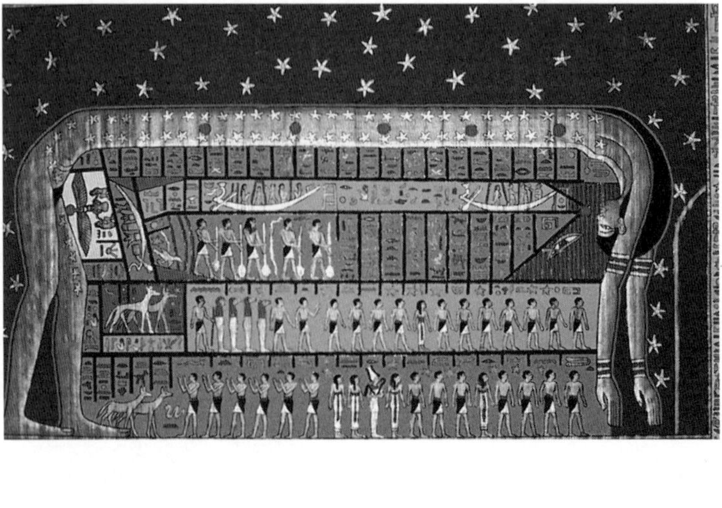

國家圖書館出版品預行編目資料

埃及神話故事【更新版】／黃晨淳編著
—— 四版. ——臺中市：好讀出版有限公司, 2024.10
面：　公分，——（神話誌 ；2）

ISBN 978-986-178-737-4（平裝）

1.神話　2.埃及

286.1　　113013504

好讀出版

神話誌　2

埃及神話故事【更新版】

作　　者／黃晨淳
內頁繪圖／三娃
總 編 輯／鄧茵茵
文字編輯／莊銘桓、鄧語葶
美術編輯／陳麗蕙
發行所／好讀出版有限公司
台中市407西屯區工業30路1號
台中市407西屯區大有街13號（編輯部）
TEL:04-23157795 FAX:04-23144188　http://howdo.morningstar.com.tw
（如對本書編輯或內容有意見，請來電或上網告訴我們）
法律顧問　陳思成律師

填寫讀者回函
好讀新書資訊

讀者服務專線／TEL：02-23672044 / 04-23595819#212
讀者傳眞專線／FAX：02-23635741 / 04-23595493
讀者專用信箱／E-mail：service@morningstar.com.tw
網路書店／http : //www.morningstar.com.tw
郵政劃撥／15060393（知己圖書股份有限公司）
印刷／上好印刷股份有限公司
如有破損或裝訂錯誤，請寄回知己圖書更換

四版／西元 2024 年 10 月 1 日
定價：300元

Published by How Do Publishing Co. ,LTD.
2024 Printed in Taiwan

ISBN 978-986-178-737-4